SCHOTT
ADVENT UND WEIHNACHTSZEIT

SCHOTT

ADVENT UND WEIHNACHTSZEIT

Originaltexte der authentischen deutschen Ausgabe
des Messbuches, des Messlektionars
und des Stundenbuches

Herausgegeben von
den Benediktinern der Erzabtei Beuron

Mit einer Einführung von
Stephan Wahle

VERLAG HERDER

Die Ständige Kommission für die Herausgabe der gemeinsamen liturgischen Bücher im deutschen Sprachgebiet erteilte für die aus diesen Büchern entnommenen Texte die Abdruckerlaubnis. Die darin enthaltenen biblischen Texte sind Bestandteil der von den Bischofskonferenzen des deutschen Sprachgebietes approbierten (revidierten) Einheitsübersetzung der Heiligen Schrift (1980/2016).

© 2021 staeko.net

© Verlag Herder GmbH, Freiburg im Breisgau 2021
Alle Rechte vorbehalten
www.herder.de
Umschlaggestaltung: Verlag Herder
Satz: SatzWeise, Bad Wünnenberg
Herstellung: CPI books GmbH, Leck

Printed in Germany A

ISBN 978-3-451-38247-5

VORWORT

Der Advent ist die Zeit der vielfältigen Vorbereitungen auf das anstehende Weihnachtsfest. Die besondere Stimmung, die wir in den kurzen Tagen des Dezembers empfinden, hat ihren Ausdruck in einem reichen Brauchtum gefunden, das in den meisten Fällen seinen Ausgang nahm aus den Symbolen und Texten der Liturgie der Kirche. Als Christen schauen wir im Advent aber auch auf die Personen, die der Menschwerdung Gottes vorangegangen sind und den Weg bereitet haben, von den alttestamentlichen Propheten bis hin zu Johannes dem Täufer. Um die Tiefe des großen Geheimnisses auszuloten, dass Gott in Jesus Christus als Mensch in die Welt kommen wollte, eignen sich vor allem anderen Tun Einkehr, Besinnung und Gebet.

Dieser Schott dient als Begleiter für den Gottesdienst in der Gemeinde, das Gebet in der Familie oder im kleinen Kreis und auch für das persönliche Beten. Er hilft dabei, die reiche liturgische Tradition dieser Zeit besser zu verstehen, und verbindet sie mit spirituellen Texten und Impulsen, die eine Brücke schlagen möchten zwischen der Liturgie und dem alltäglichen Leben.

Auf dem Weg hin zu Weihnachten und durch die Weihnachtszeit hindurch bis hin zum Fest der Taufe des Herrn beschenkt uns die Liturgie der Kirche mit einem spirituellen Reichtum, der jedes Jahr unsere Freude am Glauben erneuern will.

Beuron, im Sommer 2021   + Tutilo Burger OSB, Erzabt

INHALT

Vorwort	5*
Abkürzungen der biblischen Bücher	9*
Kalendarium der Kar- und Osterwochen	10*
Einführung	13*

DER ADVENT

Erster Adventssonntag	2
Hausgebet zum Ersten Advent	20
Zweiter Adventssonntag	25
Hausgebet zum Zweiten Advent	40
Dritter Adventssonntag	43
Hausgebet zum Dritten Advent	57
Vierter Adventssonntag	60
Hausgebet zum Vierten Advent	74
Hochfest der ohne Erbsünde empfangenen Jungfrau und Gottesmutter Maria	77
Rorate-Messe	85
Kurzandachten zu den O-Antiphonen	90

DIE WEIHNACHTSZEIT

Hochfest der Geburt des Herrn	
Häusliche Krippenfeier	100
Ankündigung des Weihnachtsfestes nach dem Martyrologium Romanum	113
Am Heiligen Abend	105
In der Heiligen Nacht	116
Am Morgen	122
Am Tag	126
Zweite Vesper von Weihnachten	134

Hl. Stephanus, erster Märtyrer	140
Hl. Johannes, Apostel, Evangelist	145
Unschuldige Kinder	149
Fest der Heiligen Familie	154
Spirituelle Impulse zum Jahreswechsel	172
Neujahr – Hochfest der Gottesmutter Maria	179
Zweiter Sonntag nach Weihnachten	184
Erscheinung des Herrn	190
Hausgebet zu Erscheinung des Herrn	196
Taufe des Herrn	200
Taufgedenken	216

DIE FEIER DER GEMEINDEMESSE

Eröffnung	223
Wortgottesdienst	229
Eucharistiefeier	236
1. Hochgebet	239
2. Hochgebet	244
3. Hochgebet	248
4. Hochgebet	252
Entlassung	262
Präfationen	263
Fürbitten	267
Verzeichnis der Schriftlesungen	273
Verzeichnis der Antwortpsalmen und Cantica	275
Quellennachweis	275
Psallierweisen	277

ABKÜRZUNGEN DER BIBLISCHEN BÜCHER

ALTES TESTAMENT

Gen	Genesis	Spr	Sprichwörter
Ex	Exodus	Koh	Kohelet
Lev	Levitikus	Hld	Hohelied
Num	Numeri	Weish	Weisheit
Dtn	Deuteronomium	Sir	Jesus Sirach
Jos	Josua	Jes	Jesaja
Ri	Richter	Jer	Jeremia
Rut	Rut	Klgl	Klagelieder
1 Sam	1 Samuel	Bar	Baruch
2 Sam	2 Samuel	Ez	Ezechiel
1 Kön	1 Könige	Dan	Daniel
2 Kön	2 Könige	Hos	Hosea
1 Chr	1 Chronik	Joël	Joël
2 Chr	2 Chronik	Am	Amos
Esra	Esra	Obd	Obadja
Neh	Nehemia	Jona	Jona
Tob	Tobit	Mi	Micha
Jdt	Judit	Nah	Nahum
Est	Ester	Hab	Habakuk
1 Makk	1 Makkabäer	Zef	Zefanja
2 Makk	2 Makkabäer	Hag	Haggai
Ijob	Ijob	Sach	Sacharja
Ps	Psalmen	Mal	Maleachi

NEUES TESTAMENT

Mt	Matthäusevangelium	1 Tim	1. Timotheusbrief
Mk	Markusevangelium	2 Tim	2. Timotheusbrief
Lk	Lukasevangelium	Tit	Titusbrief
Joh	Johannesevangelium	Phlm	Philemonbrief
Apg	Apostelgeschichte	Hebr	Hebräerbrief
Röm	Römerbrief	Jak	Jakobusbrief
1 Kor	1. Korintherbrief	1 Petr	1. Petrusbrief
2 Kor	2. Korintherbrief	2 Petr	2. Petrusbrief
Gal	Galaterbrief	1 Joh	1. Johannesbrief
Eph	Epheserbrief	2 Joh	2. Johannesbrief
Phil	Philipperbrief	3 Joh	3. Johannesbrief
Kol	Kolosserbrief	Jud	Judasbrief
1 Thess	1. Thessalonicherbrief	Offb	Offenbarung des Johannes
2 Thess	2. Thessalonicherbrief		

KALENDARIUM ADVENT UND WEIHNACHTSZEIT

	Seite	2021/2022 (C)	2022/2023 (A)	2023/2024 (B)	2024/2025 (C)	2025/2026 (A)	2026/2027 (B)	2027/2028 (C)
1. Adventssonntag	2	28.11.2021	27.11.2022	3.12.2023	1.12.2024	30.11.2025	29.11.2026	28.11.2027
2. Adventssonntag	25	5.12.	4.12.	10.12	8.12.	7.12.	6.12.	5.12.
3. Adventssonntag	43	12.12.	11.12.	17.12.	15.12.	14.12.	13.12.	12.12.
4. Adventssonntag	60	19.12.	18.12.	24.12.	22.12.	21.12.	20.12.	19.12.
Geburt des Herrn – Weihnachten	100	25.12.	25.12.	25.12.	25.12.	25.12.	25.12.	25.12.
1. Sonntag nach Weihnachten – Fest der Hl. Familie	154	26.12.	30.12.	31.12.	29.12.	28.12.	27.12.	26.12.
Oktavtag von Weihnachten – Maria Gottesmutter	179	1.1.2022	1.1.2023	1.1.2024	1.1.2025	1.1.2026	1.1.2027	1.1.2028
2. Sonntag nach Weihnachten	184	2.1.	–	–	5.1.	4.1.	3.1.	2.1.
Erscheinung des Herrn	190	6.1.	6.1.	6.1.	6.1.	6.1.	6.1.	6.1.
Sonntag nach Erscheinung – Taufe des Herrn	200	9.1.	8.1.	7.1.	12.1.	11.1.	10.1.	9.1.

Kalendarium Advent und Weihnachtszeit

	Seite	2028/2029 (A)	2029/2030 (B)	2030/2031 (C)	2031/2032 (A)	2032/2033 (B)	2033/2034 (C)	2034/2035 (A)
1. Adventssonntag	2	3.12.2028	2.12.2029	1.12.2030	30.11.2031	28.11.2032	27.11.2033	3.12.2034
2. Adventssonntag	25	10.12.	9.12.	8.12.	7.12.	5.12.	4.12.	10.12.
3. Adventssonntag	43	17.12.	16.12.	15.12.	14.12.	12.12.	11.12.	17.12.
4. Adventssonntag	60	24.12.	23.12.	22.12.	21.12.	19.12.	18.12.	24.12.
Geburt des Herrn – Weihnachten	100	25.12.	25.12.	25.12.	25.12.	25.12.	25.12.	25.12.
1. Sonntag nach Weihnachten – Fest der Hl. Familie	154	31.12.	30.12.	29.12.	28.12.	26.12.	30.12.	31.12.
Oktavtag von Weihnachten – Maria Gottesmutter	179	1.1.2029	1.1.2030	1.1.2031	1.1.2032	1.1.2033	1.1.2034	1.1.2035
2. Sonntag nach Weihnachten	184	–	–	5.1.	4.1.	2.1.	–	–
Erscheinung des Herrn	190	6.1.	6.1.	6.1.	6.1.	6.1.	6.1.	6.1.
Sonntag nach Erscheinung – Taufe des Herrn	200	7.1.	13.1.	12.1.	11.1.	9.1.	8.1.	7.1.

EINFÜHRUNG

Weihnachten ist das populärste Fest des Christentums. An Weihnachten feiern die Christinnen und Christen die Geburt Jesu Christi, von dem sie im Glauben bekennen: Dieser jüdische Knabe, der vor über 2000 Jahren in einer Krippe in Betlehem von Maria geboren wurde, ist der Sohn Gottes, der Messias (Gesalbte) des Volkes Israel, der Retter und Heiland der Welt. Weihnachten ist ein Fest der Erlösung und der Freiheit, weil durch die Inkarnation (Fleischwerdung) des göttlichen Wortes die Würde des Menschen und die Schönheit der Schöpfung erneuert sind. Aus der Menschwerdung Gottes in Jesus Christus folgt die Befreiung des Menschen zu einem Leben in Fülle. Befähigt durch die Gabe des Heiligen Geistes will sie in einer entsprechenden Lebenspraxis Wirklichkeit werden.

Weihnachten ist nicht nur ein religiöses, sondern auch ein globales Fest und eine kulturelle Institution, die auf das private und familiäre Leben ausstrahlt und dort seine neue Mitte gefunden hat. Zu keinem anderen Zeitpunkt im Jahresverlauf wandelt sich die Öffentlichkeit in einen großen Festraum, dem sich kaum jemand entziehen kann – und dies lange vor dem 25. Dezember. Kindheitserinnerungen werden wach, nicht selten in melancholischer Stimmung. Die Suche nach einem glücklichen Leben paart sich mit dem skeptischen Staunen über die kommerzielle Welt. Je hektischer, grausamer und lauter das Leben in der Gegenwart ist, umso größer wird die Sehnsucht nach einer stillen, besinnlichen und heiligen Zeit.

Die vielschichtigen Deutungen und Bedeutungen von Advent und Weihnachten sind für den christlichen Glauben Herausforderung und Chance zugleich. Die folgenden Ausführungen erfolgen aus der Überzeugung: Die christliche Botschaft von der Erneuerung des Lebens und Heiligung der Welt lässt sich nicht anders verorten und verständlich machen als in der gelebten Praxis der Menschen, in der bewusst oder unbewusst die Würde, Schönheit wie auch Abgründigkeit des Lebens und der menschlichen Person aufscheinen und menschenwürdige Lebensverhältnisse entstehen können. So wird das je eigene

Leben geheiligt, wenn der auch heute auf den Menschen zukommende Gott in Liebe und Stille ankommen darf. Genau darin leistet die Weihnachtszeit in ihrer zeitlichen Erstreckung vom ersten Adventssonntag bis zum Fest Taufe des Herrn und in seiner verlässlichen Wiederkehr einen diakonischen Beitrag zur Menschwerdung des Menschen und zu einem gelingenden, froh und frei machenden Leben.

BIBLISCHE URSPRÜNGE

Es gibt kaum einen anderen biblischen Text, der so bekannt und beliebt ist wie die Weihnachtsgeschichte nach Lukas. Die Erzählung ist mehr als nur ein herausragender poetischer Text, der die Gefühle und Hoffnungen der Menschen anspricht. Sie erhebt den Anspruch, von einem Geschehen zu erzählen, das die Welt verändern sollte – eine Erzählung mit politischer Sprengkraft.

Das älteste Evangelium nach Markus (um 70 n. Chr.) kennt keine Geburtserzählung und die ältesten Schriften des Neuen Testaments, die Briefe des Apostels Paulus (um 50 n. Chr.), erwähnen nur an einer einzigen Stelle, dass Gottes Sohn „von einer Frau" (Gal 4,4) geboren wurde. Erst um 90 n. Chr., also zwei, bald drei Generationen nach dem Tod Jesu, überliefern die Evangelisten Matthäus und Lukas, unabhängig voneinander, eigene Kindheitsgeschichten (Mt 1,1 – 2,23; Lk 1,5 – 2,52). Wenig später entsteht, auf älteren Vorlagen basierend, der Prolog (das Vorwort) des Johannesevangeliums (Joh 1,1–18), der in seiner hymnisch-poetischen Gestalt als die theologisch anspruchsvollste Weihnachtserzählung gelten kann. Erst im 2. nachchristlichen Jahrhundert mehren sich die sogenannten Kindheitsevangelien, wie zum Beispiel die des Jakobus (zweite Hälfte 2. Jahrhundert) und des Thomas (Ende 2. Jahrhundert). Hier erhalten die legendarischen und volkstümlichen Begebenheiten der Kindheit Jesu (und Marias) ein deutliches Eigengewicht.

Den verschiedenen Texten zur Geburt und Kindheit Jesu liegt die gemeinsame Aussageabsicht zugrunde, nicht primär historische Tatsachenberichte faktengetreu zu überliefern. Vielmehr soll das aufgrund der Auferstehungserfahrung nach und nach gereifte Bekenntnis zu Jesus, dem Christus, dem Messias und Sohn Gottes, im Hinblick auf sein ganzes Leben erzählt werden. Dazu greifen die Evangelisten auf die Traditionen und Prophetien des eigenen, jüdischen Glaubens zurück. Schließlich handelt es sich bei Jesus um einen jüdischen Knaben, der als der einzige Sohn des einen Gottes Israels geglaubt und verkündet wird. So muss es nicht wundern, dass die Erzählungen des Matthäus und Lukas ganz und gar in einem jüdischen Lebensmilieu spielen und ohne das Alte Testament, die Bibel Israels, nicht zu verstehen sind. Zugleich finden sich in den Texten auch Motive, die auf den Kontext der griechisch-römischen Kultur jener Zeit zurückgehen. Die biblischen Kindheitsgeschichten sind also weder Berichte noch Legenden, weder Mythen noch Märchen, sondern österliche Bekenntnistexte. Sie erzählen auf eigene Weise eine Geschichte, die ausgehend von Ostern und in der Perspektive des nachösterlichen Glaubens als Deutung der Lebensgeschichte Jesu Christi entstanden ist. Die Kindheitserzählungen verstehen sich als im Lichte von Ostern verfasste Darstellungen, die in die Frohe Botschaft programmatisch einführen. Sie sind von der Glaubensgewissheit geprägt, dass dieser Jesus von Nazaret, der gekreuzigt und von den Toten auferweckt wurde, von Anfang an, das heißt seit seiner Geburt der Sohn Gottes und der Messias Israels ist. Lukas und Matthäus tragen mit ihren Geburts- und Kindheitserzählungen die Ostererfahrungen in das Geburtsgeschehen ein, weil sie – wie auch der Evangelist Johannes – der Geburt und dem Leben Jesu eine Heilsbedeutung zusprechen.

ENTSTEHUNG UND VERBREITUNG DES DOPPELFESTES WEIHNACHTEN/EPIPHANIE

Zwischen dem historischen Ereignis und der Erstbezeugung eines Geburtsfestes Jesu Christi liegen über 300 Jahre. Während einzelne Kirchenschriftsteller über den biblisch nicht überlieferten Geburtstermin Spekulationen und Berechnungen anstellen, ohne aber eine

Festtradition zu erwähnen, entstehen erst im Laufe des 4. Jahrhunderts einzelne Christusfeste neben dem Jahresfest Ostern. Nach und nach reichern dramatisierende und historisierende Elemente diese Festtagsliturgien an, vor allem in Jerusalem. Neben dem Triduum Sacrum (der österlichen Dreitagefeier) entwickelt sich allmählich mit dem Doppelfest Weihnachten/Epiphanie ein zweites Zentrum im Jahresverlauf. Ein wenig später entwickelt sich im Westen mit dem Advent eine spezifische Vorbereitungszeit. Wie aber kommt es ausgerechnet zu den beiden Festterminen von 25. Dezember und 6. Januar?

Der römische Chronograph (Kalendersammlung) des Furius Dionysius Philocalus von 354 gilt als älteste Quelle für die Existenz eines Geburtsfestes am 25. Dezember. Aus dieser Quelle lässt sich sicher eine Feierpraxis für das Jahr 336 ableiten. Die lokale Eingrenzung auf Rom und die zeitliche Einordnung in das erste Drittel des 4. Jahrhunderts führen kirchengeschichtlich in die Regierungszeit des Kaisers Konstantin des Großen (*zwischen 270 und 288, †337). Es ist die Zeit, in der der spätantike Sonnenkult zu seiner Blüte kommt. Auf vielen Ebenen, vor allem im damals überaus populären Mithraskult, wird die Sonne zu einer zentralen Instanz. Kaiser Aurelian (214–275) ist es, der die Entwicklung des Sonnengottes zum höchsten Gott im römischen Pantheon maßgeblich fördert. Im Jahr 274 ließ er den von ihm in Rom erbauten Tempel zu Ehre des *Sol invictus* einweihen. Militärische Erfolge und Siege werden fortan auf diesen Gott der „unbesiegten Sonne" zurückgeführt. Auch Kaiser Konstantin hängt dieser sich ausbreitenden Sonnenverehrung an. In der neu begründeten und nach ihm benannten Hauptstadt Konstantinopel lässt er sich in der Form eines Sonnenkönigs selbst ein Standbild setzen. In Konstantins Regierungspolitik fällt auch das Bemühen, das Reich und die verschiedenen religiösen Strömungen, einschließlich des Christentums, zu einen. Obgleich es naheliegend ist, fehlt jedoch jeder Quellenbeleg für eine Einführung des Weihnachtsfestes durch Kaiser Konstantin, sodass der genaue Ursprung bis heute im Dunkeln liegt.

Fest steht: Die Entstehung des römischen Geburtsfestes am 25. Dezember ist weder mit den in sich widersprüchlichen Geburtsterminspekulationen noch mit einer Reaktion auf ein bestehendes Geburtsfest zu Ehren des *Sol invictus* zu erklären. Beide Geburtsfeste, das heidnische wie das christliche, sind Parallelerscheinungen ein und desselben Zeitgeistes und stehen in einem wechselseitigen Konkurrenzverhältnis zueinander. Wesentlich ist die Sonne als religiöse Bezugsgröße, die in der Spätantike im gesamten Imperium Romanum die Religiosität der Menschen und die für diese Epoche so charakteristische Entwicklung zum Monotheismus (Eingottglaube) prägt. So ist der Termin des 25. Dezembers, der Tag der Wintersonnenwende nach dem Julianischen Kalender, ein vielsprechendes Symbol für die christliche Verkündigung einer neuen Zeitrechnung.

Hinzu kommen verschiedene politische und kirchliche Entwicklungen, die zur Verbreitung des Festes beitragen, so etwa der Gebrauch der Sonne als christologischer Titel in den zeitgenössischen Theologentexten und als zentrales Motiv in den Ausmalungen der Katakomben und Kirchen. Anscheinend hat das neue Fest gewissermaßen den Nerv der Zeit getroffen, schließlich verbreitet es sich schnell und fast überall gegen Ende des 4. Jahrhunderts in den West- und Ostkirchen.

Die Entstehung des zweiten Geburtsfestes am 6. Januar, zumeist „Epiphanie" genannt, ist noch weit weniger klar als die des Weihnachtsfestes am 25. Dezember; restlos wird sie sich nicht mehr klären lassen. In der Regel wird der Ursprung im Osten, genauer in Palästina (Jerusalem) oder Ägypten (Alexandrien), und zeitlich in der Mitte bzw. in der zweiten Hälfte des 4. Jahrhunderts angenommen. Dabei ist es unerheblich, ob es (ein wenig) älter als das in Rom entstandene Weihnachtsfest ist. Eine gegenseitige Abhängigkeit ist nicht auszumachen. Beide Feste sind als Geburtsfeste mehr oder weniger zur selben Zeit unabhängig voneinander entstanden und erst nachträglich in Form eines gegenseitigen Austauschprozesses zu einem Festkreis zusammengeflossen. Mit dem römischen Geburtsfest teilt das Epiphaniefest die griechische *Natale*-Vorstellung. Damit ist der Machtantritt eines Herrschers und weniger die Feier eines Geburtstags im modernen Sinn gemeint. Kennzeichen des frühen östlichen Epiphaniefestes ist die Aufnahme mehrerer heilsgeschichtlicher

Motive, die allesamt neben der Geburt um das Motiv des Offenbarwerdens des Messias kreisen: die Taufe (Mk 1,9–11; Lk 3,21f.), das erste Wunderhandeln Jesu bei der Hochzeit zu Kana (Joh 2,1–12) und die Anbetung der Magier (Mt 2,1–12). Als viertes Motiv kommt seltener noch die Erzählung von der Brotvermehrung (Mt 14,15–21) hinzu.

Im Gegensatz zum Osterfeststreit, bei dem zwischen den beiden konkurrierenden Osterterminen in der Alten Kirche gerungen wird, lässt sich keine Auseinandersetzung um den rechten Termin der Geburt Jesu Christi in den Quellen feststellen. Statt zu einer Harmonisierung oder gar Verdrängung kommt es zu einer gegenseitigen Übernahme und inhaltlichen Profilierung der beiden sehr beliebten Feste. Denn nicht nur der Osten übernimmt das römische Weihnachtsfest, Rom und der Westen übernehmen im Gegenzug das östliche Epiphaniefest, wenn auch mit Anpassungen. Während in den Westkirchen mehr das Motiv der Erscheinung des Herrn vor den Weisen (Mt 2,1–12) in den Mittelpunkt tritt, erhält in den Ostkirchen das Motiv der Taufe Jesu eine stärkere Bedeutung. Bis heute ist Epiphanie in den verschiedenen östlichen Riten vor allem durch die Große Wasserweihe („Jordanweihe") und das Motiv der Taufe Jesu (Mk 1,9–11) bestimmt. Einzig die Kirche Armeniens hat das römische Geburtsfest nicht übernommen.

WEITERE HISTORISCHE ENTFALTUNG

Ausgehend von der ältesten Weihnachtsmesse am Tage des 25. Dezembers kommt es in Rom im Laufe der Spätantike zum Brauch der drei Weihnachtsmessen. Der Papst feiert zunächst um Mitternacht in St. Maria Maggiore die *missa in nocte* (im deutschsprachigen Raum „Christmette" genannt), in der Morgenfrühe in St. Anastasia, der byzantinischen Hofkirche, die *missa in aurora* („Hirtenmesse") und am Tage in St. Peter die *missa in die* (das „Hochamt"). Die Praxis der drei Weihnachtsmessen wird im Verlauf des 8. Jahrhunderts im gallisch-fränkischen Raum und schließlich von der gesamten lateinischen Kirche übernommen. Das Prinzip der verteilten Stationskirchen bleibt in den Bischofsstädten und teilweise auch Stiften erhalten, bis es spätestens im Spätmittelalter nur noch in dem Privileg fortlebt, an Weihnachten drei Messen feiern zu dürfen.

Neben den drei Weihnachtsmessen ist in der Mitte des 6. Jahrhunderts eine Vigilmesse am Vortag von Weihnachten, also am 24. Dezember, aufgekommen. Dabei handelt es sich um eine Vorfeier im Sinne einer Vorbereitung auf das Fest mit Buße, Fasten und einer Messe, die ursprünglich nach der Non (15 Uhr) und später am Vormittag stattfindet.

Im Laufe des 5. bis 7. Jahrhunderts kommt es im Westen zur Entfaltung eines Weihnachtsfestkreises, der – analog zur Etablierung eines Osterfestkreises – eine Vorbereitungszeit (Advent), eine Festwoche (Oktav) und eine nachgehende Festzeit (Weihnachtszeit) umfasst. Bestehende Feste wie der Gedenktag des Märtyrers Stephanus am 26. Dezember oder ein möglicherweise altes Marienfest am 1. Januar werden integriert und erhalten eine weihnachtliche Sinnstiftung. Historisierende Christusfeste wie die Beschneidung und Namensgebung, Taufe und Darstellung Jesu kommen hinzu oder werden als Folgefeste in terminlicher Abhängigkeit zum 25. Dezember gefeiert.

Der Advent ist ein Spezifikum der westlichen Kirche. Am Ende des 4. bzw. zu Anfang des 5. Jahrhunderts finden sich die ersten Zeugnisse für eine Zeit der Vorbereitung auf das Christgeburtsfest, die in den frühesten römischen Quellen entweder ganz pragmatisch als *ante natale Domini* (vor dem Geburtsfest des Herrn) oder als *adventus Domini* (Ankunft des Herrn) bezeichnet wird. Aufgrund seiner weiten Verbreitung geht der Begriff „Advent" als Lehnwort in viele mitteleuropäische Sprachen über. In der religiösen Sprache der heidnischen Umwelt bedeutet der Begriff die (alljährliche) Ankunft der Gottheit im Tempel. Das frühe Christentum übernimmt diesen Begriff, um mit ihm die Ankunft Christi unter den Menschen auszuzeichnen, und zwar in doppelter Hinsicht: Er steht sowohl für die erste Ankunft Christi in der Welt mit der Geburt Jesu als auch für seine zweite Ankunft in seiner Wiederkunft am Ende der Zeit.

Zwei unterschiedliche Ausrichtungen des Advents sind im Laufe der Spätantike und des Mittelalters zusammengeflossen: die gallisch-spanische und die römische Tradition. Der gallisch-spanische Advent ist auf das vom Osten übernommene Epiphaniefest ausgerichtet. Er beginnt am Tag nach dem 11. November und umfasst sechs Sonntage bzw. 40 Fasttage (die Samstage gelten nach ostkirchlichem Brauch nicht als Fasttage). Neben den asketischen Motiven des Fastens und der Buße ist diese Vorbereitungszeit mit der Erwartung der Wiederkunft des Herrn als strengem und gerechtem Richter am Ende der Zeit verknüpft. Im römischen Ritus steht mehr die Gestalt Johannes des Täufers als Vorläufer Jesu sowie das freudige Motiv vom Einzug Jesu in Jerusalem im Mittelpunkt (der auch am Palmsonntag gefeiert wird). Die Messfeiern der vier Adventssonntage blicken auf die Ankunft des Erlösers „im Fleische". Die hochmittelalterlichen liturgischen Bücher lassen eine Zusammenführung beider Traditionen erkennen, wobei sich der römische Strang im Allgemeinen durchsetzt. Auch wenn vom gallischen Ritus einige Bußelemente übernommen wurden (z. B. die violetten Messgewänder), ist der Advent keine eigentliche Bußzeit. So wird – im Gegensatz zur österlichen Bußzeit – im Advent weiterhin das freudige Halleluja gesungen. Mit den Messbüchern (Missalien) des 12./13. Jahrhunderts rücken die Adventsformulare vom Buchende an den Anfang vor das Weihnachtsfest und verbinden sich zu einem zusammengehörigen Weihnachtsfestkreis. Auch die Konzentration auf vier Adventssonntage hat sich in dieser Zeit allmählich durchgesetzt (die Kirche von Mailand hält dagegen bis heute an den sechs Adventssonntagen fest).

Als eine frömmigkeitsgeschichtliche Besonderheit ist der mittelalterliche Brauch zu erwähnen, an den Samstagen des Advents eine marianische Votivmesse, die Messe *Sancta Maria in Sabbato*, zu feiern, besser bekannt unter dem Anfangswort des Eingangsverses „Rorate". Diese Messen in der Frühe des Samstagmorgens erfreuen sich bis heute großer Beliebtheit und werden auch an den anderen Wochentagen bei Kerzenschein im Advent gefeiert.

In der populären Frömmigkeit gilt das Fest der Darstellung des Herrn (volkstümlich Lichtmess oder Maria Lichtmess genannt) als

Abschluss der weihnachtlichen Feste. Nach dem tridentinischen Missale Romanum (1570) endet die Weihnachtszeit jedoch mit dem Oktavtag von Epiphanie, also dem 13. Januar, an dem das Gedächtnisfest der Taufe Christi begangen wird. Danach schließt sich mit den Sonntagen nach Epiphanie eine „Zeit des Ausklangs" (Urbanus Bomm) an. Der römische Kalender von 1969 führt zu einer Neuregelung: Jetzt reicht die Weihnachtszeit in der katholischen Kirche bis zum Sonntag nach dem 6. Januar einschließlich (also maximal bis zum 13. Januar). Dieser Sonntag wird zugleich als Fest der Taufe des Herrn gefeiert.

Seit dem hohen Mittelalter beschränkt sich Weihnachten allerdings nicht mehr nur auf die Feier der Liturgie. Es entsteht ein vielfältiges Brauchtum, das einer lebendigen Frömmigkeit einen sichtbaren Ausdruck verleiht. In geistlichen Spielen, Umzügen und Darstellungen der biblischen Weihnachtsszenen zeigt sich ein stark visuelles Interesse am Leben Jesu und eine persönlich-intime Hinwendung zum Menschenkind Jesus – nicht als Konkurrenz oder Korrektur, sondern als Entfaltung und Veranschaulichung des liturgisch gefeierten Heilsgeschehens. Es sind veränderte Mentalitäten und Erfahrungen der Menschen, von denen die deutschen Weihnachtslieder, der Brauch des Kindleinwiegens oder die Betrachtung einer Landschaftskrippe zeugen. Nach und nach verbreitet sich *das* Symbol deutscher Weihnachtskultur schlechthin: der Christbaum, der zum Zentrum des bürgerlichen Weihnachtsfestes ab ca. 1800 werden soll. Auch der Weihnachtsmarkt, das reiche Adventsbrauchtum, der Umgang mit Licht und Kerzen, das Dreikönigssingen usw. zeigen die immense populär-religiöse Ausgestaltung des gesamten Weihnachtsfestkreises – je nach Land und Region mit gemeinsamen und je eigenen Bräuchen. Für nicht wenige Menschen waren und sind diese Frömmigkeitsformen existenziell bedeutsamer als die liturgischen Texte und Handlungen.

HEUTIGE PRAXIS

In den letzten Jahrzehnten hat sich sowohl in den katholischen als auch in den evangelischen Gemeinden eine größere Vielfalt an Gottesdienstformen und -gestaltungen entwickelt: Am Heiligabend gibt es neben der Christmette Krippenspiele für Kinder, kirchenmusikalische Vigilfeiern oder Wortgottesdienste wie das aus Erfurt bekannt gewordene *Nächtliche Weihnachtslob*, das speziell Menschen, die dem Glauben fernstehen, ansprechen will. Im Advent sind Roratemessen oder Spätschichten bei Kerzenschein sehr beliebt. Auch das (ökumenische) Hausgebet hat in dieser Zeit eine lange Tradition und ist durch die Corona-Pandemie gestärkt worden. In der Weihnachtszeit erfährt die Jahresschlussandacht bzw. -messe einen starken Rückhalt, während der Neujahrstag mit seiner mariologischen Prägung mehr und mehr in den Hintergrund tritt. Der Inhalt des Epiphaniefestes wird zunehmend durch die Sternsingeraktion überlagert, sollte aber als *das* zweite Hauptfest der Weihnachtszeit einen neuen Stellenwert im Gemeinde- und Frömmigkeitsleben erhalten.

DIE ADVENTSZEIT

Gemäß der *Grundordnung des Kirchenjahres* (GoKj) von 1969 beginnt die Adventszeit „mit der ersten Vesper des Sonntags, der auf den 30. November fällt oder diesem Datum am nächsten kommt. Sie schließt vor der ersten Vesper von Weihnachten." (GoKj 40) Das Profil wird wie folgt beschrieben:

„Die Adventszeit hat einen doppelten Charakter: sie ist einerseits Vorbereitungszeit auf die weihnachtlichen Hochfeste mit ihrem Gedächtnis des ersten Kommens des Gottessohnes zu den Menschen. Andererseits lenkt die Adventszeit zugleich durch dieses Gedenken die Herzen hin zur Erwartung der zweiten Ankunft Christi am Ende der Zeiten. Unter beiden Gesichtspunkten ist die Adventszeit eine Zeit hingebender und freudiger Erwartung." (GoKj 39)

Eschatologische (auf die Endzeit bezogene) und vor-weihnachtliche Aspekte durchdringen also beide Phasen des Advents. Dies schlägt sich in der Leseordnung und insbesondere in den Evangelien der vier Adventssonntage nieder. Wie in allen geprägten Zeiten werden die drei Lesungen nach einer thematisch bedingten Auswahl zusammengestellt; dabei ist in allen Lesejahren ein gleichbleibendes Motiv leitend. Die ersten drei Sonntage sind durch die Erzählungen von der Wiederkunft Christi (1. Advent), der Bußpredigt des Johannes (2. Advent) und des Verhältnisses von Jesus und Johannes (3. Advent) geprägt. Zusammen mit den alttestamentlich-messianischen Prophetien, besonders aus dem Buch Jesaja, nimmt die erste Phase des Advents eine Zukunftsperspektive innerhalb des Weihnachtsfestkreises ein: Mit der bevorstehenden Feier der Menschwerdung Gottes in Jesus Christus geht das liturgische Gedenken nicht bloß zurück in die Heilsgeschichte, vielmehr richtet sie sich erwartungsvoll auf die Zukunft aus, die vom Glauben an die endgültige Ankunft des Erlösers zur Vollendung der Welt geprägt ist. Der vierte Adventssonntag bereitet dagegen mit der Ankündigung der Geburt (Lesejahr A: Mt 1,18–24), der Verheißung der Geburt durch den Engel Gabriel (Lesejahr B: Lk 1,26–38) oder dem Besuch Marias bei Elisabet (Lesejahr C: Lk 1,39–45) das Weihnachtsgeschehen in gespannter Vorfreude unmittelbar vor. Das Tagesgebet ist aus dem Angelusgebet („Engel des Herrn") bekannt und nimmt die Einheit von Weihnachten und Ostern ins Gebetswort:

„Allmächtiger Gott,
gieße deine Gnade in unsre Herzen ein.
Durch die Botschaft des Engels
haben wir die Menschwerdung Christi,
deines Sohnes, erkannt.
Führe uns durch sein Leiden und Kreuz
zur Herrlichkeit der Auferstehung."

Der dritte Adventssonntag, nach dem Anfangswort des Eingangsverses (Introitus) *Gaudete* (Freut euch) genannt, bereitet durch seinen freudigen Charakter und die rosafarbenen Gewänder den Übergang in die kommende Weihnachtsfreude vor. Für die Wochentage des zweiten Teils der Adventszeit, vom 17. bis zum 24. Dezember, hält das Messbuch eigene Messformulare bereit. In den Evangelien werden die unmittelbaren Ereignisse vor der Geburt Jesu verkündet. Das bedeutendste liturgische Element dieser Schlusswoche des Advents stellen die sogenannten O-Antiphonen zum Magnificat der abendlichen Tagzeitenliturgie (Vesper) dar, die auch in den Messfeiern als Halleluja-Verse vor dem Evangelium gesungen werden. Die eindringliche Bitte um die rettende Ankunft des Erlösers wird jeweils mit einer preisenden Anrede aus der alttestamentlichen Messiaserwartung verknüpft.

Der Advent ist zudem reich an kirchlichen Feiertagen und populär-religiösen Traditionen. Am Gedenktag der heiligen Barbara (4. Dezember) werden Zweige in eine Vase gestellt, damit sie als Symbol des neuen Lebens am Weihnachtsfest aufblühen. Der Gedenktag des heiligen Nikolaus (6. Dezember) ist ein beliebter Termin der Kinderbescherung. Am 8. Dezember feiert die Kirche das „Hochfest der ohne Erbsünde empfangenen Jungfrau und Gottesmutter Maria" (auch „Maria Erwählung" genannt). Besonders in Skandinavien wird am 13. Dezember die heilige Luzia mit einem großen Lichterfest verehrt. Überhaupt hat sich in den dunklen Tagen des Dezembers ein reichhaltiges Lichtbrauchtum entwickelt. Der Adventskranz, zurückgehend auf den Theologen und Sozialpädagogen Johann Hinrich Wichern (1808–1881), hat seinen ursprünglichen Ort in den abendlichen Hausandachten im „Rauhen Haus" in Hamburg-Horn, einer 1833 gegründeten Stiftung des Diakonischen Werkes, die verwahrlosten und verwaisten Kindern ein Zuhause geben will. Die Segnung des häuslichen Adventskranzes innerhalb eines Hausgottesdienstes sowie das sonn- oder werktägliche Hausgebet mit Entzünden der Kerzen, Singen von Adventsliedern und Betrachten der Heiligen Schrift ist ein lebendiger Ausdruck einer lebensweltlich verwurzelten Frömmigkeitspraxis. Das „Friedenslicht aus Betlehem" leuchtet ab dem dritten Adventssonntag in vielen Kirchen, Institutionen und

Privathäusern. Es ist mittlerweile ein weltweites Symbol für den Wunsch nach Frieden und Völkerverständigung.

Dass der Advent für viele Menschen aber auch eine ästhetische, emotionale und geistige Intensivzeit ist, zeigt sich in Trostgottesdiensten für Eltern, die um ihre still geborenen oder früh verstorbenen Kinder trauern. Der zweite Sonntag im Dezember ist der weltweite Gedenktag für alle verstorbenen Kinder, an dem sich viele Gemeinden an der Initiative „Weltweites Kerzenleuchten" (*Worldwide Candle Lighting*) beteiligen.

HOCHFEST DER GEBURT DES HERRN – WEIHNACHTEN – CHRISTTAG

KRIPPENFEIER AM HEILIGEN ABEND

Eine Krippenfeier am (späten) Nachmittag des Heiligabends kann als das geistliche Eingangsportal für die sich anschließende Festfeier im familiären und intimen Kreis gelten. Der Zuspruch von jungen Familien, vielen Erwachsenen und Senioren lässt sowohl ein gewisses Bedürfnis wie auch die Akzeptanz für einen Weihnachtsgottesdienst vor der familiären Feier begründen. Als Schwellenritual steht die Krippenfeier in der Tradition der ersten Vesper eines Hochfestes, deren Funktion es ist, die Zeit der Vorbereitungen in die nun beginnende Festzeit zu überschreiten. Der Gottesdienst sammelt die gegebenenfalls aus verschiedenen Orten zusammenkommende Familie an einem Ort und bindet diese in eine die Zeiten und Orte übersteigende Geschichte ein.

Im Mittelpunkt steht die lukanische Weihnachtsgeschichte, die meist szenisch und musikalisch in Form eines Krippenspiels mit verteilten Rollen verkündet wird. Von herausragender Bedeutung für das je eigene Mittun ist dabei das Singen und Musizieren. Eine gemeinsame Prozession aller Kinder zur Krippe nach dem Evangelium, das Entzünden eines Lichts oder das Hineinlegen einer Jesusfigur in die Krippe können das gehörte, gesungene und gespielte Weihnachtsevangelium ausdeuten und erfahrbar werden lassen. Ziel dieses Gottesdienstes ist eine ganzheitliche Hineinführung in die Weihnachtsbotschaft.

MESSE AM HEILIGEN ABEND

Die Messe am Heiligen Abend ist aus der früheren Vigilmesse des 24. Dezembers hervorgegangen und kann vor oder nach der ersten Vesper von Weihnachten gehalten werden. Das Evangelium vom Stammbaum Jesu und der Ankündigung seiner Geburt nach Matthäus (Mt 1,1–25 oder Kurzfassung Mt 1,18–25) prägt diesen Gottesdienst. In der Praxis wird das Messformular meist durch das der Christmette ersetzt. Die besondere Stellung der Messfeier zwischen Advents- und Weihnachtszeit verdeutlicht insbesondere der Introitusvers (Eingangsvers): „Heute sollt ihr es erfahren: Der Herr kommt, um uns zu erlösen, und morgen werdet ihr seine Herrlichkeit schauen."

Die Verse sind aus Ex 16,6f. und Jes 35,4 nach der Vulgata, der lateinischen Bibel, zusammengestellt. Im alttestamentlichen Referenztext aus dem Buch Exodus wird der schwere Weg Israels durch die Wüste zum Berg Sinai erzählt. Das Volk leidet an Hungersnot und murrt gegen seine Anführer Mose und Aaron. Doch der Herr lässt sein Volk nicht im Stich und verheißt die zum Leben notwendige Nahrung, das „Brot vom Himmel" (Ex 16,4), das „Manna". In dieser Situation wenden sich Mose und Aaron an das Volk mit den Worten: „Heute Abend (lateinisch *vespere*) sollt ihr erfahren, dass der Herr euch aus Ägypten geführt hat, und morgen werdet ihr die Herrlichkeit des Herrn schauen." (Ex 16,6f.) Indem nun der Introitus diese jüdische Glaubensüberlieferung christologisch (und über das Mannamotiv eucharistisch) interpretiert und in das weihnachtliche Geschehen hineinverlegt, wird über das zeitliche Motiv des Kommens des Erlösers das Volk Israel in der Wüste mit der gegenwärtig versammelten christlichen Gemeinde verbunden, die sich mit dem Befreiungsgeschehen Israels identifiziert. Der Austausch des biblisch verwende-

…en Wortes *vespere* durch den liturgischen Zentralbegriff *hodie* (heute) markiert dieses Phänomen auf sprachlicher Ebene. Damit macht dieser Gesang als Ouvertüre von Weihnachten eine ganz zentrale Aussage: So wie einst Israel auf die Gegenwart des Messias wartete, so ergeht es jetzt der christlichen Gemeinde. Diese hat sich in dem Bewusstsein zum Gottesdienst versammelt, dass Gott seinem Volk Rettung und Heil schenken will, so wie einst Israel bei der Befreiung aus Ägypten (dem Pascha) und beim Mannaregen in der Wüste. Doch wie Israel beim Wüstenzug, so muss sich auch die christliche Gemeinde noch bis zum Anbruch des morgigen Tages gedulden. *Heute* – also am Vorabend von Weihnachten – ergeht die Ankündigung zur Ankunft des Erlösers; *morgen* erst ist Weihnachten, der Tag, an dem sich Gottes Herrlichkeit offenbart (Joh 1,14b).

Das Messformular vom Heiligen Abend zwischen Advent und Weihnachten hebt also die eschatologische „Zwischenzeit" ins Heute, in der die Menschen leben: zwischen der Zeit der Geburt des Erlösers und seiner Wiederkunft zur Vollendung von Mensch und Welt.

MESSE IN DER HEILIGEN NACHT

Der gebräuchliche Name „Christmette" für diese Messfeier in der Heiligen Nacht ist missverständlich. Mit einer „Mette" (Kurzform für *matutina*) ist eine Vigilfeier am sehr frühen Morgen gemeint, also ein Tagzeitengottesdienst mit vielen Psalmen, Lesungen und Gebeten. Nur aufgrund des Zeitansatzes hat sich die Bezeichnung „Mette" für die nächtliche Weihnachtsmesse ergeben, eher selten wird zuvor das Stundengebet entrichtet.

Die liturgischen Texte entfalten eine breite Nacht- und Lichtmotivik, wodurch eine deutliche Nähe zur Osternachtliturgie aufscheint. Als Evangelium ist passend zum Zeitansatz die Geburtserzählung nach Lukas (Lk 2,1–14) mit der Verkündigung der Geburt des Messias an die Hirten auf dem Felde vorgesehen. Sie proklamiert Jesus als jenen Herrscher, der gewaltlos auf Erden unter den Menschen des göttlichen Wohlgefallens den Frieden bringen wird (Lk

2,14). Im Mittelpunkt steht die Engelsverkündigung und damit die himmlische Deutung der Geburt Jesu als Kind in der Krippe mit dem Gloria im Zentrum des Geschehens. Es sind die hier gebrauchten Hoheitstitel *Retter (soter, salvator), Messias (christos, christus, der Gesalbte)* und *Herr (kyrios, dominus)*, die die Mitte der Erzählung bilden und von den Eigennamen Augustus im ersten und Jesus im letzten Vers der Gesamtgeschichte (Lk 2,21) gerahmt werden. So wird bereits an der Rahmung eine Gegenüberstellung von Kaiser Augustus und Jesus in ihrem jeweiligen Anspruch, *Retter, Messias* und *Herr* sein zu wollen, erkennbar.

Der Evangelist bezieht mit der idyllisch anmutenden Geburtsgeschichte zu den sozialen und politischen Realitäten seiner Zeit kritisch Stellung. Er hinterfragt massiv die damals populäre Vorstellung eines römischen Goldenen Zeitalters. So kann man von Lukas die weltpolitische Verantwortung von Christen lernen, sich – im Sinne einer *Pax Christiana* – entschieden und aktiv für Frieden und soziale Gerechtigkeit einzusetzen und gegen jede Form von Krieg vorzugehen. So wird eine Handlungsperspektive gesetzt: christliche Gemeinden als Orte des Friedens und der Gerechtigkeit.

Die Lesungen aus Jesaja (Jes 9,1–6) und dem Titus-Brief (Tit 2,11–14) bereiten den befreiungstheologischen und politisch-sozialethischen Gehalt des Weihnachtsevangeliums vor. Der „wunderbare Ratgeber, starke Gott, Vater in Ewigkeit, Fürst des Friedens" (Jes 9,5) ist der „Retter Christus Jesus" (Tit 2,13; vgl. 3,6). Mit dem Sehen eines hellen und „großen" Lichtes (*lux magna*) – so im Halleluja-Vers der Messe am Tage – bricht für das Volk, das „im Dunkeln" und „im Land der Finsternis" wohnt (Jes 9,1), eine neue Zukunft an, die als ein Geschehen des heilvollen, gerechten und freudigen Übergangs gedeutet wird. Die Titus-Lesung hebt besonders die eschatologische (endzeitliche) Erwartung der „selige[n] Erfüllung unserer Hoffnung" (Tit 2,13) hervor, die von der Ankunft der „Gnade Gottes" (Tit 2,11; 3,7) eröffnet wird, „um alle Menschen zu retten" (Tit 2,11).

Ein zentrales Motiv der Mitternachtsmesse lässt sich dem Tagesgebet (Oration) entnehmen. In diesem Gebet geht es nicht um ein historisierendes Gedenken an die Geburt von Betlehem. Vielmehr wird das Weihnachtsgeschehen mit den Metaphern Nacht und Licht als Selbstoffenbarung des unsichtbaren Gottes gepriesen und damit als Erkenntnisgeschehen über Gott gedeutet:

„Herr, unser Gott,
in dieser hochheiligen Nacht
ist uns das wahre Licht aufgestrahlt.
Lass uns dieses Geheimnis
im Glauben erfassen und bewahren,
bis wir im Himmel
den unverhüllten Glanz deiner Herrlichkeit schauen."

Das Gebet nimmt die Atmosphäre des Evangeliums von der Verkündigung der Geburt an die Hirten auf den Feldern von Betlehem vorweg, wo es heißt: „Da trat ein Engel des Herrn zu ihnen und die Herrlichkeit des Herrn umstrahlte sie." (Lk 2,9) Es knüpft zudem an den Johannesprolog an, wenn es den Logos (das Wort Gottes) als „das wahre Licht [bezeichnet], das jeden Menschen erleuchtet" (Joh 1,9). Und zugleich nimmt es die Anfangsverse der nachfolgenden Lesung aus dem Buch Jesaja vorweg: „Das Volk, das in der Finsternis ging, sah ein helles Licht; über denen die im Land des Todesschattens wohnen, strahlte ein Licht auf." (Jes 9,1) Mit dem Begriffsfeld Licht und Herrlichkeit wird die Geburt Jesu als eine Offenbar-Werdung, als eine Erscheinung (Epiphanie) des mächtigen Gottes in der Zeit beschrieben. Gott, der Schöpfer der Welt und der Schöpfer „dieser hochheiligen Nacht", wird direkt angesprochen. Er ist es, der durch die Geburt des Sohnes – metaphorisch umschrieben als Aufgang des wahren Lichtes – diese Nacht taghell gemacht und somit von aller Dunkelheit, von allem Schrecken und Bösen, erlöst hat. Der Umschlag vom Dunkel zum Licht, vom Volk, das in der „Finsternis" geht und ein „großes Licht" (Jes 9,1) sieht, kündet sich nach Jesaja in der Geburt eines Kindes auf dem Thron Davids an. Mit der Erfüllung dieser Messiaserwartung wird schließlich die negativ besetzte Metapher „Nacht" im christlichen Gebet positiv umgedeutet. Zudem wird die erinnerte Heilsnacht von Betlehem als etwas gegenwärtig Erfahrbares beschreiben, wenn es dort heißt, dass „uns", also den Gläubigen, das „wahre Licht aufstrahlt". Der bittende (epikletische) Teil des Gebets verstärkt die heilshafte Bedeutung dieses Licht-Aufgangs im Sinne eines übergroßen, endzeitlichen Glücks, welches den Gläubigen schon jetzt im Sakrament zuteilwird.

Das Licht wird somit insgesamt als ein wirkmächtiges Zeichen der Erlösung Christi verstanden – ein Licht, das schon jetzt im Glauben zu Christus führt und in der Feier der Liturgie als „Vorgeschmack" erfahrbar werden will, dessen unmittelbare und vollendete Gemeinschaft aber erst für den Himmel erwartet wird. Nicht im Begriff des „Sohnes" oder des „Kindes" oder des „Wortes", sondern mit der Metapher des „Lichts" wird in diesem Gebet das Neugeborene als Offenbarung Gottes heilsgeschichtlich gedeutet: Christi Geburt als die Ankunft des „aufstrahlenden Lichtes aus der Höhe" (Lk 1,78), Christus als die „Sonne der Gerechtigkeit" (Mal 3,20), als das „Licht der Welt" (Joh 8,12).

Welche Auswirkungen die Menschwerdung Gottes auf den Menschen konkret hat, wird im Gabengebet besonders beschrieben:

„Allmächtiger Gott,
in dieser heiligen Nacht
bringen wir unsere Gaben dar.
Nimm sie an
und gib, dass wir durch den wunderbaren Tausch
(*admirabile commercium*)
deinem Sohn gleichgestaltet werden,
in dem unsere menschliche Natur
mit deinem göttlichen Wesen vereint ist."

Die Menschwerdung Gottes, sein Herabstieg in die Welt, wird mit einem „Geschäftsvorgang" (*commercium*) verglichen, an dem die Menschen Anteil haben werden. Das bedeutet: Gott selbst ergreift aus freiem Entschluss die Initiative zu seiner Menschwerdung. Er tauscht sein Gottsein, seine göttlichen Attribute der Macht und

Unsterblichkeit, gegen das Menschsein ein. Er nimmt in seinem Sohn alles Menschliche, das Leiden, den Schmerz und den Tod, in sich auf, um so den Menschen ganz zu sich, in sein göttliches Leben zu holen.

Gott wird Mensch, damit die Menschen „vergöttlicht" werden – so lautet eine berühmte Kurzformel des Athanasius von Alexandrien (293–373), die dem Gebet zugrunde liegt. Die Lehre von der „Vergöttlichung des Menschen" ist ein Wesenskern der östlichen Erlösungslehre, die von der Inkarnation (Menschwerdung) her denkt, Kreuz und Auferstehung aber immer einschließt. Der Sinn der Menschwerdung besteht nach dieser Lehre – und so auch nach dem genannten Gabengebet – in der Wiederherstellung der Gottebenbildlichkeit des Menschen und damit in der Erneuerung der Menschenwürde.

Der wunderbare Tausch findet im österlichen Himmelfahrtsgeschehen seinen Abschluss, in dem durch die Erhöhung die weihnachtliche Annahme der menschlichen Natur durch den Sohn Gottes von Gott besiegelt wird. Der Abstieg in die menschliche Natur findet im Aufstieg zu seinem Vater seine Bestimmung. Die Gabe also, die Jesus im „Tauschgeschäft" zwischen Gott und Mensch in seiner Menschwerdung bis in Tod und Auferstehung erbringt, gilt allen Menschen, damit sie es Jesus gleichtun können, indem auch sie zur Gabe für andere werden. Vergöttlichung ist etwas ganz Personales: die von Gott selbst gewährte Teilhabe an seinem „Eigentum", an sich selbst, an seinem Leben.

Den Texten der Christmette wohnt insgesamt die Glaubenserfahrung inne: Bereits die Geburt des Erlösers vermittelt die im Ostergeschehen realisierte Gewissheit der Hoffnung, dass sich auch an jedem Glaubenden dieses einmalige und einzigartige weihnachtliche „Tauschgeschehen" vollziehen wird – nämlich, dass das eigene Leben dadurch vollendet wird, dass die sterbliche Natur des Menschen Anteil an der Ewigkeit Gottes erhält. Die zugesprochene Würde, ein Kind Gottes zu sein (Joh 1,12), ist Ausdruck des einen Heilswerks Jesu Christi, das zugleich verpflichtet wie befreit.

Neben dem spezifischen Zeitansatz und der damit verbundenen Atmosphäre kennt die Christmette auf der Basis des Messbuchs wenige spezifische Elemente. Die *Allgemeine Einführung in das Stunden-*

gebet empfiehlt zwar eine zur Vigil ausgestaltete Lesehore (Gebetszeit mit Schriftlesungen) vor der Eucharistiefeier, doch diese geistlich-intensive Form der Schriftmeditation ist intellektuell höchst anspruchsvoll und wird wohl nur in Klöstern und geistlichen Zentren zu realisieren sein. Auch die zum Gesang eingerichtete Ankündigung der Geburt des Herrn aus dem *Martyrologium Romanum* (dem Heiligenverzeichnis) kann den Gottesdienst eröffnen und eine archaisch-sakral anmutende Stimmung hervorrufen. Dieser Lobpreis ist ein herausragendes Beispiel liturgischer Erinnerungskultur. Er vereint das Gedächtnis an die Heilsgeschichte Israels mit der Zeitgeschichte Roms. Markant ist der traditionell im Passionston gehaltene Schlussvers: „Wir feiern die Geburt unseres Herrn Jesus Christus im Fleische." Damit wird abermals eindrucksvoll die Einheit von Krippe und Kreuz angesagt.

Die besondere Atmosphäre erhält die Christmette vor allem aber durch Elemente der populären Religiosität: die stimmungsvollen Lieder, allem voran *das* Weihnachtslied schlechthin *Stille Nacht, heilige Nacht*, die heimatlich inszenierte Krippe, der liebevoll geschmückte Christbaum sowie der Geruch von Kerzenwachs und Tannenduft. Alle diese alten und neuen Elemente weihnachtlichen Brauchtums sind es, die das Erleben der Christmette wesentlich prägen und die Atmosphäre des Kirchenraums „weihnachtlich" stimmen. Besonders der Umgang mit Licht, das Versammeln in einer (halb-)dunklen Kirche und der allmähliche Übergang in eine von Kerzen oder gedimmten Lampen illuminierten Kirche erweist sich als Schlüssel zum Erleben einer sinnlich und sinndeutend aufgeladenen Gottesdienstatmosphäre.

Gerade weil Weihnachten und Ostern theologisch als Einheit zu verstehen sind, spricht Vieles für eine bewusste ästhetische Angleichung der Christmette an die Osternacht, vor allem über das beiden Festen innenwohnende Licht-Motiv. Dazu bietet sich die Einbeziehung der Osterkerze am Taufbrunnen an, von der aus im Rahmen der Eröffnungsriten der Lichtruf angestimmt und die Lichter am Altar, an der Krippe sowie je nach örtlichen Gegebenheiten auf den Bänken im Kirchenraum entzündet werden. Zu den Lesungen oder zum Evangelium kann darüber hinaus das Licht der Osterkerze (oder des Friedenslichts) an die Gläubigen gereicht werden, um der Schriftverkündigung einen besonderen Akzent zu geben und die darin erwähnte Licht-Metaphorik (Jes 9,1; Lk 2,9) in den Händen greifbar werden zu lassen. Die hier verkündete Botschaft von der Erhellung der Nacht durch Christus als „dem wahren Licht" (Joh 1,9) gibt einer eschatologischen Grundeinstellung des christlichen Glaubens sichtbaren und erfahrbaren Ausdruck, in der die Getauften als „Kinder des Lichtes" beziehungsweise als „Kinder des Tages" (1 Thess 5,5; Joh 12,36) inmitten einer oftmals so finsteren Welt leben.

DIE MESSE IN DER MORGENFRÜHE (MISSA IN AURORA)

Die zweite Weihnachtsmesse setzt in Form einer kleinen Bahnlesung (fortlaufende Schriftlesung an aufeinanderfolgenden Tagen) die lukanische Weihnachtsgeschichte mit dem Abschnitt über die Anbetung der Hirten an der Krippe fort (Lk 2,15–20). Aus diesem Grund hat sich im deutschen Sprachraum der Begriff „Hirtenmesse" etabliert. Hirtenmusik prägt bis heute den kirchenmusikalischen Klang dieser allerdings nur noch selten gefeierten Frühmesse.

DIE MESSE AM TAGE (MISSA IN DIE)

Die älteste Messfeier von Weihnachten kennt seit den ältesten Quellen den Johannesprolog (Joh 1,1–18), also die poetische Ouvertüre des Johannesvangeliums, als Festtagsevangelium. Zusammen mit der traditionellen Lesung aus dem Hebräerbrief (Hebr 1,1–6), der ersten Lesung aus Jesaja (Jes 52,7–10) und den überlieferten Gebeten ist in der gesamten Feier von Maria und Josef nicht die Rede. Weder die Engel auf dem Felde noch die Hirten oder die Magier aus dem Morgenland spielen eine Rolle. Zentral ist vielmehr die theologische Aussage: „Und das Wort ist Fleisch geworden und hat unter uns gewohnt." (Joh 1,14) Der Prolog deckt eine wesentliche Spur des ursprünglichen Gehalts des römischen Weihnachtsfestes auf: die hoch theologische Einordnung der Geburt Christi als Inkarnation des präexistenten (vor aller Zeit existierenden) Wortes (Logos) Gottes.

Als theologischer Hintergrund des Hymnus gilt die jüdisch-hellenistische Vorstellung der präexistenten Weisheit Gottes. Es ist diese eine göttliche Weisheit, die sich in der zehnfach wiederkehrenden Aussage „Und Gott *sprach*" durch die erste Schöpfungserzählung (Gen 1,1 – 2,4a) durchzieht und die bei Johannes als handelndes Subjekt begriffen wird. Mensch und Welt sind von Anfang an wesenhaft auf Gottes Wort bezogen. Im Glauben, so vermittelt es der letzte Abschnitt des Prologs, kommt der Mensch auf diesen Ursprung im Wort zurück. Die Welt wird dabei ambivalent dargestellt: einerseits als gute Schöpfung Gottes, zu der auch das „Fleisch" gehört, andererseits als „Finsternis", die Gottes Wort nicht verstehen, erkennen und glauben will und somit ablehnt. Wenn mit der Fleischwerdung des Logos die Herrlichkeit Gottes geschaut werden kann, dann erscheint die Geburt des Sohnes zur vermittelten Erkenntnis, zur Auslegung über den Vater.

Jesus Christus kann so als der „Exeget" Gottes bezeichnet werden. In ihm teilt sich das Wort Gottes, der „Gott-in-Beziehung" ist, eindeutig mit, wird konkret vernehmbar und für die Menschen als Gabe annehmbar, ja noch mehr: Die Person des Christus *ist* das eine lebendige Wort Gottes. Aus den vielen Worten und Werken Jesu, von denen im Evangelium die Rede sein wird, spricht das einzige Wort Gottes, mit dem sich Gott von Ewigkeit her selbst ausgesagt und das jetzt einmalig und unüberholbar einen neuen „Zustand" angenommen hat: die irdische Menschen- und Lebensgestalt Jesus Christus. Geburt und Leben Jesu werden so zur Glaubensschule über Gott, den Vater. Denn: „Niemand hat Gott je gesehen. Der Einzige, der Gott ist und am Herzen des Vaters ruht, er hat Kunde gebracht." (Joh 1,18)

Zu dieser Auslegung der Weihnachtsbotschaft passt das Tagesgebet:

„Allmächtiger Gott,
du hast den Menschen
in seiner Würde wunderbar erschaffen
und noch wunderbarer wiederhergestellt.
Lass uns teilhaben an der Gottheit deines Sohnes,
der unsere Menschennatur angenommen hat."

Das lateinische Original spricht von der *humana substantia*. In ihr ist die Menschenwürde begründet, nicht in bestimmten menschlichen Fertigkeiten, seien sie geistiger oder körperlicher Natur. Doch worin liegt der Grund für die weihnachtliche „Erneuerung" und österliche „Erlösung" der Menschennatur, wenn doch die Schöpfung als „wunderbar" bezeichnet wird? Ohne jeden Anklang an Sühne für die Sünde spricht das Gebet von einem freien Entschluss Gottes, an der Menschennatur und ihrer Würde teilhaftig werden zu wollen. Die Erneuerung der Menschnatur besteht folglich in der Annahme der *humanitas* (Menschlichkeit/Menschennatur/menschliche Natur) durch die *divinitas* (Göttlichkeit/göttliche Natur), woraus für die Menschheit die Bitte und eschatologische Erwartung entspringt, auch einst an der göttlichen Natur – und somit einer noch größeren „Würde" – teilhaftig werden zu können. Neues Menschsein kann daher mit einem „Menschsein in der Offenheit zu Gott und zum Nächsten" (Christoph Schönborn) übersetzt werden, worin das Gegenteil eines selbstbezogenen Lebens besteht. Was Gott angenommen hat, kann nicht vollkommen schlecht sein. Weihnachten verlangt daher, vom Menschen groß zu denken – trotz und gerade aufgrund seiner bleibenden Unzulänglichkeiten; wahrlich eine Zumutung und Vorgabe Gottes. Weihnachten verlangt auch, von der gesamten Schöpfung groß zu denken und das Fest der Menschwerdung im Horizont der Bewahrung der Schöpfung einzuordnen.

DIE WEIHNACHTSOKTAV

Wie Ostern wird auch Weihnachten mit einer Oktav, also einer großen Festwoche, begangen. Anders als die Osteroktav ist die Weihnachtsoktav mit vielen Fest- und Gedenktagen angereichert. Sie gehen teils auf bereits frühchristliche Märtrerfeste zurück, so etwa das Fest des heiligen Stephanus am 26. Dezember und des heiligen Johannes (Apostel und Evangelist) am 27. Dezember. Zusammen mit dem Fest der Unschuldigen Kinder am 28. Dezember bilden sie die sogenannten *Gefolgsleute Christi (comites Christi)*. Besonders die mittelalterliche Frömmigkeit hat ihr jeweiliges Leben und Sterben auf das Martyrium Jesu Christi bezogen. Dadurch wird die Weihnachtszeit um einen passiologischen (das Leiden und Sterben Christi umfassenden) und österlichen Akzent ergänzt: die „Geburt" eines Märtyrers zum ewigen Leben bei Gott.

Am Sonntag der Weihnachtsoktav oder, wenn Weihnachten auf einen Sonntag fällt, am 30. Dezember, wird das Fest der Heiligen Familie gefeiert. Dieses Fest ist erst im 19. Jahrhundert als regionales Devotionsfest (Andachtsfest) ausgehend von Kanada entstanden und von Papst Leo XIII. (1878–1903) gefördert worden, gleichwohl seine Wurzeln bis zur barocken Verehrung der Heiligen Familie zurückreichen. Darüber hinaus lädt die Weihnachtswoche zu täglichen Gottesdiensten und Konzerten, zum persönlichen Besuch und Gebet an der Krippe wie auch zur Segnung der Kinder ein.

NEUJAHR – OKTAVTAG VON WEIHNACHTEN UND HOCHFEST DER GOTTESMUTTER MARIA

Abschluss der Weihnachtsoktav ist der 1. Januar. Verschiedene Festgeheimnisse kennzeichnen den liturgischen Neujahrstag:
– die Beschneidung und Namensgebung Jesu, die nach biblischer Chronologie am achten Tag nach seiner Geburt stattfindet (Lk 2,21);

– ein Fest zu Ehren der Gottesmutter Maria, das vermutlich auf eine altrömische Tradition zurückgeht;
– der Weltfriedenstag, der seit 1968 in der katholischen Kirche begangen wird und mit einer Weltfriedensbotschaft des Papstes verbunden ist.

Gegenüber diesen Motiven spielt der Jahreswechsel nur eine untergeordnete Rolle. Jahrhundertlang wirken die Vorbehalte gegen vermeintlich heidnische Neujahrsbräuche nach. Erst im 19. Jahrhundert hat sich in den evangelischen Kirchen mit dem *Altjahrsabend* ein eigener Gottesdienst zur Jahreswende entwickelt. Im katholischen Bereich nimmt die Jahresschlussandacht mit Rückblick auf die Ereignisse der letzten Monate eine vergleichbare Bedeutung ein. Das heute im Messbuch enthaltene Formular „Zum Jahresbeginn" kann kurioserweise nicht am 1. Januar verwendet werden (nur in einigen Diözesen ist es als Ausnahme am Vorabend erlaubt).

Mit der bereits vor der Liturgiereform vorgenommenen Streichung des Motivs der Beschneidung und der Neuaktzentuierung als Hochfest der Gottesmutter Maria ist ein wesentliches Motiv der Menschwerdung des Sohnes Gottes in Vergessenheit geraten: die bleibende Verbundenheit des Heils mit dem Judentum. Der jüdische Ritus der Beschneidung erinnert eindrücklich an die Geburt des *Juden* Jesus. Jesus – sein Leben lang treu zur Tora – wurde am achten Tag nach seiner Geburt beschnitten. So erzählt es Lukas in seiner Geburtsgeschichte und so wird es auch im Evangelium der Neujahrsmesse verkündet: „Als acht Tage vorüber waren und das Kind beschnitten werden sollte, gab man ihm den Namen Jesus, den der Engel genannt hatte, bevor das Kind im Mutterleib empfangen war." (Lk 2,21)

Die Beschneidung ist nicht irgendein überholter Ritus in der Geschichte Israels. Er geht auf den Bundesschluss Gottes mit Abraham und seinen Nachkommen zurück (Gen 17,9–11). Mit dem Zeichen der Beschneidung an der männlichen Nachkommenschaft kommt folglich die besondere Würde des Volkes Israels gegenüber der Welt zum Ausdruck. Gerade in Zeiten einer gewachsenen Sensibilität für die jüdischen Wurzeln des Christentums nach dem Unheil der Schoah bleibt die stete Erinnerung an die jüdische Identität des neugeborenen Jesus ein wesentliches Element des Weihnachtsfestkreises.

ERSCHEINUNG DES HERRN

Nach dem Oktavtag erreicht die Weihnachtszeit mit dem Epiphaniefest am 6. Januar einen weiteren Höhepunkt. Seit der altrömischen Liturgie konzentriert sich das Fest auf die Erzählung von der Anbetung der Weisen (Mt 2,1–12), während die altgallische Liturgie drei Festinhalte kennt: die Taufe Jesu, die Verehrung des Kindes durch die Weisen und das erste Wunderwirken Jesu bei der Hochzeit zu Kana. Lediglich im Stundengebet (Antiphon zum Magnificat der zweiten Vesper) sowie in der Leseordnung der nachfolgenden Sonntage wirkt das Motiv der sog. *tria miracula* (drei Heilsgeheimnisse) fort. Problematischer ist aber ein zweites historisches Erbe: Seit dem Spätmittelalter wird Epiphanie nicht mehr als ein Christusfest bzw. zweites Weihnachtsfest, sondern als ein Heiligenfest mit dem Gedächtnis der Heiligen Drei Könige verstanden. So hat sich mit dem „Dreikönigstag" ein reiches Brauchtum entwickelt, etwa die Dreikönigsspiele, aus denen die Tradition des Sternsingens hervorgegangen ist.

Demgegenüber betont die Liturgie vom Festtag der Erscheinung des Herrn die Manifestation und Schau der Herrlichkeit Gottes in dem Neugeborenen vor der ganzen Welt. In der ersten Lesung von der Wallfahrt der Völker zum Zion (Jes 60,1–6) wird diese Offenbarungsdimension durch eine Metaphorik des Lichts beschrieben:

„Auf werde licht, Jerusalem, denn es kommt dein Licht, und die Herrlichkeit des Herrn geht leuchtend auf über dir. Denn siehe, Finsternis bedeckt die Erde und Dunkel die Völker, doch über dir geht leuchtend der Herr auf, seine Herrlichkeit erscheint über dir. Völker wandern zu deinem Licht und Könige zu deinem strahlenden Glanz."

Das Lichtmotiv ist von Anfang an mit dem Fest verbunden. Gewiss auch durch den Stern im Evangelium beeinflusst, findet der theologische Gehalt des Festes im Licht eine metaphorische Gestalt, die auf theologisch-begrifflicher Ebene mit Offenbarung ausgedrückt wird. Jerusalem soll nach Jesaja durch eine göttliche Erscheinung zum „Centrum mundi" werden. Die matthäische Erzählung von der Anbetung der Magier knüpft mit seinen zentralen Motiven wie Licht, Kommen aus der Finsternis, Huldigung und den Gaben an die alttestamentliche Verheißung der endzeitlichen Wallfahrt zum Zion an. Auch hier wird im Rückgriff auf die Heiligen Schriften die sichtbare Erscheinung im menschlichen Erkenntnisprozess gedeutet: Im Leuchten des Lichts inmitten der Finsternis offenbart sich der Gott Israels. Auf liturgischer Ebene bildet das Lichtmotiv eine Klammer zwischen Christnacht und Epiphaniefest.

Die Festtagspräfation greift diese Dialektik von Licht und Finsternis wieder auf, sie erwähnt aber an keiner Stelle die aus dem Osten kommenden Sterndeuter. Nur noch von Christus als Licht der Völker ist die Rede:

„Denn heute enthüllst du das Geheimnis unseres Heiles,
heute offenbarst du das Licht der Völker, deinen Sohn Jesus Christus.
Er ist als sterblicher Mensch auf Erden erschienen
und hat uns neu geschaffen im Glanz seines göttlichen Lebens."

Mögliche Namen, Anzahl oder der Beruf der Weisen aus dem Morgenland, aber auch ihr vom Licht des Sterns beleuchteter Weg: all das ist für die theologische Aussage des christlichen Festes von nachrangiger Bedeutung. Vielmehr steht die Botschaft im Vordergrund: Unser Gott ist ein Gott, der vor und von der Welt erkannt und verstanden werden will, der sich zeigt, offenbart, enthüllt und der sich im wahrsten Sinne des Wortes begreifen lässt. In beiden weihnachtlichen Festen feiern die Christen keinen abstrakten Gott, sondern einen Gott, der das Geheimnis des Heils in der Person des Jesus Christus endgültig enthüllt hat, indem er als sterblicher

Mensch erschienen ist. Und so betet die Kirche am Schluss der Messfeier von Epiphanie:

„Wir danken dir, allmächtiger Gott,
für die heiligen Gaben
und bitten dich:
Erhelle unsere Wege mit dem Licht deiner Gnade,
damit wir in Glauben und Liebe erfassen,
was du uns im Geheimnis der Eucharistie geschenkt hast."

Die Bitte dieses Gebets zielt auf die Erkenntnis des lebendigen Gottes in Glauben und Liebe, der sich in der Liturgie in den Zeichen von Brot und Wein – somit wieder „verhüllt" – als der Heil schaffende, den Menschen nahe und liebende Gott erweist. So wie der Stern die Magier ein Mysterium (Geheimnis) hat schauen lassen, so dürfen die Gläubigen in den sinnenfälligen Zeichen der Liturgie hingerissen werden inmitten der irdischen Zeit in die Herrlichkeit des ewigen Gottes. Dabei geht es aber weniger um ein Hingerissenwerden mit dem sichtbaren Auge, als mit den Augen des Geistes (des Herzens), um im Glauben zur Erkenntnis und schließlich zur unverhüllten Gemeinschaft mit Gott zu gelangen.

Um den 6. Januar bringen Kinder in der Sternsingeraktion den Segen des neuen Jahres zu den Menschen in ihren Häusern und bitten um eine Spende für notleidende Kinder. Die Botschaft von der Menschwerdung Gottes realisiert sich hier auf ganz praktische und diakonische Weise.

TAUFE DES HERRN

Den Abschluss der Weihnachtszeit bildet das Fest der Taufe des Herrn am Sonntag nach Erscheinung des Herrn. Noch ein letztes Mal wird die heilsgeschichtliche Bedeutung der weihnachtlichen Festgeheimnisse gefeiert, konkret die Offenbarung der Gottessohnschaft Jesu vor der Welt im Motiv der Salbung mit dem Heiligen Geist zum Messias. Mit der Taufe beginnt das öffentliche Heilswirken Jesu. Mit dem Festtag verbindet sich ein Taufgedächtnis der Gläubigen. Im Tagesgebet bitten sie im Gedenken an die Taufe Jesu:

„Allmächtiger, ewiger Gott
bei der Taufe im Jordan
kam der Heilige Geist
auf unseren Herrn Jesus Christus herab,
und du hast ihn
als deinen geliebten Sohn geoffenbart.
Gib, dass auch wir,
die aus dem Wasser und dem Heiligen Geist
wieder geboren sind,
in deinem Wohlgefallen stehen
und als deine Kinder
aus der Fülle dieses Geistes leben."

Während im öffentlichen Raum alle Elemente der weihnachtlichen Festzeit längst weggeräumt sind, bleiben viele Kirchen noch für eine Weile, teils bis zum Fest Darstellung des Herrn (2. Februar), durch Christbäume und Krippe festlich geschmückt. Sie laden ein zum persönlichen Gebet an der Krippe, zur Meditation der dargestellten biblischen Szenen oder zum nachweihnachtlichen Singen und Musizieren.

Stephan Wahle

DER ADVENT

ERSTER ADVENTSSONNTAG

Die Wochen des Advents sind jedes Jahr aufs Neue die Zeit der Erwartung und Bereitung: Vorbereitung auf das Kommen des Herrn, hier und jetzt. Zeit der großen Hoffnung, die aus dem Glauben kommt. Die Kraft der Hoffnung aber ist die Liebe. Das liebende Herz erfährt jetzt schon die Nähe des Herrn und die heilende Kraft seiner Gegenwart.

ERÖFFNUNGSVERS   Ps 25 (24), 1–3

Zu dir, Herr, erhebe ich meine Seele. Mein Gott, dir vertraue ich.
Lass mich nicht scheitern, lass meine Feinde nicht triumphieren!
Denn niemand, der auf dich hofft, wird zuschanden.

TAGESGEBET

Herr, unser Gott,
alles steht in deiner Macht;
du schenkst das Wollen und das Vollbringen.
Hilf uns, dass wir auf dem Weg der Gerechtigkeit
Christus entgegengehen
und uns durch Taten der Liebe
auf seine Ankunft vorbereiten,
damit wir den Platz zu seiner Rechten erhalten,
wenn er wiederkommt in Herrlichkeit.
Er, der in der Einheit des Heiligen Geistes
mit dir lebt und herrscht in alle Ewigkeit.

LESEJAHR A

ZUR 1. LESUNG   *Mit „Zion" und „Jerusalem" meint der Prophet nicht den politischen Mittelpunkt des Reiches Juda, sondern die Stadt Gottes, den Tempelberg als den Ort seiner besonderen Gegenwart. Dort hat Jesaja „den König, den Herrn der Heere", gesehen (Jes 6). Der heilige, unnahbare Gott ist für sein Volk auch der nahe und rettende Gott. Er zeigt den Weg und hilft in der Not.*

Lesejahr A — Erster Adventssonntag

ERSTE LESUNG
Jes 2, 1–5

Der HERR führt alle Völker zusammen in den ewigen Frieden des Reiches Gottes

Lesung
  aus dem Buch Jesája.

Das Wort, das Jesája, der Sohn des Amoz,
  über Juda und Jerusalem geschaut hat.

Am Ende der Tage wird es geschehen:
Der Berg des Hauses des HERRN•
  steht fest gegründet als höchster der Berge;
er überragt alle Hügel.
Zu ihm strömen alle Nationen.

³ Viele Völker gehen und sagen:
  Auf, wir ziehen hinauf zum Berg des HERRN
  und zum Haus des Gottes Jakobs.
Er unterweise uns in seinen Wegen,
auf seinen Pfaden wollen wir gehen.
Denn vom Zion zieht Weisung aus
  und das Wort des HERRN von Jerusalem.

⁴ Er wird Recht schaffen zwischen den Nationen
und viele Völker zurechtweisen.
Dann werden sie ihre Schwerter zu Pflugscharen umschmieden
  und ihre Lanzen zu Winzermessern.
Sie erheben nicht das Schwert, Nation gegen Nation,
und sie erlernen nicht mehr den Krieg.

⁵ Haus Jakob, auf,
wir wollen gehen im Licht des HERRN.

• Der Gottesname, der im Hebräischen mit den vier Buchstaben JHWH wiedergegeben wird, wurde schon in biblischer Zeit aus Ehrfurcht nicht ausgesprochen. Die jüdische Tradition liest stattdessen „Adonaj", „(mein) Herr". So wird der Gottesname in der revidierten Einheitsübersetzung mit der Schreibweise „der HERR" wiedergegeben.

Erster Adventssonntag — Lesejahr A

ANTWORTPSALM
Ps 122 (121)*, 1–3.4–5.6–7.8–9 (Kv: 1b)

Kv **Zum Haus des HERRN wollen wir gehen.** – Kv GL 633,5**, II. Ton

1 Ich freute mich, als man mir sagte: *
   "Zum Haus des HERRN wollen wir gehen."
2 Schon stehen unsere Füße in deinen Toren, Jerusalem: /
3 Jerusalem, als Stadt erbaut, *
   die fest in sich gefügt ist. – (Kv)
4 Dorthin zogen die Stämme hinauf, die Stämme des HERRN, /
   wie es Gebot ist für Israel, *
   den Namen des HERRN zu preisen.
5 Denn dort stehen Throne für das Gericht, *
   die Throne des Hauses David. – (Kv)
6 Erbittet Frieden für Jerusalem! *
   Geborgen seien, die dich lieben.
7 Friede sei in deinen Mauern, *
   Geborgenheit in deinen Häusern! – (Kv)
8 Wegen meiner Brüder und meiner Freunde *
   will ich sagen: In dir sei Friede.
9 Wegen des Hauses des HERRN, unseres Gottes, *
   will ich dir Glück erflehen. – Kv

ZUR 2. LESUNG *Christus ist das Licht, das für alle Menschen leuchtet. Noch sehen und spüren wir die Macht der Finsternis und des Bösen. Aber jetzt schon soll die Gemeinde Christi „wie am Tag" leben: auf den großen Tag der Begegnung und der ewigen Klarheit hin.*

---

* Die Zählung in den Klammern bezieht sich bei den Antwortpsalmen auf die Vulgata.
** Anstelle des abgedruckten Kehrverses kann ein entsprechender Kehrvers aus dem „Gotteslob", auf den jeweils in dieser Form verwiesen wird, gesungen werden. Weitere Kehrvers-Vorschläge bietet das SCHOTT Kantorale.

ZWEITE LESUNG
Röm 13, 11–14a

Jetzt ist das Heil uns näher

Lesung
   aus dem Brief des Apostels Paulus
   an die Gemeinde in Rom.

Schwestern und Brüder!
Das tut im Wissen um die gegenwärtige Zeit:
Die Stunde ist gekommen, aufzustehen vom Schlaf.
Denn jetzt ist das Heil uns näher
   als zu der Zeit, da wir gläubig wurden.
Die Nacht ist vorgerückt,
der Tag ist nahe.

Darum lasst uns ablegen die Werke der Finsternis
   und anlegen die Waffen des Lichts!
Lasst uns ehrenhaft leben wie am Tag,
ohne maßloses Essen und Trinken,
ohne Unzucht und Ausschweifung,
ohne Streit und Eifersucht!
Vielmehr zieht den Herrn Jesus Christus an.

RUF VOR DEM EVANGELIUM
Vers: Ps 85 (84), 8

Halleluja. Halleluja.

Lass uns schauen, o HERR, deine Huld
und schenke uns dein Heil.

Halleluja.

ZUM EVANGELIUM *Der Menschensohn wird kommen, um die Geschichte zu richten und zu vollenden. Er kommt unerwartet; niemand kennt den Tag und die Stunde. Das wird illustriert durch die Erinnerung an die Tage Noachs und durch das Wort von den zwei Männern auf dem Feld und den zwei Frauen an der Handmühle. – Auch für jeden Einzelnen kommt die Stunde der entscheidenden Begegnung mit dem Herrn. Wachsein heißt in dieser Situation nicht, in ständiger Hochspannung zu leben, sondern geduldig und treu den Willen Gottes zu tun und jetzt schon Christus zu begegnen: im Mitmenschen, vor allem im Notleidenden.*

1 EVANGELIUM   Mt 24, 37–44

Seid wachsam und haltet euch bereit!

✛ Aus dem heiligen Evangelium nach Matthäus.

In jener Zeit sprach Jesus zu seinen Jüngern:

³⁷ Wie es in den Tagen des Noach war,
so wird die Ankunft des Menschensohnes sein.

³⁸ Wie die Menschen in jenen Tagen vor der Flut
aßen und tranken, heirateten und sich heiraten ließen,
bis zu dem Tag, an dem Noach in die Arche ging,

³⁹ und nichts ahnten,
bis die Flut hereinbrach und alle wegraffte,
so wird auch die Ankunft des Menschensohnes sein.

⁴⁰ Dann wird von zwei Männern, die auf dem Feld arbeiten,
einer mitgenommen und einer zurückgelassen.

⁴¹ Und von zwei Frauen, die an derselben Mühle mahlen,
wird eine mitgenommen und eine zurückgelassen.

⁴² Seid also wachsam!
Denn ihr wisst nicht, an welchem Tag euer Herr kommt.

⁴³ Bedenkt dies:
Wenn der Herr des Hauses wüsste,
in welcher Stunde in der Nacht der Dieb kommt,
würde er wach bleiben
und nicht zulassen, dass man in sein Haus einbricht.

⁴⁴ Darum haltet auch ihr euch bereit!
Denn der Menschensohn kommt zu einer Stunde,
in der ihr es nicht erwartet.

Oder:

2 EVANGELIUM   Mt 24, 29–44

Man wird den Menschensohn auf den Wolken des Himmels kommen sehen, mit großer Kraft und Herrlichkeit. – Seid wachsam und haltet euch bereit!

✛ Aus dem heiligen Evangelium nach Matthäus.

In jener Zeit sprach Jesus zu seinen Jüngern:

²⁹ Sofort nach den Tagen der großen Drangsal

wird die Sonne verfinstert werden
und der Mond wird nicht mehr scheinen;
die Sterne werden vom Himmel fallen
und die Kräfte des Himmels werden erschüttert werden.

Danach wird das Zeichen des Menschensohnes
   am Himmel erscheinen;
dann werden alle Völker der Erde wehklagen
und man wird den Menschensohn
   auf den Wolken des Himmels kommen sehen,
   mit großer Kraft und Herrlichkeit.

Er wird seine Engel unter lautem Posaunenschall aussenden
und sie werden die von ihm Auserwählten
   aus allen vier Windrichtungen zusammenführen,
   von einem Ende des Himmels bis zum andern.

² Lernt etwas aus dem Vergleich mit dem Feigenbaum!
Sobald seine Zweige saftig werden und Blätter treiben,
   erkennt ihr, dass der Sommer nahe ist.

³ So erkennt auch ihr,
   wenn ihr das alles seht,
   dass das Ende der Welt nahe ist.

⁴ Amen, ich sage euch:
Diese Generation wird nicht vergehen, bis das alles geschieht.

⁵ Himmel und Erde werden vergehen,
   aber meine Worte werden nicht vergehen.

⁶ Doch jenen Tag und jene Stunde kennt niemand,
auch nicht die Engel im Himmel,
nicht einmal der Sohn,
   sondern nur der Vater.

⁷ Denn wie es in den Tagen des Noach war,
   so wird die Ankunft des Menschensohnes sein.

⁸ Wie die Menschen in jenen Tagen vor der Flut
   aßen und tranken, heirateten und sich heiraten ließen,
   bis zu dem Tag, an dem Noach in die Arche ging,
⁹ und nichts ahnten,

bis die Flut hereinbrach und alle wegraffte,
so wird auch die Ankunft des Menschensohnes sein.
⁴⁰ Dann wird von zwei Männern, die auf dem Feld arbeiten,
  einer mitgenommen und einer zurückgelassen.
⁴¹ Und von zwei Frauen, die an derselben Mühle mahlen,
  wird eine mitgenommen und eine zurückgelassen.
⁴² Seid also wachsam!
Denn ihr wisst nicht, an welchem Tag euer Herr kommt.
⁴³ Bedenkt dies:
Wenn der Herr des Hauses wüsste,
  in welcher Stunde in der Nacht der Dieb kommt,
  würde er wach bleiben
und nicht zulassen, dass man in sein Haus einbricht.
⁴⁴ Darum haltet auch ihr euch bereit!
Denn der Menschensohn kommt zu einer Stunde,
  in der ihr es nicht erwartet.

Fortsetzung s. S. 18

LESEJAHR B

ZUR 1. LESUNG *Die Lesung aus dem Buch Jesaja ist ein Gebet aus dunkler Zeit; nach der Heimkehr aus dem babylonischen Exil war die Situation in Jerusalem fast aussichtslos. Das Gebet beginnt mit der Anrufung Gottes: „Du bist unser Vater, unser Erlöser von jeher." Gott schenkt Zukunft denen, die seinen Namen anrufen. Er ist unser Vater.*

ERSTE LESUNG   Jes 63, 16b–17.19b; 64, 3–7

Hättest du doch den Himmel zerrissen und wärest herabgestiegen!

Lesung
  aus dem Buch Jesája.

¹⁶ᵇ Du, HERR*, bist unser Vater,

---

* Der Gottesname, der im Hebräischen mit den vier Buchstaben JHWH wiedergegeben wird, wurde schon in biblischer Zeit aus Ehrfurcht nicht ausgesprochen.

„Unser Erlöser von jeher" ist dein Name.
Warum lässt du uns, HERR, von deinen Wegen abirren
und machst unser Herz hart,
    sodass wir dich nicht fürchten?
Kehre zurück um deiner Knechte willen,
um der Stämme willen, die dein Erbbesitz sind!
Hättest du doch den Himmel zerrissen und wärest herabgestiegen,
    sodass die Berge vor dir erzitterten.

Seit Urzeiten hat man nicht vernommen,
    hat man nicht gehört;
kein Auge hat je einen Gott außer dir gesehen,
    der an dem handelt, der auf ihn harrt.
Du kamst dem entgegen, der freudig Gerechtigkeit übt,
    denen, die auf deinen Wegen an dich denken.

Siehe, du warst zornig
und wir sündigten;
bleiben wir künftig auf ihnen,
    werden wir gerettet werden.
Wie ein Unreiner sind wir alle geworden,
unsere ganze Gerechtigkeit ist wie ein beflecktes Kleid.
Wie Laub sind wir alle verwelkt,
unsere Schuld trägt uns fort wie der Wind.

Niemand ruft deinen Namen an,
keiner rafft sich dazu auf, festzuhalten an dir.
Denn du hast dein Angesicht vor uns verborgen
    und hast uns zergehen lassen in der Gewalt unserer Schuld.
Doch nun, HERR, du bist unser Vater.
Wir sind der Ton und du bist unser Töpfer,
wir alle sind das Werk deiner Hände.

Die jüdische Tradition liest stattdessen „Adonaj", „(mein) Herr". So wird der Gottesname in der revidierten Einheitsübersetzung mit der Schreibweise „der HERR" wiedergegeben.

ANTWORTPSALM Ps 80 (79)*, 2ac u. 3bc.15–16.18–19 (Kv: vgl. 4)

Kv **Stelle uns wieder her, o Gott!** GL 46,1**, I. Ton
Lass dein Angesicht leuchten und wir sind gerettet. – Kv

2ac Du Hirte Israels, höre! *
Der du auf den Kérubim thronst, erscheine!
3bc Wecke deine gewaltige Kraft *
und komm zu unserer Rettung! – (Kv)

15 Gott der Heerscharen, kehre doch zurück, /
blicke vom Himmel herab und sieh, *
sorge für diesen Weinstock!
16 Beschütze, was deine Rechte gepflanzt hat, *
und den Sohn, den du dir stark gemacht! – (Kv)

18 Deine Hand sei über dem Mann zu deiner Rechten, *
über dem Menschensohn, den du dir stark gemacht.
19 Wir werden nicht von dir weichen. *
Belebe uns und wir rufen deinen Namen an. – Kv

ZUR 2. LESUNG *Christen sind dankbare Menschen, dankbar für die Gaben des Geistes, den Glauben und die Hoffnung auf die „Offenbarung unseres Herrn Jesus Christus". Ihm gehen wir entgegen. Die alltägliche Form des Glaubens aber ist die Treue.*

ZWEITE LESUNG 1 Kor 1,3–9

Wir warten auf die Offenbarung unseres Herrn Jesus Christus

**Lesung
aus dem ersten Brief des Apostels Paulus
an die Gemeinde in Korínth.**

3 Gnade sei mit euch
und Friede von Gott, unserem Vater,
und dem Herrn Jesus Christus!

---

* Die Zählung in den Klammern bezieht sich bei den Antwortpsalmen auf die Vulgata.
** Anstelle des abgedruckten Kehrverses kann ein entsprechender Kehrvers aus dem „Gotteslob", auf den jeweils in dieser Form verwiesen wird, gesungen werden. Weitere Kehrvers-Vorschläge bietet das SCHOTT Kantorale.

Ich danke meinem Gott jederzeit euretwegen
  für die Gnade Gottes,
    die euch in Christus Jesus geschenkt wurde,
dass ihr an allem reich geworden seid in ihm,
an aller Rede und aller Erkenntnis.
Denn das Zeugnis über Christus wurde bei euch gefestigt,
sodass euch keine Gnadengabe fehlt,
  während ihr
    auf die Offenbarung unseres Herrn Jesus Christus wartet.
Er wird euch auch festigen bis ans Ende,
sodass ihr schuldlos dasteht
  am Tag unseres Herrn Jesus Christus.
Treu ist Gott,
  durch den ihr berufen worden seid
  zur Gemeinschaft mit seinem Sohn Jesus Christus,
  unserem Herrn.

RUF VOR DEM EVANGELIUM   Vers: Ps 85 (84), 8
Halleluja. Halleluja.

Lass uns schauen, o HERR, deine Huld
und schenke uns dein Heil.

Halleluja.

ZUM EVANGELIUM *Es gibt Ereignisse der Zukunft, die wir im Voraus berechnen und vielleicht auch beeinflussen können. Das große Ereignis aber, auf das wir warten, hat kein Datum in unserem Kalender. „Ihr wisst nicht, wann die Zeit da ist." Bis dahin, bis „der Hausherr kommt", ist Zeit des Wachens: verantwortlich jede Stunde leben und nach dem Herrn ausschauen, der kommen wird – an seinem Tag.*

Erster Adventssonntag — Lesejahr B

1 EVANGELIUM   Mk 13, 33–37

Seid wachsam! Denn ihr wisst nicht, wann der Hausherr kommt

✠ Aus dem heiligen Evangelium nach Markus.

In jener Zeit sprach Jesus zu seinen Jüngern:
³³ Gebt Acht
und bleibt wach!
Denn ihr wisst nicht, wann die Zeit da ist.
³⁴ Es ist wie mit einem Mann,
der sein Haus verließ, um auf Reisen zu gehen:
Er übertrug die Vollmacht seinen Knechten,
jedem eine bestimmte Aufgabe;
dem Türhüter befahl er, wachsam zu sein.
³⁵ Seid also wachsam!
Denn ihr wisst nicht, wann der Hausherr kommt,
ob am Abend oder um Mitternacht,
ob beim Hahnenschrei oder erst am Morgen.
³⁶ Er soll euch, wenn er plötzlich kommt,
nicht schlafend antreffen.
³⁷ Was ich aber euch sage,
das sage ich allen:
Seid wachsam!

Oder:

2 EVANGELIUM   Mk 13, 24–37

Dann wird man den Menschensohn in Wolken kommen sehen, mit großer Kraft und Herrlichkeit. Seid wachsam! Denn ihr wisst nicht, wann der Hausherr kommt

✠ Aus dem heiligen Evangelium nach Markus.

Jesus sprach zu seinen Jüngern:
²⁴ In jenen Tagen, nach jener Drangsal,
wird die Sonne verfinstert werden
und der Mond wird nicht mehr scheinen;
²⁵ die Sterne werden vom Himmel fallen
und die Kräfte des Himmels werden erschüttert werden.

Dann wird man den Menschensohn
in Wolken kommen sehen,
mit großer Kraft und Herrlichkeit.
Und er wird die Engel aussenden
und die von ihm Auserwählten
aus allen vier Windrichtungen zusammenführen,
vom Ende der Erde bis zum Ende des Himmels.

Lernt etwas aus dem Vergleich mit dem Feigenbaum!
Sobald seine Zweige saftig werden und Blätter treiben,
erkennt ihr, dass der Sommer nahe ist.
So erkennt auch ihr,
wenn ihr das geschehen seht,
dass er nahe vor der Tür ist.

Amen, ich sage euch:
Diese Generation wird nicht vergehen,
bis das alles geschieht.
Himmel und Erde werden vergehen,
aber meine Worte werden nicht vergehen.
Doch jenen Tag und jene Stunde kennt niemand,
auch nicht die Engel im Himmel,
nicht einmal der Sohn,
sondern nur der Vater.

Gebt Acht
und bleibt wach!
Denn ihr wisst nicht, wann die Zeit da ist.
Es ist wie mit einem Mann,
der sein Haus verließ, um auf Reisen zu gehen:
Er übertrug die Vollmacht seinen Knechten,
jedem eine bestimmte Aufgabe;
dem Türhüter befahl er, wachsam zu sein.

Seid also wachsam!
Denn ihr wisst nicht, wann der Hausherr kommt,
ob am Abend oder um Mitternacht,
ob beim Hahnenschrei oder erst am Morgen.

³⁶ Er soll euch, wenn er plötzlich kommt,
   nicht schlafend antreffen.
³⁷ Was ich aber euch sage,
   das sage ich allen:
Seid wachsam!

Fortsetzung s. S. 18

LESEJAHR C

ZUR 1. LESUNG *Zwischen Verheißung und Erfüllung lebte das Gottesvolk Israel. In der Lesung aus Jer 33 greift ein späterer Prophet die Verheißung von Jer 23,5-6 auf; Gott wird sein Wort wahr machen und einen Retter aus dem Haus David senden. „In jenen Tagen", „zu jener Zeit": erst Jesus Christus hat uns die Größe und Weite der Absicht Gottes gezeigt; mit seiner ersten Ankunft hat die Zeit der Erfüllung begonnen.*

ERSTE LESUNG

Jer 33, 14–16

Ich werde für David einen gerechten Spross aufsprießen lassen

**Lesung
   aus dem Buch Jeremía.**

¹⁴ Siehe, Tage kommen – Spruch des HERRN* –,
   da erfülle ich das Heilswort,
   das ich über das Haus Israel
   und über das Haus Juda gesprochen habe.
¹⁵ In jenen Tagen und zu jener Zeit
   werde ich für David einen gerechten Spross aufsprießen lassen.
Er wird Recht und Gerechtigkeit wirken im Land.
¹⁶ In jenen Tagen wird Juda gerettet werden,

---

* Der Gottesname, der im Hebräischen mit den vier Buchstaben JHWH wiedergegeben wird, wurde schon in biblischer Zeit aus Ehrfurcht nicht ausgesprochen. Die jüdische Tradition liest stattdessen „Adonaj", „(mein) Herr". So wird der Gottesname in der revidierten Einheitsübersetzung mit der Schreibweise „der HERR" wiedergegeben.

Jerusalem kann in Sicherheit wohnen.
Man wird ihm den Namen geben:
  Der HERR ist unsere Gerechtigkeit.

ANTWORTPSALM Ps 25 (24)*, 4–5.8–9.10 u. 14 (Kv: 1)

Kv Zu dir, o HERR, erhebe ich meine Seele. – Kv   GL 307,5**, I. Ton

Zeige mir, HERR, deine Wege, *
lehre mich deine Pfade!
Führe mich in deiner Treue und lehre mich; /
denn du bist der Gott meines Heiles. *
Auf dich hoffe ich den ganzen Tag. – (Kv)

Der HERR ist gut und redlich, *
darum weist er Sünder auf den rechten Weg.
Die Armen leitet er nach seinem Recht, *
die Armen lehrt er seinen Weg. – (Kv)

Alle Pfade des HERRN sind Huld und Treue *
denen, die seinen Bund und seine Zeugnisse wahren.
Der Rat des HERRN steht denen offen, die ihn fürchten, *
und sein Bund, um ihnen Erkenntnis zu schenken. – Kv

ZUR 2. LESUNG *Was wird aus dieser Welt? Was wird aus unserem Leben? Steht am Ende die Zerstörung, oder gibt es irgendeine Vollendung? Der Glaube an Christus erweist seine Kraft in der Liebe und in der Hoffnung: Jesus Christus ist der Herr; er kommt, um zu retten und zu vollenden. Die Tage unseres Lebens sind wertvoll. Sie sind Tage des Wachsens und Reifens, Tage der Erwartung.*

---

* Die Zählung in den Klammern bezieht sich bei den Antwortpsalmen auf die Vulgata.
** Anstelle des abgedruckten Kehrverses kann ein entsprechender Kehrvers aus dem „Gotteslob", auf den jeweils in dieser Form verwiesen wird, gesungen werden. Weitere Kehrvers-Vorschläge bietet das SCHOTT Kantorale.

ZWEITE LESUNG
1 Thess 3, 12 – 4, 2

Der Herr möge eure Herzen stärken, damit ihr ohne Tadel seid bei der Ankunft Jesu, unseres Herrn

Lesung
aus dem ersten Brief des Apostels Paulus
an die Gemeinde in Thessalónich.

Schwestern und Brüder!

3, 12 Der Herr lasse euch wachsen und reich werden
in der Liebe zueinander und zu allen,
wie auch wir euch lieben,
13 damit eure Herzen gestärkt werden
und ihr ohne Tadel seid,
geheiligt vor Gott, unserem Vater,
bei der Ankunft Jesu, unseres Herrn,
mit allen seinen Heiligen.
Amen.
4, 1 Im Übrigen, Brüder und Schwestern,
bitten und ermahnen wir euch
im Namen Jesu, des Herrn:
Ihr habt von uns gelernt,
wie ihr leben müsst, um Gott zu gefallen,
und ihr lebt auch so;
werdet darin noch vollkommener!
2 Ihr wisst ja,
welche Ermahnungen wir euch
im Auftrag Jesu, des Herrn, gegeben haben.

RUF VOR DEM EVANGELIUM
Vers: Ps 85 (84), 8

Halleluja. Halleluja.

Lass uns schauen, HERR, deine Huld
und schenke uns dein Heil.

Halleluja.

ZUM EVANGELIUM *Die Zerstörung Jerusalems im Jahr 70 nach Christus war noch nicht das Ende der Welt. Das wird durch weitere Katastrophen der Geschichte und durch schwere kosmische Erschütterungen eingeleitet. Die „Menschen" vergehen vor Angst und Schrecken, fühlen sich hilflos dem Terror ausgeliefert. Die Christen aber schauen nach dem Menschensohn aus, der kommt, um die Welt zu richten und zu retten. Die Kraft zum Durchhalten nimmt der Christ nicht aus politischen oder philosophischen Parolen, sondern aus dem Wort Christi.*

EVANGELIUM Lk 21, 25–28.34–36
Eure Erlösung ist nahe

✢ Aus dem heiligen Evangelium nach Lukas.

In jener Zeit sprach Jesus zu seinen Jüngern:
Es werden Zeichen sichtbar werden an Sonne, Mond und Sternen,
und auf der Erde
   werden die Völker bestürzt und ratlos sein
   über das Toben und Donnern des Meeres.
Die Menschen werden vor Angst vergehen
   in der Erwartung der Dinge, die über den Erdkreis kommen;
denn die Kräfte des Himmels werden erschüttert werden.

Dann wird man den Menschensohn
   in einer Wolke kommen sehen,
   mit großer Kraft und Herrlichkeit.
Wenn dies beginnt,
   dann richtet euch auf und erhebt eure Häupter;
denn eure Erlösung ist nahe.

Nehmt euch in Acht,
   dass Rausch und Trunkenheit
   und die Sorgen des Alltags euer Herz nicht beschweren
und dass jener Tag euch nicht plötzlich überrascht
   wie eine Falle;
denn er wird über alle Bewohner der ganzen Erde hereinbrechen.
Wacht und betet allezeit,
damit ihr allem, was geschehen wird, entrinnen
   und vor den Menschensohn hintreten könnt!

Erster Adventssonntag

Glaubensbekenntnis, S. 230 ff.
Fürbitten vgl. S. 267 ff.

ZUR EUCHARISTIEFEIER *Wachen heißt achtsam der Wirklichkeit begegnen, die uns umgibt, und der Wirklichkeit, der wir entgegengehen. Diese Wirklichkeit ist Jesus Christus selbst. Er kommt auf uns zu: in seinem Wort, im Sakrament, in den Schwestern und Brüdern.*

GABENGEBET

Allmächtiger Gott,
alles, was wir haben, kommt von dir.
Nimm die Gaben an, die wir darbringen.
Mache sie für uns in diesem Leben
zum Sakrament der Erlösung
und rufe uns an deinen Tisch im kommenden Reich.
Darum bitten wir durch Christus, unseren Herrn.

Adventspräfation, S. 263 f.

KOMMUNIONVERS Ps 85 (84), 13

Der Herr wird seinen Segen spenden,
und unsere Erde bringt ihre Frucht hervor.

SCHLUSSGEBET

Herr, unser Gott,
du hast uns an deinem Tisch
mit neuer Kraft gestärkt.
Zeige uns den rechten Weg
durch diese vergängliche Welt
und lenke unseren Blick auf das Unvergängliche,
damit wir in allem dein Reich suchen.
Darum bitten wir durch Christus, unseren Herrn.

Erster Adventssonntag 19

FÜR DEN TAG UND DIE WOCHE

Im Advent richtet die Kirche ihren Blick auf den wiederkommenden Christus. Es ist gut, in einer Zeit des Kirchenjahres besonders an Christus als den Kommenden zu denken. Vielleicht darf man sagen: Er ist schon unterwegs. Durch seine erste Ankunft hat er ein Band zur Welt geknüpft, das nicht mehr zerrissen werden kann. In seinem Wort und in seinem Sakrament kommt er über die Jahrhunderte hinweg immer wieder zu seiner Kirche. Seine Ankunft in Herrlichkeit wird enthüllen, wie sehr er schon gegenwärtig war. (Alfred Kardinal Bengsch)

HAUSGEBET ZUM ERSTEN ADVENT: SEID WACHSAM!

Die Hausgebete im Advent orientieren sich an den Schrifttexten der vier Adventssonntage und ihren inhaltlichen Schwerpunkten. Als begleitendes äußeres Zeichen des gemeinsamen Vorbereitungsweges auf Weihnachten dient der Adventskranz, der die Lichtsymbolik dieser besonderen Zeit hervorhebt. Nach der anfänglichen Segnung des Adventskranzes am Vorabend oder Morgen des ersten Adventssonntags können die Hausgebete mit dem Entzünden der jeweiligen Kerze am Adventskranz verknüpft werden. Die Texte und Lieder sind Vorschläge, die den jeweiligen persönlichen Gegebenheiten und Bedürfnissen angepasst werden können.

SEGNUNG DES ADVENTSKRANZES

GL 219 Mache dich auf und werde licht
Oder: GL 218 Macht hoch die Tür
V: Im Namen des Vaters und des Sohnes und des Heiligen Geistes. – A: Amen.

GEBET

Guter Gott, wir haben uns im Namen deines Sohnes versammelt, und erwarten voller Sehnsucht sein Kommen in unsere Welt. Er ist uns verheißen als das Licht aus der Höhe, das hineinleuchtet in unser Leben und uns den Weg zum Frieden weist. – Das Symbol des Adventskranzes mit seinen Lichtern möge uns helfen, ihm in uns und unter uns eine würdige Wohnung zu bereiten. – Amen.

Impuls zur Betrachtung des Adventskranzes

– Die Kreisform des Kranzes ohne Anfang und Ende: ein Hinweis auf die Unendlichkeit Gottes. – Stille –
– Die immergrünen Zweige: ein Zeichen für unzerstörbares Leben, Symbol der Leben spendenden Kraft des Glaubens. – Stille –
– Die Kerzen: Licht als Symbol für „das aufstrahlende Licht aus der Höhe" (Lk 1,78 f.). In das winterliche Dunkel der Welt strahlt Christus, der alles Dunkel erhellt. – Stille –

SEGENSGEBET

V: Gepriesen bist du, Herr, unser Gott.
Du hast alles erschaffen, denn du bist die Liebe und der Quell des Lebens.
Wir loben dich.

A: Wir preisen dich.

V: In deinem Sohn schenkst du uns Licht und Leben.
Wir loben dich.

A: Wir preisen dich.

V: Dein Geist erleuchtet unsere Herzen, damit wir erkennen, zu welcher Hoffnung wir berufen sind.
Wir loben dich.

A: Wir preisen dich.

V: Ehre sei dem Vater und dem Sohn und dem Heiligen Geist.

A: Wie im Anfang, so auch jetzt und alle Zeit und in Ewigkeit. Amen.

V: Lasset uns beten.

Ewiger Gott, du lässt uns Menschen in unserem Suchen nach Leben und Freude nicht allein. Darum schauen wir am Beginn dieses Advents auf zu dir, von dem wir alles erhoffen.

Wir bitten dich: Segne + diesen Kranz und diese Kerzen. Sie sind ein Zeichen, dass du der Ewige bist, dem auch diese kommende Zeit gehört; ein Zeichen des Lebens, das wir von dir erwarten: ein Zeichen, dass du das Licht bist, das alle Finsternis erhellen kann. Hilf, dass wir mehr lieben und dich mit neuem Eifer suchen.

Darum bitten wir durch Christus, unseren Herrn.

A: Amen.

Lied zum Entzünden der Kerze: GL 223,1 Wir sagen euch an den lieben Advent

PSALM

Psalm 42 (41): Sehnsucht nach dem lebendigen Gott

1 Für den Chormeister. Ein Weisheitslied der Korachiter.
2 Wie der Hirsch lechzt nach frischem Wasser, *
so lechzt meine Seele, nach dir, Gott.
3 Meine Seele dürstet nach Gott, *
nach dem lebendigen Gott.
Wann darf ich kommen *
und erscheinen vor Gottes Angesicht?
4 Meine Tränen sind mir Brot geworden bei Tag und bei Nacht; *
man sagt zu mir den ganzen Tag: Wo ist dein Gott?
5 Ich denke daran und schütte vor mir meine Seele aus: *
Ich will in einer Schar einherziehn.
Ich will in ihr zum Haus Gottes schreiten, /
im Schall von Jubel und Dank *
in festlich wogender Menge.
6 Was bist du bedrückt, meine Seele, *
und was ächzt du in mir?
Harre auf Gott; /
denn ich werde ihm noch danken *
für die Rettung in seinem Angesicht.
7 Bedrückt ist meine Seele in mir, /
darum gedenke ich deiner im Jordanland, *
am Hermon, am Berg Mizar.
8 Flut ruft der Flut zu beim Tosen deiner stürzenden Wasser, *
all deine Wellen und Wogen zogen über mich hin.
9 Bei Tag entbietet der HERR seine Huld /
und in der Nacht ist sein Lied bei mir, *
ein Gebet zum Gott meines Lebens.
10 Sagen will ich zu Gott, meinem Fels: /
Warum hast du mich vergessen? *
Warum muss ich trauernd einhergehn, von meinem Feind
unterdrückt?
11 Es trifft mich zu Tode in meinen Gebeinen, /
dass meine Bedränger mich verhöhnen, *
da sie den ganzen Tag zu mir sagen: Wo ist dein Gott?

Hausgebet zum Ersten Advent

Was bist du bedrückt, meine Seele, *
und was ächzt du in mir?
Harre auf Gott; /
denn ich werde ihm noch danken, *
der Rettung meines Angesichts und meinem Gott.

Oder: Psalm 130 (129): Hilferuf aus tiefer Not

SCHRIFTLESUNG Mt 25, 1–13

Das Gleichnis von den klugen und den törichten Jungfrauen

¹ In jener Zeit erzählte Jesus seinen Jüngern folgendes Gleichnis: Mit dem Himmelreich wird es sein wie mit zehn Jungfrauen, die ihre Lampen nahmen und dem Bräutigam entgegengingen. ² Fünf von ihnen waren töricht und fünf waren klug. ³ Die Törichten nahmen ihre Lampen mit, aber kein Öl, ⁴ die Klugen aber nahmen mit ihren Lampen noch Öl in Krügen mit. ⁵ Als nun der Bräutigam lange nicht kam, wurden sie alle müde und schliefen ein. ⁶ Mitten in der Nacht aber erscholl der Ruf: Siehe, der Bräutigam! Geht ihm entgegen! ⁷ Da standen die Jungfrauen alle auf und machten ihre Lampen zurecht. ⁸ Die törichten aber sagten zu den klugen: Gebt uns von eurem Öl, sonst gehen unsere Lampen aus! ⁹ Die Klugen erwiderten ihnen: Dann reicht es nicht für uns und für euch; geht lieber zu den Händlern und kauft es euch! ¹⁰ Während sie noch unterwegs waren, um es zu kaufen, kam der Bräutigam. Die Jungfrauen, die bereit waren, gingen mit ihm in den Hochzeitssaal und die Tür wurde zugeschlossen. ¹¹ Später kamen auch die anderen Jungfrauen und riefen: Herr, Herr, mach uns auf! ¹² Er aber antwortete ihnen und sprach: Amen, ich sage euch: Ich kenne euch nicht. ¹³ **Seid also wachsam! Denn ihr wisst weder den Tag noch die Stunde.**

Oder: Lesung / Evangelium vom ersten Adventssonntag siehe S. 3–17

Stille oder Austausch über den Schrifttext

GL 233 O Herr, wenn du kommst, wird die Welt wieder neu

ZUR MEDITATION
Die Kraft wächst mit dem Weg

wenn du	dann wirst du
Gott vertraust	achtsam bleiben
seiner Zusage	wach mit allen Sinnen
glaubst	suchen und sein
den nächsten Schritt	und dankbar für Zeichen und Worte
wagst	und staunen darüber
ohne zu ahnen	wie sich
wohin der Weg führt	Schritt für Schritt
ohne zu wissen	ein Weg ergibt
wie das Ziel heißt	sich das Ahnen verdichtet
nur von Hoffnung	der Boden trägt
und Sehnsucht getrieben	und zum Quellgrund wird
(Andrea Schwarz)	

Stille oder Meditationsmusik

Fürbitten vgl. S. 267 ff. oder selbst formuliert

VATERUNSER

SEGENSGEBET
Herr, unser Gott, zu Beginn der Adventszeit rufst du uns zur Wachsamkeit. Hilf uns, inmitten der vielen Dinge, die immer wieder auf uns eindringen, dich und deine Verheißung nicht aus dem Blick zu verlieren. Mache unsere Herzen bereit, damit wir in uns Raum schaffen für dein Kommen und in den Tagen des Advent deine Nähe neu erfahren. Das schenke uns der dreieinige Gott, der Vater und der Sohn und der Heilige Geist. – Amen.

GL 231 O Heiland, reiß die Himmel auf

ZWEITER ADVENTSSONNTAG

Wiederkunft Christi und Ende der Welt: Das sind Ereignisse, die unsere Vorstellungskraft übersteigen. Den wichtigsten Punkt aber kennen Christen: dass die Geschichte dieser Welt die Geschichte Gottes ist, dass Gott die Welt vollenden will, nicht zerstören. Die Offenbarung der Herrlichkeit Gottes wird von denen jetzt schon erfahren, die sich Gott zuwenden mit der ganzen Kraft ihres Lebens.

ERÖFFNUNGSVERS
Vgl. Jes 30, 19.30

Der Herr wird kommen, um die Welt zu erlösen.
Volk Gottes, mach dich bereit.
Höre auf ihn, und dein Herz wird sich freuen.

TAGESGEBET

Allmächtiger und barmherziger Gott,
deine Weisheit allein zeigt uns den rechten Weg.
Lass nicht zu,
dass irdische Aufgaben und Sorgen uns hindern,
deinem Sohn entgegenzugehen.
Führe uns durch dein Wort und deine Gnade
zur Gemeinschaft mit ihm,
der in der Einheit des Heiligen Geistes
mit dir lebt und herrscht in alle Ewigkeit.

LESEJAHR A

ZUR 1. LESUNG *König David stammte aus Betlehem, sein Vater hieß Isai (Jesse). Der Prophet sieht das Ende des davidischen Königshauses voraus. Doch aus dem Wurzelstock, dem „Baumstumpf Isais", wird neue Hoffnung wachsen: ein König, der alle Geistesgaben empfängt. Er bringt der Welt den Frieden. - In den Versen 6-8 handelt es sich nicht um den Frieden im Tierreich; gemeint sind die Menschen und die Völker; wenn sie das Gottesrecht annehmen, werden sie den Frieden haben.*

ERSTE LESUNG

Jes 11, 1–10

Er entscheidet für die Armen, wie es recht ist

**Lesung
aus dem Buch Jesája.**

An jenem Tag
1 wächst aus dem Baumstumpf Ísais ein Reis hervor,
ein junger Trieb aus seinen Wurzeln bringt Frucht.
2 Der Geist des HERRN ruht auf ihm:
der Geist der Weisheit und der Einsicht,
der Geist des Rates und der Stärke,
der Geist der Erkenntnis und der Furcht des HERRN.
3 Und er hat sein Wohlgefallen an der Furcht des HERRN.

Er richtet nicht nach dem Augenschein
und nach dem Hörensagen entscheidet er nicht,
4 sondern er richtet die Geringen in Gerechtigkeit
und entscheidet für die Armen des Landes, wie es recht ist.
Er schlägt das Land mit dem Stock seines Mundes
und tötet den Frevler mit dem Hauch seiner Lippen.

5 Gerechtigkeit ist der Gürtel um seine Hüften
und die Treue der Gürtel um seine Lenden.

6 Der Wolf findet Schutz beim Lamm,
der Panther liegt beim Böcklein.
Kalb und Löwe weiden zusammen,
ein kleiner Junge leitet sie.

7 Kuh und Bärin nähren sich zusammen,
ihre Jungen liegen beieinander.
Der Löwe frisst Stroh wie das Rind.

8 Der Säugling spielt vor dem Schlupfloch der Natter
und zur Höhle der Schlange streckt das Kind seine Hand aus.

9 Man tut nichts Böses
und begeht kein Verbrechen
auf meinem ganzen heiligen Berg;
denn das Land ist erfüllt von der Erkenntnis des HERRN,
so wie die Wasser das Meer bedecken.

An jenem Tag wird es der Spross aus der Wurzel Ísais sein,
  der dasteht als Feldzeichen für die Völker;
die Nationen werden nach ihm fragen
und seine Ruhe wird herrlich sein.

ANTWORTPSALM Ps 72 (71), 1–2.7–8.12–13.17 (Kv: vgl. 7)

Kv **In den Tagen des Herrn sollen Gerechtigkeit blühen** GL 47,1,
und Fülle des Friedens. – Kv V. Ton

Verleih dein Richteramt, o Gott, dem König, *
dem Königssohn gib dein gerechtes Walten.
Er regiere dein Volk in Gerechtigkeit *
und deine Elenden durch rechtes Urteil. – (Kv)

In seinen Tagen sprosse der Gerechte *
und Fülle des Friedens, bis der Mond nicht mehr da ist.
Er herrsche von Meer zu Meer, *
vom Strom bis an die Enden der Erde. – (Kv)

Ja, er befreie den Armen, der um Hilfe schreit, *
den Elenden und den, der keinen Helfer hat.
Er habe Mitleid mit dem Geringen und Armen, *
er rette das Leben der Armen. – (Kv)

Sein Name soll ewig bestehen, *
solange die Sonne bleibt, sprosse sein Name.
Mit ihm wird man sich segnen, *
ihn werden seligpreisen alle Völker. – Kv

ZUR 2. LESUNG   *In jeder Gemeinde gibt es Unterschiede und Gegensätze. Aber das, was alle verbindet, ist stärker als das, was trennen könnte. Alle haben wir Grund, Gott zu danken: für die Treue, mit der er zu den alten Verheißungen steht, und für sein Erbarmen, mit dem er uns alle annimmt. Wir ehren Gott dadurch, dass auch wir einander annehmen. Christus hat es uns gesagt und gezeigt.*

ZWEITE LESUNG — Röm 15, 4–9

Christus rettet alle Menschen

Lesung
  aus dem Brief des Apostels Paulus
  an die Gemeinde in Rom.

Schwestern und Brüder!
⁴ Alles, was einst geschrieben worden ist,
  ist zu unserer Belehrung geschrieben,
damit wir durch Geduld und durch den Trost der Schriften
  Hoffnung haben.
⁵ Der Gott der Geduld und des Trostes aber
  schenke euch, eines Sinnes untereinander zu sein,
  Christus Jesus gemäß,
⁶ damit ihr Gott, den Vater unseres Herrn Jesus Christus,
  einmütig und mit einem Munde preist.
⁷ Darum nehmt einander an,
  wie auch Christus uns angenommen hat, zur Ehre Gottes!
⁸ Denn, das sage ich,
Christus ist um der Wahrhaftigkeit Gottes willen
  Diener der Beschnittenen geworden,
um die Verheißungen an die Väter zu bestätigen;
⁹ die Heiden aber sollen Gott rühmen um seines Erbarmens willen,
  wie geschrieben steht:
Darum will ich dich bekennen unter den Heiden
  und deinem Namen lobsingen.

RUF VOR DEM EVANGELIUM — Vers: Lk 3, 4b.6

Halleluja. Halleluja.
Bereitet den Weg des Herrn!
Macht gerade seine Straßen!
Und alle Menschen werden das Heil Gottes schauen.
Halleluja.

Lesejahr A — Zweiter Adventssonntag

ZUM EVANGELIUM *Mit dem Kommen Jesu hat die Gottesherrschaft (das „Himmelreich") begonnen. Jetzt ist die Zeit der Gnade; die geforderte Umkehr, die Hinwendung des ganzen Menschen zu Gott, ist die große Möglichkeit, die den Menschen jetzt angeboten wird.*

EVANGELIUM
Mt 3, 1–12

Kehrt um! Denn das Himmelreich ist nahe

✛ Aus dem heiligen Evangelium nach Matthäus.

In jenen Tagen trat Johannes der Täufer auf
und verkündete in der Wüste von Judäa:

Kehrt um!
Denn das Himmelreich ist nahe.
Er war es, von dem der Prophet Jesája gesagt hat:
   Stimme eines Rufers in der Wüste:
Bereitet den Weg des Herrn!
Macht gerade seine Straßen!

Johannes trug ein Gewand aus Kamelhaaren
   und einen ledernen Gürtel um seine Hüften;
Heuschrecken und wilder Honig waren seine Nahrung.

Die Leute von Jerusalem und ganz Judäa
   und aus der ganzen Jordangegend
   zogen zu ihm hinaus;
sie bekannten ihre Sünden
und ließen sich im Jordan von ihm taufen.

Als Johannes sah,
   dass viele Pharisäer und Sadduzäer zur Taufe kamen,
   sagte er zu ihnen: Ihr Schlangenbrut,
wer hat euch denn gelehrt,
   dass ihr dem kommenden Zorngericht entrinnen könnt?

Bringt Frucht hervor, die eure Umkehr zeigt,
und meint nicht,
   ihr könntet sagen: Wir haben Abraham zum Vater.
Denn ich sage euch:
Gott kann aus diesen Steinen dem Abraham Kinder erwecken.

¹⁰ Schon ist die Axt an die Wurzel der Bäume gelegt;
jeder Baum, der keine gute Frucht hervorbringt,
  wird umgehauen und ins Feuer geworfen.
¹¹ Ich taufe euch mit Wasser zur Umkehr.
Der aber, der nach mir kommt,
  ist stärker als ich
und ich bin es nicht wert, ihm die Sandalen auszuziehen.
Er wird euch mit dem Heiligen Geist und mit Feuer taufen.
¹² Schon hält er die Schaufel in der Hand;
und er wird seine Tenne reinigen
  und den Weizen in seine Scheune sammeln;
die Spreu aber wird er in nie erlöschendem Feuer verbrennen.

Fortsetzung s. S. 38

LESEJAHR B

ZUR 1. LESUNG *Der Gott Israels ist bei seinem Volk, auch in der Fremde. Er wird es aus dem babylonischen Exil in die Heimat zurückführen, wie er es früher aus der ägyptischen Knechtschaft befreit hat. Der Prophet hat in dieser Zeit der Not den Auftrag, zu trösten und dem Volk wieder Hoffnung zu geben. Gott ist treu, sein Wort gilt. Und er ist mächtig, die Schuld zu vergeben und das Verlorene zu retten.*

ERSTE LESUNG   Jes 40, 1–5.9–11

Bahnt für den HERRN einen Weg!

**Lesung
  aus dem Buch Jesája.**

¹ Tröstet, tröstet mein Volk,
  spricht euer Gott.
² Redet Jerusalem zu Herzen
und ruft ihr zu,
  dass sie vollendet hat ihren Frondienst,
  dass gesühnt ist ihre Schuld,

dass sie empfangen hat aus der Hand des HERRN Doppeltes
   für all ihre Sünden!

Eine Stimme ruft:
   In der Wüste bahnt den Weg des HERRN,
ebnet in der Steppe eine Straße für unseren Gott!
Jedes Tal soll sich heben,
   jeder Berg und Hügel sich senken.
Was krumm ist, soll gerade werden,
   und was hüglig ist, werde eben.
Dann offenbart sich die Herrlichkeit des HERRN,
alles Fleisch wird sie sehen.
Ja, der Mund des HERRN hat gesprochen.

Steig auf einen hohen Berg,
   Zion, du Botin der Freude!
Erheb deine Stimme mit Macht,
   Jerusalem, du Botin der Freude!
Erheb deine Stimme, fürchte dich nicht!
Sag den Städten in Juda:
   Siehe, da ist euer Gott.
Siehe, GOTT, der Herr, kommt mit Macht,
er herrscht mit starkem Arm.
Siehe, sein Lohn ist mit ihm
und sein Ertrag geht vor ihm her.

Wie ein Hirt weidet er seine Herde,
auf seinem Arm sammelt er die Lämmer,
   an seiner Brust trägt er sie,
die Mutterschafe führt er behutsam.

ANTWORTPSALM   Ps 85 (84), 9–10.11–12.13–14 (Kv: 8)

Kv Lass uns schauen, o HERR, deine Huld   GL 633, 5, II. Ton
und schenke uns dein Heil! – Kv

Ich will hören, was Gott redet: /
Frieden verkündet der HERR seinem Volk und seinen <u>From</u>men, *
sie sollen sich nicht zur <u>Tor</u>heit wenden.

¹⁰ Fürwahr, sein Heil ist denen nahe, die ihn fürchten, *
 seine Herrlichkeit wohne in unserm Land. – (Kv)
¹¹ Es begegnen einander Huld und Treue; *
 Gerechtigkeit und Friede küssen sich.
¹² Treue sprosst aus der Erde hervor; *
 Gerechtigkeit blickt vom Himmel hernieder. – (Kv)
¹³ Ja, der HERR gibt Gutes *
 und unser Land gibt seinen Ertrag.
¹⁴ Gerechtigkeit geht vor ihm her *
 und bahnt den Weg seiner Schritte. – Kv

ZUR 2. LESUNG *Die frühe Christenheit erwartete die Wiederkunft des Herrn in naher Zukunft (1 Thess 4,14–17). Aber die Jahre vergingen und es geschah nichts; wie sollte man das verstehen und im Glauben bewältigen? Die Antwort des zweiten Petrusbriefs: Die Zeit Gottes hat andere Maße als unsere Menschenzeit. Unsere Zeit ist begrenzt; sie wird verlängert, weil Gott will, dass alle Menschen sich bekehren und gerettet werden. Für Christen aber gilt jetzt schon das Gesetz der kommenden Welt: Sie sollen in ihrer Gesinnung und ihrer Tat glaubwürdig sein und ein Leben in Frieden und Gerechtigkeit führen.*

ZWEITE LESUNG 2 Petr 3, 8–14

Wir erwarten einen neuen Himmel und eine neue Erde

**Lesung
 aus dem zweiten Brief des Apostels Petrus.**

⁸ Dies eine, Geliebte, soll euch nicht verborgen bleiben,
 dass beim Herrn ein Tag wie tausend Jahre
  und tausend Jahre wie ein Tag sind.
⁹ Der Herr der Verheißung zögert nicht,
  wie einige meinen, die von Verzögerung reden,
 sondern er ist geduldig mit euch,
  weil er nicht will, dass jemand zugrunde geht,
 sondern dass alle zur Umkehr gelangen.
¹⁰ Der Tag des Herrn wird aber kommen wie ein Dieb.
 Dann werden die Himmel mit Geprassel vergehen,
 die Elemente sich in Feuer auflösen

und die Erde und die Werke auf ihr
  wird man nicht mehr finden.

Wenn sich das alles in dieser Weise auflöst:
  Wie heilig und fromm müsst ihr dann leben,
die Ankunft des Tages Gottes erwarten
  und beschleunigen!
An jenem Tag werden die Himmel in Flammen aufgehen
  und die Elemente im Feuer zerschmelzen.
Wir erwarten gemäß seiner Verheißung
  einen neuen Himmel und eine neue Erde,
  in denen die Gerechtigkeit wohnt.
Deswegen, Geliebte, die ihr dies erwartet,
  bemüht euch darum, von ihm ohne Makel und Fehler
  in Frieden angetroffen zu werden!

RUF VOR DEM EVANGELIUM   Vers: Lk 3, 4b.6

Halleluja. Halleluja.

Bereitet den Weg des Herrn!
Macht gerade seine Straßen!
Und alle Menschen werden das Heil Gottes schauen.

Halleluja.

ZUM EVANGELIUM   *Das Wort „Evangelium" bedeutet Frohe Botschaft: die Gute Nachricht von Jesus, dem Christus, dem verheißenen Retter, Gottessohn und Menschensohn. Er selbst in seiner Person ist das Evangelium Gottes; in seinem Wort und seiner Tat spricht Gott die Menschen an. Johannes der Täufer war sein Vorbote und Wegbereiter; er trat als Prophet auf, der sich demütig beugte vor dem Größeren, der nach ihm kam.*

EVANGELIUM   Mk 1, 1–8

Bereitet den Weg des Herrn!

✚ Aus dem heiligen Evangelium nach Markus.

Anfang des Evangeliums von Jesus Christus, Gottes Sohn.
Wie geschrieben steht beim Propheten Jesája –

Siehe, ich sende meinen Boten vor dir her,
   der deinen Weg bahnen wird.
³ Stimme eines Rufers in der Wüste:
   Bereitet den Weg des Herrn!
   Macht gerade seine Straßen! –,
⁴ so trat Johannes der Täufer in der Wüste auf
   und verkündete eine Taufe der Umkehr
   zur Vergebung der Sünden.
⁵ Ganz Judäa und alle Einwohner Jerusalems zogen zu ihm hinaus;
   sie bekannten ihre Sünden
   und ließen sich im Jordan von ihm taufen.
⁶ Johannes trug ein Gewand aus Kamelhaaren
   und einen ledernen Gürtel um seine Hüften
und er lebte von Heuschrecken und wildem Honig.
⁷ Er verkündete:
   Nach mir kommt einer, der ist stärker als ich;
   ich bin es nicht wert,
   mich zu bücken und ihm die Riemen der Sandalen zu lösen.
⁸ Ich habe euch mit Wasser getauft,
   er aber wird euch mit dem Heiligen Geist taufen.

Fortsetzung s. S. 38

LESEJAHR C

ZUR 1. LESUNG   *Der späte Prophet, der in Baruch 5,1-9 spricht, wendet sich an Juden, die als Minderheiten in der Fremde leben. Sie haben keine politische Macht, aber Gott denkt an sie, er kümmert sich um sie; sein Wort ist zuverlässig. Wer sich an Gottes Wort hält, hat Zukunft und Hoffnung; er wird heimkehren können.*

Lesejahr C — Zweiter Adventssonntag

ERSTE LESUNG
Bar 5, 1–9

Gott will deinen Glanz dem ganzen Erdkreis zeigen

Lesung
aus dem Buch Baruch.

Leg ab, Jerusalem, das Kleid deiner Trauer und deines Elends
und bekleide dich mit dem Schmuck der Herrlichkeit,
 die Gott dir für immer verleiht!
Leg den Mantel der göttlichen Gerechtigkeit an;
setz dir die Krone der Herrlichkeit des Ewigen aufs Haupt!
Denn Gott will deinen Glanz
 dem ganzen Erdkreis unter dem Himmel zeigen.
Gott gibt dir für immer den Namen:
 Friede der Gerechtigkeit und Herrlichkeit der Gottesfurcht.

Steh auf, Jerusalem, und steig auf die Höhe!
Schau nach Osten und sieh deine Kinder:
Vom Untergang der Sonne bis zum Aufgang
 hat das Wort des Heiligen sie gesammelt.
Sie freuen sich, dass Gott an sie gedacht hat.
Denn zu Fuß zogen sie fort von dir, weggetrieben von Feinden;
Gott aber bringt sie heim zu dir,
 ehrenvoll getragen wie in einer königlichen Sänfte.
Denn Gott hat befohlen:
Senken sollen sich alle hohen Berge und die ewigen Hügel
und heben sollen sich die Täler zu ebenem Land,
sodass Israel
 unter der Herrlichkeit Gottes sicher dahinziehen kann.
Wälder und duftende Bäume aller Art
 spenden Israel Schatten auf Gottes Geheiß.
Denn Gott führt Israel heim in Freude,
im Licht seiner Herrlichkeit;
Erbarmen und Gerechtigkeit kommen von ihm.

ANTWORTPSALM

Ps 126 (125), 1–2b.2c–3.4–5.6 (Kv: 3)

Kv Groß hat der HERR an uns gehandelt.   GL 432, IX. Ton
Da waren wir voll Freude. – Kv

1 Als der HERR das Geschick Zions wendete, *
da waren wir wie Träumende.
2ab Da füllte sich unser Mund mit Lachen *
und unsere Zunge mit Jubel. – (Kv)

2cd Da sagte man unter den Völkern: *
Groß hat der HERR an ihnen gehandelt!
3 Ja, groß hat der HERR an uns gehandelt. *
Da waren wir voll Freude. – (Kv)

4 Wende doch, HERR, unser Geschick, *
wie du versiegte Bäche wieder füllst im Südland!
5 Die mit Tränen säen, *
werden mit Jubel ernten. – (Kv)

6 Sie gehen, ja gehen und weinen *
und tragen zur Aussaat den Samen.
Sie kommen, ja kommen mit Jubel *
und bringen ihre Garben. – Kv

ZUR 2. LESUNG   *Die Christengemeinde von Philippi war die erste, die Paulus auf europäischem Boden gegründet hat. Sie blieb dem Apostel in Glauben, Liebe und Gehorsam verbunden. Paulus hat also Grund, Gott für diese Gemeinde zu danken. Und er betet für sie um inneres Wachsen und Reifen. Der „Tag Christi", der Tag seiner Ankunft, wird der Tag der Ernte sein, die Zeit der reif gewordenen Liebe.*

ZWEITE LESUNG

Phil 1, 4–6.8–11

Seid rein und ohne Tadel für den Tag Christi

Lesung
  aus dem Brief des Apostels Paulus
  an die Gemeinde in Philíppi.

Schwestern und Brüder!
4 Immer, wenn ich für euch alle bete,
  bete ich mit Freude.

Ich danke für eure Gemeinschaft im Dienst am Evangelium
  vom ersten Tag an bis jetzt.
Ich vertraue darauf,
    dass er, der bei euch das gute Werk begonnen hat,
    es auch vollenden wird bis zum Tag Christi Jesu.

Denn Gott ist mein Zeuge, wie ich mich nach euch allen sehne
im Erbarmen Christi Jesu.
Und ich bete darum,
    dass eure Liebe immer noch reicher
    an Einsicht und jedem Verständnis wird,
damit ihr beurteilen könnt, worauf es ankommt.
Dann werdet ihr rein und ohne Tadel sein für den Tag Christi,
erfüllt mit der Frucht der Gerechtigkeit,
    die durch Jesus Christus kommt,
zur Ehre und zum Lob Gottes.

RUF VOR DEM EVANGELIUM   Vers: Lk 3, 4b.6

Halleluja. Halleluja.

Bereitet den Weg des Herrn!
Macht gerade seine Straßen!
Und alle Menschen werden das Heil Gottes schauen.

Halleluja.

ZUM EVANGELIUM   *Der Evangelist Lukas stellt die Berufung des Johannes in den großen Rahmen der Weltgeschichte und der Heilsgeschichte. Johannes der Täufer ist der Vorläufer; er weist auf den Messias hin und bereitet ihm die Wege. In der Predigt des Täufers wird schon deutlich, von welcher Art das Heil sein wird, das von Gott kommt: Versöhnung mit Gott durch Jesus Christus. Sie ist möglich, wenn der Mensch bereit ist, umzukehren, d. h. anders zu werden.*

EVANGELIUM   Lk 3, 1–6

Alle Menschen werden das Heil Gottes schauen

✚ Aus dem heiligen Evangelium nach Lukas.

1 Es war im fünfzehnten Jahr der Regierung des Kaisers Tibérius;
Pontius Pilatus war Statthalter von Judäa,
Herodes Tetrárch von Galiläa,
sein Bruder Philíppus Tetrárch von Ituräa und der Trachonítis,
Lysánias Tetrárch von Abiléne;
2 Hohepriester waren Hannas und Kájaphas.
Da erging in der Wüste das Wort Gottes an Johannes,
   den Sohn des Zacharías.
3 Und er zog in die Gegend am Jordan
und verkündete dort überall
   die Taufe der Umkehr zur Vergebung der Sünden,
4   wie im Buch der Reden des Propheten Jesája geschrieben steht:
Stimme eines Rufers in der Wüste:
Bereitet den Weg des Herrn!
Macht gerade seine Straßen!
5 Jede Schlucht soll aufgefüllt
   und jeder Berg und Hügel abgetragen werden.
Was krumm ist, soll gerade,
   was uneben ist, soll zum ebenen Weg werden.
6 Und alle Menschen werden das Heil Gottes schauen.

Glaubensbekenntnis, S. 230 ff.
Fürbitten vgl. S. 267 ff.

ZUR EUCHARISTIEFEIER   *Die Stimme in der Wüste gilt auch uns. Gott hat uns in seine Nähe gerufen. Im Hören auf sein Wort und im Teilen unserer Gaben bereiten wir ihm den Weg in unsere Herzen.*

GABENGEBET

Barmherziger Gott,
wir bekennen, dass wir immer wieder versagen
und uns nicht auf unsere Verdienste berufen können.
Komm uns zu Hilfe, ersetze, was uns fehlt,

und nimm unsere Gebete und Gaben gnädig an.
Darum bitten wir durch Christus, unseren Herrn.
Adventspräfation, S. 263 f.

KOMMUNIONVERS
Bar 5, 5; 4, 36

Jerusalem, erhebe dich,
steig auf den Berg und schau die Freude,
die von deinem Gott zu dir kommt.

SCHLUSSGEBET

Herr, unser Gott,
im heiligen Mahl
hast du uns mit deinem Geist erfüllt.
Lehre uns durch die Teilnahme an diesem Geheimnis,
die Welt im Licht deiner Weisheit zu sehen
und das Unvergängliche mehr zu lieben
als das Vergängliche.
Darum bitten wir durch Christus, unseren Herrn.

FÜR DEN TAG UND DIE WOCHE

Komm,
ja komm, du „GOTT" der Welt
Komm in vielen Propheten
   die alles in Frage stellen
   und niemanden in Ruhe lassen
Komm in Jesus Christus
   der die Wunden heilt
   und alles lebendig macht
Komm in allen Dingen
   die mir begegnen und doch fremd sind
Komm, ja komm, mein „GOTT"
   und mach diese Welt zu Deiner Wohnung (Anton Rotzetter)

HAUSGEBET ZUM ZWEITEN ADVENT: BEREITET DEN WEG DES HERRN!

Lied zum Entzünden der Kerzen: GL 223, 1+2 Wir sagen euch an den lieben Advent

V: Im Namen des Vaters und des Sohnes und des Heiligen Geistes. – A: Amen.

PSALM
Psalm 1: Weisung zur Wahl des rechten Weges

1 Selig der Mann, der nicht nach dem Rat der Frevler geht, /
nicht auf dem Weg der Sünder steht, *
nicht im Kreis der Spötter sitzt,
2 sondern sein Gefallen hat an der Weisung des HERRN, *
bei Tag und bei Nacht über seine Weisung nachsinnt.
3 Er ist wie ein Baum, *
gepflanzt an Bächen voll Wasser,
der zur rechten Zeit seine Frucht bringt *
und dessen Blätter nicht welken.
Alles, was er tut, *
es wird ihm gelingen.
4 Nicht so die Frevler: *
Sie sind wie Spreu, die der Wind verweht.
5 Darum werden die Frevler im Gericht nicht bestehen *
noch die Sünder in der Gemeinde der Gerechten.
6 Denn der HERR kennt den Weg der Gerechten, *
der Weg der Frevler aber verliert sich.

SCHRIFTLESUNG   Lk 1,57–80
Die Geburt des Täufers

57 Für Elisabet aber erfüllte sich die Zeit, dass sie gebären sollte, und sie brachte einen Sohn zur Welt. 58 Ihre Nachbarn und Verwandten hörten, welch großes Erbarmen der Herr ihr erwiesen hatte, und freuten sich mit ihr. 59 Und es geschah: Am achten Tag kamen sie zur Beschneidung des Kindes und sie wollten ihm den Namen seines Vaters Zacharias geben. 60 Seine Mutter aber widersprach und sagte: Nein, sondern er soll Johannes

Hausgebet zum Zweiten Advent

heißen. ⁶¹ Sie antworteten ihr: Es gibt doch niemanden in deiner Verwandtschaft, der so heißt. ⁶² Da fragten sie seinen Vater durch Zeichen, welchen Namen das Kind haben solle. ⁶³ Er verlangte ein Schreibtäfelchen und schrieb darauf: Johannes ist sein Name. Und alle staunten. ⁶⁴ Im gleichen Augenblick konnte er Mund und Zunge wieder gebrauchen und er redete und pries Gott. ⁶⁵ Und alle ihre Nachbarn gerieten in Furcht und man sprach von all diesen Dingen im ganzen Bergland von Judäa. ⁶⁶ Alle, die davon hörten, nahmen es sich zu Herzen und sagten: Was wird wohl aus diesem Kind werden? Denn die Hand des Herrn war mit ihm. ⁶⁷ Sein Vater Zacharias wurde vom Heiligen Geist erfüllt und begann prophetisch zu reden: ⁶⁸ Gepriesen sei der Herr, der Gott Israels! Denn er hat sein Volk besucht und ihm Erlösung geschaffen; ⁶⁹ er hat uns einen starken Retter erweckt im Hause seines Knechtes David. ⁷⁰ So hat er verheißen von alters her durch den Mund seiner heiligen Propheten. ⁷¹ Er hat uns errettet vor unseren Feinden und aus der Hand aller, die uns hassen; ⁷² er hat das Erbarmen mit den Vätern an uns vollendet und an seinen heiligen Bund gedacht, ⁷³ an den Eid, den er unserm Vater Abraham geschworen hat; ⁷⁴ er hat uns geschenkt, dass wir, aus Feindeshand befreit, ihm furchtlos dienen ⁷⁵ in Heiligkeit und Gerechtigkeit vor seinem Angesicht all unsre Tage. ⁷⁶ Und du, Kind, wirst Prophet des Höchsten heißen; denn du wirst dem Herrn vorangehen und ihm den Weg bereiten. ⁷⁷ Du wirst sein Volk mit der Erfahrung des Heils beschenken in der Vergebung seiner Sünden. ⁷⁸ Durch die barmherzige Liebe unseres Gottes wird uns besuchen das aufstrahlende Licht aus der Höhe, ⁷⁹ um allen zu leuchten, die in Finsternis sitzen und im Schatten des Todes, und unsre Schritte zu lenken auf den Weg des Friedens. ⁸⁰ Das Kind wuchs heran und wurde stark im Geist. Und es lebte in der Wüste bis zu dem Tag, an dem es seinen Auftrag für Israel erhielt.

Oder: Lesung / Evangelium vom zweiten Adventssonntag siehe S. 26–38

Stille oder Austausch über den Schrifttext

GL 225 Wir ziehen vor die Tore der Stadt

ZUR MEDITATION

Bereitet „den Weg des Herrn" (Lk 3,4). Da geht's nicht nur um unseren eigenen Weg, nicht nur um das, was wir uns ausdenken und zuwege bringen, um mehr als die Summe unserer Erfindungen und Leistungen. Gott hat sich auf den Weg gemacht. Er ist uns entgegengekommen, so entgegenkommend und zuvorkommend, wie er ist. Dafür bürgt ein Name: Jesus Christus. Er ist der Weg. Auf diesem Weg kommt Gott uns entgegen. Auf diesem Weg können wir ihm begegnen. Er führt uns in die Freiheit. Er eröffnet neue Möglichkeiten. Das dürfen wir anderen sagen und uns selbst gesagt sein lassen: Du hast viel mehr Möglichkeiten, als du ahnst, ganz zu schweigen von den ungeahnten Möglichkeiten Gottes mit dir.

Wenn du nicht weiterkommst und auf der Stelle trittst, wenn du dich verrannt hast oder am Nullpunkt angekommen bist – du brauchst nicht aufzugeben. Gott kommt dir entgegen. Entdecke seine Wege zu dir und zu den anderen. Du kannst ihm den Weg bereiten. Du kannst Steine des Anstoßes aus dem Weg räumen. Du kannst Berge von Vorurteilen abtragen und Täler der Not überwinden helfen. Du kannst einen Weg in die Wüste bauen. Die Welt wird nicht dadurch besser, dass wir sie auf den Kopf stellen und Ausweglosigkeiten breittreten, sondern dass wir gangbare Wege eröffnen. (Franz Kamphaus)

Stille oder Meditationsmusik

Fürbitten vgl. S. 267 ff. oder selbst formuliert

VATERUNSER

SEGENSGEBET

Gott, du gehst mit uns auf allen Wegen. Hilf uns, alle Hindernisse zu beseitigen, die uns aufhalten auf dem Weg zu dir und zueinander.
Lass uns nicht aufhören, immer wieder die notwendigen Schritte zu tun, damit das Kommen deines Sohnes für uns zum Fest der Freude wird.
Herr, segne und behüte uns, lasse dein Angesicht über uns leuchten und sei uns gnädig, wende uns dein Angesicht zu und schenke uns Frieden. – Amen.

GL 221 Kündet allen in der Not

DRITTER ADVENTSSONNTAG

Der Mensch fragt nach Sinn und sehnt sich nach Glück. Sein Herz ist unruhig, bis es das Ziel seiner Sehnsucht erreicht hat. Sehnsucht nach Gott ist Sehnsucht nach Frieden und Freude, nach der Fülle.

ERÖFFNUNGSVERS   Phil 4, 4.5

Freut euch im Herrn zu jeder Zeit! Noch einmal sage ich: Freut euch! Denn der Herr ist nahe.

TAGESGEBET

Allmächtiger Gott,
sieh gütig auf dein Volk,
das mit gläubigem Verlangen
das Fest der Geburt Christi erwartet.
Mache unser Herz bereit
für das Geschenk der Erlösung,
damit Weihnachten für uns alle
ein Tag der Freude und der Zuversicht werde.
Darum bitten wir durch Jesus Christus.

LESEJAHR A

ZUR 1. LESUNG   *Freiheit, Freude, Glück – wir sind misstrauisch gegenüber großen Versprechungen. Wir möchten sehen, um zu glauben. Die Lesung aus Jesaja spricht von dem, was „einst" sein wird: dann, wenn Gott auf der Erde sein Werk vollendet. Davon sind wir auch heute, Jahrhunderte nach Christi Geburt, noch weit entfernt.*

ERSTE LESUNG   Jes 35, 1–6b.10

Gott selbst kommt und wird euch retten

**Lesung
aus dem Buch Jesaja.**

Jubeln werden die Wüste und das trockene Land,
jauchzen wird die Steppe und blühen wie die Lilie.

² Sie wird prächtig blühen
und sie wird jauchzen, ja jauchzen und frohlocken.
Die Herrlichkeit des Líbanon wurde ihr gegeben,
  die Pracht des Karmel und der Ebene Scharón.
Sie werden die Herrlichkeit des HERRN sehen,
  die Pracht unseres Gottes.
³ Stärkt die schlaffen Hände
  und festigt die wankenden Knie!
⁴ Sagt den Verzagten: Seid stark,
fürchtet euch nicht!
Seht, euer Gott!
Die Rache kommt, die Vergeltung Gottes!
Er selbst kommt und wird euch retten.
⁵ Dann werden die Augen der Blinden aufgetan
und die Ohren der Tauben werden geöffnet.
⁶ᵃᵇ Dann springt der Lahme wie ein Hirsch
und die Zunge des Stummen frohlockt.
¹⁰ Die vom HERRN Befreiten kehren zurück
  und kommen zum Zion mit Frohlocken.
Ewige Freude ist auf ihren Häuptern,
Jubel und Freude stellen sich ein,
Kummer und Seufzen entfliehen.

ANTWORTPSALM Ps 146 (145), 6–7.8–9a.9b–10 (Kv: vgl. Jes 35, 4)

Kv Komm, o Herr, und erlöse uns! – Kv GL 229, I. Ton
(Oder: Halleluja.)

⁶ Der HERR ist es, der Himmel und Erde erschafft, /
das Meer und alles, was in ihm ist. *
Er hält die Treue auf ewig.
⁷ Recht schafft er den Unterdrückten, /
Brot gibt er den Hungernden, *
der HERR befreit die Gefangenen. – (Kv)

Der HERR öffnet die Augen der Blinden, *
der HERR richtet auf die Gebeugten,
der HERR liebt die Gerechten. *
Der HERR beschützt die Fremden. – (Kv)

Er hilft auf den Waisen und Witwen, *
doch den Weg der Frevler krümmt er.
Der HERR ist König auf ewig, *
dein Gott, Zion, durch alle Geschlechter. – Kv

ZUR 2. LESUNG   *Nach einer deutlichen Warnung an die Reichen wegen ihres ungerechten Verhaltens (5,1-6) mahnt der Jakobusbrief alle zur Ausdauer. Auch Gott selbst hat Hoffnung und Geduld: Er kommt zum Gericht, aber er will das Heil, die Rettung aller, der Armen und der Reichen.*

ZWEITE LESUNG   Jak 5, 7–10
Macht eure Herzen stark, denn die Ankunft des Herrn steht nahe bevor

Lesung
  aus dem Jakobusbrief.

Schwestern und Brüder, haltet geduldig aus
  bis zur Ankunft des Herrn!
Siehe, auch der Bauer wartet auf die kostbare Frucht der Erde,
er wartet geduldig auf sie,
  bis Frühregen oder Spätregen fällt.
Ebenso geduldig sollt auch ihr sein;
macht eure Herzen stark,
denn die Ankunft des Herrn steht nahe bevor.

Klagt nicht übereinander, Brüder und Schwestern,
damit ihr nicht gerichtet werdet!
Seht, der Richter steht schon vor der Tür.

Brüder und Schwestern, im Leiden und in der Geduld
  nehmt euch die Propheten zum Vorbild,
  die im Namen des Herrn gesprochen haben!

RUF VOR DEM EVANGELIUM
Vers: vgl. Jes 61, 1ab (Lk 4, 18)

Halleluja. Halleluja.
Der Geist des Herrn ruht auf mir.
Der Herr hat mich gesandt,
den Armen die frohe Botschaft zu bringen.
Halleluja.

ZUM EVANGELIUM *Woran erkennen wir, dass Jesus der Christus ist, der von Gott gesandte Retter? Die Frage des Täufers ist die Frage Israels und die der Menschheit bis heute. Es gibt keine massiven Beweise; niemand muss glauben. Aber glücklich der Mensch, der sieht und hört und die Zeichen Gottes begreift.*

EVANGELIUM
Mt 11, 2–11

Bist du der, der kommen soll, oder sollen wir auf einen anderen warten?

✠ Aus dem heiligen Evangelium nach Matthäus.

In jener Zeit
² hörte Johannes im Gefängnis von den Taten des Christus.
Da schickte er seine Jünger zu ihm
³ und ließ ihn fragen: Bist du der, der kommen soll,
 oder sollen wir auf einen anderen warten?
⁴ Jesus antwortete ihnen:
Geht und berichtet Johannes, was ihr hört und seht:
⁵ Blinde sehen wieder und Lahme gehen;
Aussätzige werden rein und Taube hören;
Tote stehen auf und Armen wird das Evangelium verkündet.
⁶ Selig ist, wer an mir keinen Anstoß nimmt.
⁷ Als sie gegangen waren,
 begann Jesus zu der Menge über Johannes zu reden:
Was habt ihr denn sehen wollen,
 als ihr in die Wüste hinausgegangen seid?
Ein Schilfrohr, das im Wind schwankt?
⁸ Oder was habt ihr sehen wollen, als ihr hinausgegangen seid?
Einen Mann in feiner Kleidung?
Siehe, die fein gekleidet sind,
 findet man in den Palästen der Könige.

Oder wozu seid ihr hinausgegangen?
Um einen Propheten zu sehen?
Ja, ich sage euch:
   sogar mehr als einen Propheten.
Dieser ist es, von dem geschrieben steht:
   Siehe, ich sende meinen Boten vor dir her,
   der deinen Weg vor dir bahnen wird.

Amen, ich sage euch:
Unter den von einer Frau Geborenen ist kein Größerer aufgetreten
   als Johannes der Täufer;
doch der Kleinste im Himmelreich ist größer als er.

Fortsetzung s. S. 55

LESEJAHR B

ZUR 1. LESUNG   *Wenn der Geist Gottes über einen Propheten kommt, ist das wie eine Salbung, eine Weihe für den Dienst, der ihm aufgetragen wird: Gottes Wort der Welt zu sagen. – Die Worte am Anfang der heutigen Lesung hat Jesus auf sich selbst bezogen (Lk 4,18-19; Jes 61,1-2). Er ist der Gesalbte Gottes, der „Christus", mehr und anders als alle Propheten. Sein Wort vom Reich Gottes ist Frohe Botschaft für die Armen. Wer dieses Wort aufnimmt, für den hat das große Fest Gottes begonnen.*

ERSTE LESUNG   Jes 61, 1–2a.10–11

Von Herzen freue ich mich am HERRN

Lesung
   aus dem Buch Jesája.

Der Geist GOTTES, des Herrn, ruht auf mir.
Denn der HERR hat mich gesalbt;
er hat mich gesandt,
   um den Armen frohe Botschaft zu bringen,
   um die zu heilen, die gebrochenen Herzens sind,

um den Gefangenen Freilassung auszurufen
und den Gefesselten Befreiung,
²ᵃ um ein Gnadenjahr des HERRN auszurufen.

¹⁰ Von Herzen freue ich mich am HERRN.
Meine Seele jubelt über meinen Gott.
Denn er kleidet mich in Gewänder des Heils,
er hüllt mich in den Mantel der Gerechtigkeit,
wie ein Bräutigam sich festlich schmückt
und wie eine Braut ihr Geschmeide anlegt.

¹¹ Denn wie die Erde ihr Gewächs hervorbringt
und der Garten seine Saat sprießen lässt,
so lässt GOTT, der Herr, Gerechtigkeit sprießen
und Ruhm vor allen Nationen.

ANTWORTPSALM Lk 1, 46b–48.49–50.53–54 (Kv: vgl. Jes 61, 10b)

Kv Meine Seele jubelt über Gott, meinen Retter. – Kv GL 650, 2,

⁴⁶ᵇ Meine Seele preist die Größe des Herrn * II. Ton
⁴⁷ und mein Geist jubelt über Gott, meinen Retter.
⁴⁸ Denn auf die Niedrigkeit seiner Magd hat er geschaut. *
Siehe, von nun an preisen mich selig alle Geschlechter. – (Kv)
⁴⁹ Denn der Mächtige hat Großes an mir getan *
und sein Name ist heilig.
⁵⁰ Er erbarmt sich von Geschlecht zu Geschlecht *
über alle, die ihn fürchten. – (Kv)
⁵³ Die Hungernden beschenkt er mit seinen Gaben *
und lässt die Reichen leer ausgehn.
⁵⁴ Er nimmt sich seines Knechtes Israel an *
und denkt an sein Erbarmen. – Kv

ZUR 2. LESUNG *Als Christen leben wir mit voller Verantwortung in unserer Welt. In dieser Welt ist die christliche Gemeinde der Ort des Glaubens und der Hoffnung, des Gebets und der Freude. Der Geist Gottes macht uns fähig, die Gegenwart zu verstehen und verantwortlich auf die Zukunft hin zu leben, auf „den Tag der Ankunft unseres Herrn Jesus Christus".*

Lesejahr B — Dritter Adventssonntag — 49

ZWEITE LESUNG   1 Thess 5, 16–24

Der Gott des Friedens bewahre euren Geist, eure Seele und euren Leib, damit ihr ohne Tadel seid bei der Ankunft unseres Herrn

Lesung
  aus dem ersten Brief des Apostels Paulus
  an die Gemeinde in Thessalónich.

Schwestern und Brüder!
Freut euch zu jeder Zeit!
Betet ohne Unterlass!
Dankt für alles;
denn das ist der Wille Gottes für euch
  in Christus Jesus.

Löscht den Geist nicht aus!
Verachtet prophetisches Reden nicht!
Prüft alles und behaltet das Gute!
Meidet das Böse in jeder Gestalt!

Er selbst, der Gott des Friedens, heilige euch ganz und gar
und bewahre euren Geist,
  eure Seele und euren Leib unversehrt,
damit ihr ohne Tadel seid
  bei der Ankunft unseres Herrn Jesus Christus.
Gott, der euch beruft, ist treu;
er wird es tun.

RUF VOR DEM EVANGELIUM   Vers: vgl. Jes 61, 1ab (Lk 4, 18)

Halleluja. Halleluja.
Der Geist des Herrn ruht auf mir.
Der Herr hat mich gesandt,
den Armen die frohe Botschaft zu bringen.
Halleluja.

ZUM EVANGELIUM   *Die Propheten des Ersten Bundes haben Gottes Geist und Gottes Wort empfangen. Der Letzte von ihnen, Johannes der Täufer, steht an der Schwelle des Neuen Bundes. Er ist die Stimme, die in der Wüste ruft; er bereitet den Weg für den Größeren, der nach ihm kommt. Dieser einzigartigen Berufung des Johannes entspricht die vollkommene Treue, mit der er bis zuletzt seine Aufgabe erfüllt hat.*

EVANGELIUM
Joh 1, 6–8.19–28

Mitten unter euch steht einer, den ihr nicht kennt

✛ Aus dem heiligen Evangelium nach Johannes.

⁶ Ein Mensch trat auf, von Gott gesandt;
sein Name war Johannes.

⁷ Er kam als Zeuge,
um Zeugnis abzulegen für das Licht,
damit alle durch ihn zum Glauben kommen.

⁸ Er war nicht selbst das Licht,
er sollte nur Zeugnis ablegen für das Licht.

¹⁹ Und dies ist das Zeugnis des Johannes,
als die Juden
von Jerusalem aus Priester und Leviten zu ihm sandten
mit der Frage: Wer bist du?

²⁰ Er bekannte und leugnete nicht;
er bekannte: Ich bin nicht der Christus.

²¹ Sie fragten ihn: Was dann?
Bist du Elíja?
Und er sagte: Ich bin es nicht.
Bist du der Prophet?
Er antwortete: Nein.

²² Da sagten sie zu ihm: Wer bist du?
Wir müssen denen, die uns gesandt haben, Antwort geben.
Was sagst du über dich selbst?

²³ Er sagte:
Ich bin die Stimme eines Rufers in der Wüste:
Ebnet den Weg für den Herrn!,
wie der Prophet Jesája gesagt hat.

²⁴ Die Abgesandten gehörten zu den Pharisäern.

²⁵ Sie fragten Johannes und sagten zu ihm:

Warum taufst du dann, wenn du nicht der Christus bist,
nicht Elíja und nicht der Prophet?

Johannes antwortete ihnen: Ich taufe mit Wasser.
Mitten unter euch steht einer, den ihr nicht kennt,
der nach mir kommt;
ich bin nicht würdig,
ihm die Riemen der Sandalen zu lösen.

Dies geschah in Betánien,
jenseits des Jordan,
wo Johannes taufte.

Fortsetzung s. S. 55

LESEJAHR C

ZUR 1. LESUNG *Die Lesung aus Zefanja (Sophonias) beginnt mit einem Aufruf zur Freude (3,1-15). Gott ist da, der König mitten in seiner Stadt. Er selbst ist die Mitte. Der folgende Abschnitt (3,16-17) enthält die Mahnung: „Fürchte dich nicht!" Die Gegenwart mag dunkel sein, aber Gott liebt sein Volk und er ist mächtig, um es zu retten.*

ERSTE LESUNG   Zef 3, 14–17 (14–18a)•

Dein Gott jubelt über dich und frohlockt

Lesung
    aus dem Buch Zefánja.

Juble, Tochter Zion!
Jauchze, Israel!
Freu dich und frohlocke von ganzem Herzen,
    Tochter Jerusalem!
Der HERR hat das Urteil gegen dich aufgehoben
    und deine Feinde zur Umkehr gezwungen.

• Die Verszählung in den Klammern bezieht sich bei den Lesungen auf die Nova Vulgata.

Der König Israels, der HERR, ist in deiner Mitte;
du hast kein Unheil mehr zu fürchten.
¹⁶ An jenem Tag wird man zu Jerusalem sagen:
    Fürchte dich nicht, Zion!
Lass die Hände nicht sinken!
¹⁷ Der HERR, dein Gott, ist in deiner Mitte,
ein Held, der Rettung bringt.
Er freut sich und jubelt über dich,
er schweigt in seiner Liebe,
er jubelt über dich und frohlockt,
    wie man frohlockt an einem Festtag.

ANTWORTPSALM

Jes 12, 2.3 u. 4bcd.5–6 (Kv: vgl. 6)

Kv Freut euch und jubelt;
in eurer Mitte ist der Herr. – Kv

GL 643,3, VI. Ton

² Siehe, Gott ist mein Heil; *
ich vertraue und erschrecke nicht.
Denn meine Stärke und mein Lied ist Gott, der HERR. *
Er wurde mir zum Heil. – (Kv)
³ Ihr werdet Wasser freudig schöpfen *
aus den Quellen des Heiles.
4bcd Dankt dem HERRN! Ruft seinen Namen an! /
Macht unter den Völkern seine Taten bekannt, *
verkündet: Sein Name ist erhaben! – (Kv)
⁵ Singet dem HERRN, denn Überragendes hat er vollbracht; *
bekannt gemacht sei dies auf der ganzen Erde.
⁶ Jauchzt und jubelt, ihr Bewohner Zions; *
denn groß ist in eurer Mitte der Heilige Israels. – Kv

ZUR 2. LESUNG *Aus dem Gefängnis schreibt der Apostel an die Gemeinde von Philippi. Er weiß sich mit ihr verbunden im Glauben an Christus und im Warten auf seine Wiederkunft. „Der Herr ist nahe", das sagt Paulus auch vor der Möglichkeit seines baldigen Todes. Die Nähe Christi bedeutet für ihn Freude und Frieden; beides wünscht er auch der Gemeinde, an die er schreibt.*

Lesejahr C — Dritter Adventssonntag — 53

ZWEITE LESUNG Phil 4, 4–7
Der Herr ist nahe

Lesung
aus dem Brief des Apostels Paulus an die Gemeinde in Philíppi.

Schwestern und Brüder!
Freut euch im Herrn zu jeder Zeit!
Noch einmal sage ich: Freut euch!
Eure Güte werde allen Menschen bekannt.
Der Herr ist nahe.
Sorgt euch um nichts,
sondern bringt in jeder Lage
betend und flehend eure Bitten mit Dank vor Gott!

Und der Friede Gottes, der alles Verstehen übersteigt,
wird eure Herzen und eure Gedanken
in Christus Jesus bewahren.

RUF VOR DEM EVANGELIUM Vers: vgl. Jes 61, 1ab (Lk 4, 18)

Halleluja. Halleluja.

Der Geist des Herrn ruht auf mir.
Der Herr hat mich gesandt,
den Armen die frohe Botschaft zu bringen.

Halleluja.

ZUM EVANGELIUM *Johannes der Täufer war der Prophet, der dem Messias voranging. Er hat gepredigt und getauft. Seine Predigt war Mahnung zur Umkehr (3, 11–14) und Hinweis auf den Größeren, der nach ihm kommen sollte (3, 15–17). Die Umkehr (Bekehrung) geschieht durch konkrete Taten der Menschlichkeit und Nächstenliebe. Die Tätigkeit des Messias wird als Taufe und als Ernte geschildert (Verse 16 u. 17); sein Kommen wird für die einen Heiligung und Heil, für die andern Verurteilung bedeuten.*

EVANGELIUM

Lk 3, 10–18

Was sollen wir also tun?

✚ Aus dem heiligen Evangelium nach Lukas.

In jener Zeit fragten die Leute Johannes den Täufer:
¹⁰ Was sollen wir also tun?
¹¹ Er antwortete ihnen:
Wer zwei Gewänder hat,
der gebe eines davon dem, der keines hat,
und wer zu essen hat,
der handle ebenso!
¹² Es kamen auch Zöllner, um sich taufen zu lassen,
und fragten ihn: Meister, was sollen wir tun?
¹³ Er sagte zu ihnen:
Verlangt nicht mehr, als festgesetzt ist!
¹⁴ Auch Soldaten fragten ihn:
Was sollen denn wir tun?
Und er sagte zu ihnen:
Misshandelt niemanden,
erpresst niemanden,
begnügt euch mit eurem Sold!
¹⁵ Das Volk war voll Erwartung
und alle überlegten im Herzen,
ob Johannes nicht vielleicht selbst der Christus sei.
¹⁶ Doch Johannes gab ihnen allen zur Antwort:
Ich taufe euch mit Wasser.
Es kommt aber einer, der stärker ist als ich,
und ich bin es nicht wert, ihm die Riemen der Sandalen zu lösen.
Er wird euch mit dem Heiligen Geist und mit Feuer taufen.
¹⁷ Schon hält er die Schaufel in der Hand,
um seine Tenne zu reinigen
und den Weizen in seine Scheune zu sammeln;
die Spreu aber
wird er in nie erlöschendem Feuer verbrennen.

Mit diesen und vielen anderen Worten
  ermahnte er das Volk und verkündete die frohe Botschaft.

Glaubensbekenntnis, S. 230 ff.
Fürbitten vgl. S. 267 ff.

ZUR EUCHARISTIEFEIER *Christus ist mitten unter uns, aber seine Wirklichkeit ist verborgen im Geheimnis, das wir feiern. Er ist die Mitte, er ist das Herz seiner Gemeinde. Seine Hingabe lässt uns Anteil haben an der Fülle des Geistes, die uns verheißen ist.*

GABENGEBET

Herr, unser Gott,
in dieser Feier
erfüllen wir den Auftrag deines Sohnes.
Nimm unsere Gaben an
und gib deiner Kirche die Gnade,
immer und überall sein Opfer zu feiern.
Schenke uns durch dieses Geheimnis dein Heil,
das du der Welt bereitet hast.
Darum bitten wir durch Christus, unseren Herrn.

Adventspräfation, S. 263 f.

KOMMUNIONVERS   Jes 35, 4

Sagt den Verzagten: Habt Mut, fürchtet euch nicht!
Seht, hier ist euer Gott!
Er selbst wird kommen und euch erretten.

SCHLUSSGEBET

Barmherziger Gott,
komm durch dieses heilige Mahl
uns schwachen Menschen zu Hilfe.
Reinige uns von Schuld
und mache uns bereit für das kommende Fest.
Darum bitten wir durch Christus, unseren Herrn.

FÜR DEN TAG UND DIE WOCHE

Gerade weil wir auf Christus setzen und uns ihm verdanken, wissen wir uns ermutigt, unsere Möglichkeiten zur Entfaltung zu bringen und unser eigenes sterbliches Leben in Freiheit zu verwirklichen. Wer geduckte, verkrümmte und verängstigte Menschen kleinhalten will, ist bei Jesus völlig fehl am Platze. Selbstlos kann nur jemand sein, der ein Selbst hat, das er geben kann. Johannes ist alles andere als ein Schwächling. Gerade weil er ein so kraftvoller und starker Mensch ist, kann er seine Jünger abgeben: Geht über den Jordan zu Jesus! Er ist der Messias. (Franz Kamphaus)

HAUSGEBET ZUM DRITTEN ADVENT (GAUDETE): FREUT EUCH, DER HERR IST NAHE!

Lied zum Entzünden der Kerzen: GL 223, 1–3 Wir sagen euch an den lieben Advent

V: Im Namen des Vaters und des Sohnes und des Heiligen Geistes. – A: Amen.

PSALM
Psalm 126 (125): Von Tränen zum Jubel

Als der HERR das Geschick Zions wendete, *
da waren wir wie Träumende.
Da füllte sich unser Mund mit Lachen *
und unsere Zunge mit Jubel.
Da sagte man unter den Völkern: *
Groß hat der HERR an ihnen gehandelt!
Ja, groß hat der HERR an uns gehandelt. *
Da waren wir voll Freude.
Wende doch, HERR, unser Geschick *
wie die Bäche im Südland!
Die mit Tränen säen, *
werden mit Jubel ernten.
Sie gehen, ja gehen und weinen *
und tragen zur Aussaat den Samen.
Sie kommen, ja kommen mit Jubel *
und bringen ihre Garben.

Oder: Psalm 27 (26): Leben in Gemeinschaft mit Gott

SCHRIFTLESUNG   Jes 25, 6–10a
Festmahl auf dem Berg Zion

[6] Der HERR der Heerscharen wird auf diesem Berg für alle Völker ein Festmahl geben mit den feinsten Speisen, ein Gelage mit erlesenen Weinen, mit den feinsten, fetten Speisen, mit erlesenen, reinen Weinen. [7] Er verschlingt auf diesem Berg die Hülle, die alle Völker verhüllt, und die Decke, die alle Nationen bedeckt. [8] Er hat den Tod für immer verschlungen und GOTT,

der Herr, wird die Tränen von jedem Gesicht abwischen und die Schande seines Volkes entfernt er von der ganzen Erde, denn der HERR hat gesprochen.
⁹ An jenem Tag wird man sagen: Siehe, das ist unser Gott, auf ihn haben wir gehofft, dass er uns rettet. Das ist der HERR, auf ihn haben wir gehofft. Wir wollen jubeln und uns freuen über seine rettende Tat. ¹⁰ Denn die Hand des HERR ruht auf diesem Berg.

Oder: Lesung / Evangelium vom dritten Adventssonntag siehe S. 43–55
Stille oder Austausch über den Schrifttext
GL 365 Meine Hoffnung und meine Freude

ZUR MEDITATION

Freude lässt sich nicht anknipsen wie elektrisches Licht. Sie ist eher wie das Licht einer Kerze, klein erst, wachsend, flackernd irgendwann und strahlend. Der Advent ist die Zeit, in der unsere Freude langsam wachsen sollte. Und wenn sie es nicht tut, zwingen wir weder uns noch andere, uns auf Knopfdruck zu freuen an Weihnachten. Aber auch wenn wir die Freude nicht einfach machen können, so können wir uns doch für die Freude entscheiden. Wir können uns entscheiden, ob wir unserer Frustration nachhängen und uns in sie vergraben, oder ob wir uns für die Freude öffnen wollen ... Die Freude ist die Antwort auf eine gute Nachricht, auf ein schönes Ereignis oder Erlebnis. Die gute Nachricht an Weihnachten ist: Mitten in der Nacht wird der Heiland geboren, der meine Wunden heilt, der Messias, der mich aus der Enge in die Weite, aus dem inneren Gefängnis in die Freiheit führt, und der Herr, der in mir milde herrschen möchte, damit ich nicht mehr beherrscht werde von den Erwartungen der Menschen und auch nicht von den eigenen Bedürfnissen. (Anselm Grün)

Stille oder Meditationsmusik
Fürbitten vgl. S. 267 ff. oder selbst formuliert

VATERUNSER

SEGENSGEBET

Gott, du erfüllst unser Herz mit der Vorfreude auf das Kommen deines Sohnes in unsere Welt. Lass in uns Vertrauen und Zuversicht wachsen, damit wir auch in schwierigen Zeiten nicht verzagen und die Hoffnung auf deine Hilfe nicht verlieren.
Das schenke uns der treue Gott, der Vater, der Sohn und der Heilige Geist. Amen.

GL 228 Tochter Zion, freue dich
Oder: GL 218,2–5 Macht hoch die Tür, GL 222 Herr, send herab uns deinen Sohn

VIERTER ADVENTSSONNTAG

Dass Gott sich um uns kümmert, dass er in unserem Leben anwesend ist, das versuchen wir zu glauben, auch wenn die Erfahrung es nicht immer bestätigt. Die Bestätigung für unseren Glauben ist das Christusereignis selbst. Jesus, Davidsohn und Gottessohn, kommt als guter Hirte und König, als der Hohepriester des Neuen Bundes, in allem aber als unser Bruder und Helfer.

ERÖFFNUNGSVERS　　　　　　　　　　　　　　　　　　　Vgl. Jes 45, 8

Tauet, ihr Himmel, von oben!
Ihr Wolken, regnet herab den Gerechten!
Tu dich auf, o Erde, und sprosse den Heiland hervor!

TAGESGEBET

Allmächtiger Gott,
gieße deine Gnade in unsere Herzen ein.
Durch die Botschaft des Engels
haben wir die Menschwerdung Christi,
deines Sohnes, erkannt.
Führe uns durch sein Leiden und Kreuz
zur Herrlichkeit der Auferstehung.
Darum bitten wir durch ihn, Jesus Christus.

LESEJAHR A

ZUR 1. LESUNG　　*Im Jahr 735 v. Chr. ist das davidische Königshaus in größter Gefahr. Durch seinen Propheten gibt Gott dem König Ahas, der nicht hören will und nicht sehen kann, ein Zeichen der Rettung: Es wird einen „Sohn Davids" geben und die alten Verheißungen werden sich erfüllen. Immanu-El, „Mit uns ist Gott": im Sohn der Jungfrau, dessen Geburt der Engel ankündigt (Mt 1, 23), wird dieser Name volle Wahrheit und Wirklichkeit sein.*

ERSTE LESUNG
Jes 7, 10–14

Siehe, die Jungfrau hat ein Kind empfangen, sie gebiert einen Sohn und wird ihm den Namen Immanuel – Gott mit uns – geben

Lesung
aus dem Buch Jesája.

In jenen Tagen
sprach der HERR zu Ahas – dem König von Juda –
und sagte:
Erbitte dir ein Zeichen vom HERRN, deinem Gott,
tief zur Unterwelt
oder hoch nach oben hin!

Ahas antwortete:
Ich werde um nichts bitten
und den HERRN nicht versuchen.

Da sagte Jesája:
Hört doch, Haus Davids!
Genügt es euch nicht, Menschen zu ermüden,
dass ihr auch noch meinen Gott ermüdet?
Darum wird der Herr selbst euch ein Zeichen geben:
Siehe, die Jungfrau hat empfangen,
sie gebiert einen Sohn
und wird ihm den Namen Immánuel
– Gott mit uns – geben.

ANTWORTPSALM
Ps 24 (23), 1–2.3–4.5–6 (Kv: vgl. 7b.10b)

Kv **Der HERR wird kommen,** GL 633, 3, VII. Ton
er ist der König der Herrlichkeit. – Kv

Dem HERRN gehört die Erde und <u>was</u> sie erfüllt, *
der Erdkreis und <u>sei</u>ne Be<u>woh</u>ner.
Denn er hat ihn auf <u>Mee</u>re gegründet, *
ihn über <u>Strö</u>men befestigt. – (Kv)

Wer darf hin<u>auf</u>ziehn zum Berg des HERRN, *
wer darf stehn an seiner <u>hei</u>li<u>gen</u> Stätte?

⁴ Der unschuldige Hände hat und ein reines Herz, /
der seine Seele nicht an Nichtiges hängt *
und keinen trügerischen Eid geschworen hat. – (Kv)

⁵ Er wird Segen empfangen vom HERRN *
und Gerechtigkeit vom Gott seines Heils.

⁶ Das ist das Geschlecht, das nach ihm fragt, *
die dein Angesicht suchen, Jakob. – Kv

ZUR 2. LESUNG   *Paulus an die Brüder in Rom – Gruß: So begann in alter Zeit ein Brief. Aber Paulus sprengt das Schema; sofort will er alles sagen, sein ganzes Evangelium von Jesus Christus, dem Sohn Davids, dem Gottessohn, dem auferstandenen und in seiner Gemeinde machtvoll gegenwärtigen Herrn. In ihm haben sich die Verheißungen der Propheten erfüllt (2 Sam 7; Jes 7; Ps 2,7; vgl Apg 13,33).*

ZWEITE LESUNG   Röm 1, 1–7

Das Evangelium von Jesus Christus, dem Nachkommen Davids, dem Sohn Gottes

Lesung
   aus dem Brief des Apostels Paulus
   an die Gemeinde in Rom.

¹ Paulus, Knecht Christi Jesu,
   berufen zum Apostel,
ausgesondert, das Evangelium Gottes zu verkünden,
² das er durch seine Propheten im Voraus verheißen hat
   in heiligen Schriften:
³ das Evangelium von seinem Sohn,
   der dem Fleisch nach geboren ist als Nachkomme Davids,
⁴ der dem Geist der Heiligkeit nach eingesetzt ist
   als Sohn Gottes in Macht
   seit der Auferstehung von den Toten,
das Evangelium von Jesus Christus, unserem Herrn.
⁵ Durch ihn haben wir Gnade und Apostelamt empfangen,
um unter allen Heiden Glaubensgehorsam aufzurichten
   um seines Namens willen;

unter ihnen lebt auch ihr,
die ihr von Jesus Christus berufen seid.

An alle in Rom, die von Gott geliebt sind,
die berufenen Heiligen:
Gnade sei mit euch und Friede
von Gott, unserem Vater,
und dem Herrn Jesus Christus.

RUF VOR DEM EVANGELIUM

Vers: vgl. Mt 1, 23

Halleluja. Halleluja.

Siehe: die Jungfrau wird empfangen
und einen Sohn gebären,
sein Name wird sein: Immánuel – Gott mit uns.

Halleluja.

ZUM EVANGELIUM *„Gott ist mit uns", das ist die zentrale Aussage dieses Evangeliums (Mt 1,23; vgl. 28,20). Matthäus zitiert die Weissagung Jes 7,14, um das Geheimnis der Menschwerdung als ein schöpferisch rettendes Eingreifen Gottes zu deuten. Josef, der treue und stille Helfer beim Werk Gottes, wird der gesetzliche Vater des Messias und gibt ihm den Namen „Jesus", der bedeutet „Jahwe rettet".*

EVANGELIUM

Mt 1, 18–24

Jesus wird geboren werden von Maria, die verlobt ist mit Josef, dem Sohn Davids

✛ Aus dem heiligen Evangelium nach Matthäus.

Mit der Geburt Jesu Christi war es so:
Maria, seine Mutter, war mit Josef verlobt;
noch bevor sie zusammengekommen waren,
zeigte sich, dass sie ein Kind erwartete –
durch das Wirken des Heiligen Geistes.

Josef, ihr Mann,
der gerecht war und sie nicht bloßstellen wollte,
beschloss, sich in aller Stille von ihr zu trennen.

²⁰ Während er noch darüber nachdachte,
  siehe, da erschien ihm ein Engel des Herrn im Traum
und sagte: Josef, Sohn Davids,
fürchte dich nicht, Maria als deine Frau zu dir zu nehmen;
denn das Kind, das sie erwartet,
  ist vom Heiligen Geist.
²¹ Sie wird einen Sohn gebären;
ihm sollst du den Namen Jesus geben;
denn er wird sein Volk von seinen Sünden erlösen.
²² Dies alles ist geschehen,
  damit sich erfüllte,
  was der Herr durch den Propheten gesagt hat:
²³ Siehe: Die Jungfrau wird empfangen
und einen Sohn gebären
und sie werden ihm den Namen Immánuel geben,
das heißt übersetzt: Gott mit uns.
²⁴ Als Josef erwachte,
  tat er, was der Engel des Herrn ihm befohlen hatte,
  und nahm seine Frau zu sich.

Fortsetzung s. S. 72

LESEJAHR B

ZUR 1. LESUNG *Gott hat Israel aus Ägypten herausgeführt und im Land Kanaan eingepflanzt. Er hat David als König von Israel bestätigt. Nun will David für die Bundeslade, das Zeichen der Gegenwart Gottes, einen Tempel bauen. Aber Gott braucht keinen Tempel aus Stein; er ist an allen Orten und für alle Menschen da. Vielmehr wird Gott für David ein „Haus" bauen, das heißt, seiner Familie Bestand geben, bis die Zeit erfüllt ist: bis aus der Jungfrau Maria der wahre Thronerbe Davids geboren wird (vgl. das Evangelium).*

ERSTE LESUNG

2 Sam 7, 1–5.8b–12.14a.16

Dein Haus und dein Königtum werden vor dir auf ewig bestehen bleiben

Lesung
  aus dem zweiten Buch Sámuel.

In jenen Tagen
  als König David in seinem Haus wohnte
  und der HERR ihm Ruhe
  vor allen seinen Feinden ringsum verschafft hatte,
  sagte er zu dem Propheten Natan:
Ich wohne in einem Haus aus Zedernholz,
die Lade Gottes aber wohnt in einem Zelt.
Natan antwortete dem König:
  Geh nur und tu alles, was du im Herzen hast;
denn der HERR ist mit dir.

Aber in jener Nacht erging das Wort des HERRN an Natan:
Geh zu meinem Knecht David
  und sag zu ihm: So spricht der HERR:
Du willst mir ein Haus bauen, damit ich darin wohne?

Ich habe dich von der Weide und von der Herde weggeholt,
  damit du Fürst über mein Volk Israel wirst,
und ich bin überall mit dir gewesen,
  wohin du auch gegangen bist.
Ich habe alle deine Feinde vor deinen Augen vernichtet
und ich werde dir einen großen Namen machen,
  der dem Namen der Großen auf der Erde gleich ist.
Ich werde meinem Volk Israel einen Platz zuweisen
  und es einpflanzen,
damit es an seinem Ort wohnen kann
und sich nicht mehr ängstigen muss
und schlechte Menschen es nicht mehr unterdrücken wie früher
und auch von dem Tag an,
  an dem ich Richter in meinem Volk Israel eingesetzt habe.
Ich verschaffe dir Ruhe vor allen deinen Feinden.

Nun verkündet dir der HERR,
  dass der HERR dir ein Haus bauen wird.
¹² Wenn deine Tage erfüllt sind
  und du dich zu deinen Vätern legst,
  werde ich deinen leiblichen Sohn
  als deinen Nachfolger einsetzen
  und seinem Königtum Bestand verleihen.
¹⁴ᵃ Ich werde für ihn Vater sein
  und er wird für mich Sohn sein.
¹⁶ Dein Haus und dein Königtum
  werden vor dir auf ewig bestehen bleiben;
dein Thron wird auf ewig Bestand haben.

ANTWORTPSALM   Ps 89 (88), 2–3.20a u. 4–5.27 u. 29 (Kv: 2a)

Kv Von der Huld des HERRN   GL 657, 3, II. Ton
will ich ewig singen. – Kv

² Von der Huld des HERRN will ich ewig singen, *
von Geschlecht zu Geschlecht mit meinem Mund deine Treue verkünden.
³ Denn ich bekenne: Auf ewig ist Huld gegründet, *
im Himmel deine Treue gefestigt. – (Kv)
²⁰ᵃ Einst hast du in einer Vision zu deinen Frommen gesprochen: /
⁴ „Ich habe einen Bund geschlossen mit meinem Erwählten *
und David, meinem Knecht, geschworen:
⁵ Auf ewig gebe ich deinem Haus festen Bestand *
und von Geschlecht zu Geschlecht gründe ich deinen Thron. – (Kv)
²⁷ Er wird zu mir rufen: Mein Vater bist du, *
mein Gott, der Fels meiner Rettung.
²⁹ Auf ewig werde ich ihm meine Huld bewahren, *
mein Bund mit ihm ist verlässlich." – Kv

ZUR 2. LESUNG   In der Verkündigung des Evangeliums wird die Absicht Gottes offenbar; alle Menschen und Völker sind zum Glauben berufen. Gott schließt niemand aus, seine erbarmende Liebe umfasst alle. Das lässt sich nicht an den Ereignissen der Geschichte ablesen; für den Apostel Paulus war es die große Offenbarung, die seinem Leben einen neuen Sinn gegeben hat: für die Heiden-

völker Bote des Evangeliums zu sein. Davon kann er nur mit Staunen und großer Ehrfurcht sprechen.

ZWEITE LESUNG
Röm 16, 25–27

Das Geheimnis, das seit ewigen Zeiten unausgesprochen war, wurde jetzt offenbar

**Lesung
aus dem Brief des Apostels Paulus
an die Gemeinde in Rom.**

Dem, der die Macht hat, euch Kraft zu geben
– gemäß meinem Evangelium
und der Botschaft von Jesus Christus,
gemäß der Offenbarung jenes Geheimnisses,
   das seit ewigen Zeiten unausgesprochen war,
jetzt aber nach dem Willen des ewigen Gottes offenbart
   und durch prophetische Schriften kundgemacht wurde,
   um alle Heiden zum Gehorsam des Glaubens zu führen –,
ihm, dem einen, weisen Gott,
   sei Ehre durch Jesus Christus in alle Ewigkeit! Amen.

RUF VOR DEM EVANGELIUM
Vers: vgl. Lk 1, 38

Halleluja. Halleluja.

Maria sagte:
Siehe, ich bin die Magd des Herrn;
mir geschehe nach deinem Wort.

Halleluja.

ZUM EVANGELIUM   *Über alle Untreue der Menschen hinweg hat Gott seine Verheißung wahrgemacht. Sie erfüllt sich in Jesus, dem Sohn Davids. Gott braucht dazu keine äußeren Machtmittel, aber er braucht die Zustimmung der Jungfrau, die er dazu erwählt hat, die Mutter des Erlösers zu werden. Maria hört das Wort des Gottesboten und sagt ihr Ja.*

EVANGELIUM Lk 1, 26–38
Du wirst schwanger werden und einen Sohn wirst du gebären

☩ Aus dem heiligen Evangelium nach Lukas.

²⁶ In jener Zeit wurde der Engel Gábriel
  von Gott in eine Stadt in Galiläa namens Nazaret
²⁷ zu einer Jungfrau gesandt.
  Sie war mit einem Mann namens Josef verlobt,
    der aus dem Haus David stammte.
  Der Name der Jungfrau war Maria.
²⁸ Der Engel trat bei ihr ein
  und sagte: Sei gegrüßt, du Begnadete,
    der Herr ist mit dir.
²⁹ Sie erschrak über die Anrede
  und überlegte, was dieser Gruß zu bedeuten habe.
³⁰ Da sagte der Engel zu ihr: Fürchte dich nicht, Maria;
  denn du hast bei Gott Gnade gefunden.
³¹ Siehe, du wirst schwanger werden
  und einen Sohn wirst du gebären;
    dem sollst du den Namen Jesus geben.
³² Er wird groß sein
  und Sohn des Höchsten genannt werden.
  Gott, der Herr, wird ihm den Thron seines Vaters David geben.
³³ Er wird über das Haus Jakob in Ewigkeit herrschen
  und seine Herrschaft wird kein Ende haben.
³⁴ Maria sagte zu dem Engel:
  Wie soll das geschehen, da ich keinen Mann erkenne?
³⁵ Der Engel antwortete ihr:
  Heiliger Geist wird über dich kommen
  und Kraft des Höchsten wird dich überschatten.
  Deshalb wird auch das Kind heilig
    und Sohn Gottes genannt werden.
³⁶ Siehe, auch Elisabet, deine Verwandte,
  hat noch in ihrem Alter einen Sohn empfangen;

obwohl sie als unfruchtbar gilt,
  ist sie schon im sechsten Monat.
Denn für Gott ist nichts unmöglich.
Da sagte Maria:
  Siehe, ich bin die Magd des Herrn;
mir geschehe, wie du es gesagt hast.
Danach verließ sie der Engel.

Fortsetzung s. S. 72

LESEJAHR C

ZUR 1. LESUNG   *Die Könige aus dem Haus Davids haben versagt, sie haben ihr Volk in die Katastrophe geführt. Aber Gott wird einen neuen Anfang machen, sagt der Prophet. Er wird seinem Volk einen Retter senden, einen guten Hirten, der in der Kraft Gottes der Welt den Frieden bringt. Er ist ein Nachkomme Davids, aber sein Ursprung „liegt in ferner Vorzeit", er reicht bis in die Ewigkeit Gottes hinein.*

ERSTE LESUNG   Mi 5, 1–4a

Aus dir wird der hervorgehen, der über Israel herrschen soll

Lesung
  aus dem Buch Micha.

So spricht der HERR:
Du, Bétlehem-Éfrata,
  bist zwar klein unter den Sippen Judas,
aus dir wird mir einer hervorgehen,
  der über Israel herrschen soll.
Seine Ursprünge liegen in ferner Vorzeit,
in längst vergangenen Tagen.
Darum gibt der HERR sie preis,
  bis zu der Zeit, da die Gebärende geboren hat.
Dann wird der Rest seiner Brüder zurückkehren
  zu den Söhnen Israels.

Lesejahr C — Vierter Adventssonntag — 71

ZWEITE LESUNG

Hebr 10, 5–10

Siehe, ich komme, um deinen Willen, Gott, zu tun

**Lesung
  aus dem Hebräerbrief.**

Schwestern und Brüder!
Bei seinem Eintritt in die Welt spricht Christus:

Schlacht- und Speiseopfer hast du nicht gefordert,
  doch einen Leib hast du mir bereitet;
an Brand- und Sündopfern hast du kein Gefallen.
Da sagte ich: Siehe, ich komme
  – so steht es über mich in der Schriftrolle –,
  um deinen Willen, Gott, zu tun.

Zunächst sagt er:
  Schlacht- und Speiseopfer,
  Brand- und Sündopfer forderst du nicht,
du hast daran kein Gefallen,
  obgleich sie doch nach dem Gesetz dargebracht werden;
dann aber hat er gesagt:
  Siehe, ich komme, um deinen Willen zu tun.

Er hebt das Erste auf,
  um das Zweite in Kraft zu setzen.
Aufgrund dieses Willens
  sind wir durch die Hingabe des Leibes Jesu Christi geheiligt –
  ein für alle Mal.

RUF VOR DEM EVANGELIUM

Vers: vgl. Lk 1, 38

Halleluja. Halleluja.

Maria sagte:
Siehe, ich bin die Magd des Herrn;
mir geschehe nach deinem Wort.

Halleluja.

ZUM EVANGELIUM   *Die Begegnung Marias mit ihrer Verwandten Elisabet war zugleich die erste Begegnung des Vorläufers mit dem Messias. Dabei erfüllte sich, was in Lk 1,15 über Johannes gesagt war: dass er schon im Mutterschoß vom Heiligen Geist erfüllt sein werde. Elisabet begreift das Zeichen; mit Freude und Ehrfurcht begrüßt sie Maria, ihre jüngere Verwandte. Sie preist Maria selig, weil sie geglaubt hat; Maria aber preist die Größe Gottes, des Herrn und Retters. – Bis heute wiederholt die Christenheit im Ave-Maria den Gruß, mit dem Elisabet Maria begrüßt hat, und singt den Lobgesang Marias, das Magnificat.*

EVANGELIUM Lk 1, 39–45

Wer bin ich, dass die Mutter meines Herrn zu mir kommt?

✚ Aus dem heiligen Evangelium nach Lukas.

39 In jenen Tagen machte sich Maria auf den Weg
 und eilte in eine Stadt im Bergland von Judäa.
40 Sie ging in das Haus des Zacharías und begrüßte Elisabet.
41 Und es geschah:
Als Elisabet den Gruß Marias hörte,
 hüpfte das Kind in ihrem Leib.
Da wurde Elisabet vom Heiligen Geist erfüllt
42 und rief mit lauter Stimme:
 Gesegnet bist du unter den Frauen
und gesegnet ist die Frucht deines Leibes.
43 Wer bin ich, dass die Mutter meines Herrn zu mir kommt?
44 Denn siehe, in dem Augenblick, als ich deinen Gruß hörte,
 hüpfte das Kind vor Freude in meinem Leib.
45 Und selig,
 die geglaubt hat, dass sich erfüllt,
 was der Herr ihr sagen ließ.

Glaubensbekenntnis, S. 230 ff.
Fürbitten vgl. S. 267 ff.

ZUR EUCHARISTIEFEIER *Wie Maria mit uns geschehen lassen, uns dem Wirken des Geistes öffnen, dem Wort der Verheißung in uns Raum geben: Das steht am Anfang der neuen Schöpfung. So kann der Geist Gottes auch uns erfüllen und heiligen. Das Sakrament, das wir empfangen, ist dafür das große, mächtige Zeichen.*

GABENGEBET

Herr, unser Gott,
wir legen die Gaben auf den Altar.
Heilige sie durch deinen Geist,
der mit seiner Kraft
die Jungfrau Maria überschattet hat.
Darum bitten wir durch Christus, unseren Herrn.

Adventspräfation, S. 263 f.

KOMMUNIONVERS   Jes 7, 14

Seht, die Jungfrau wird empfangen und einen Sohn gebären.
Sein Name ist Immanuel, Gott mit uns.

SCHLUSSGEBET

Allmächtiger Gott,
du hast uns in diesem Mahl das Heil zugesagt
und uns schon jetzt Anteil daran gegeben.
Lass uns das Kommen deines Sohnes
in Freude erwarten
und mache uns umso eifriger in deinem Dienst,
je näher das Fest seiner Geburt heranrückt.
Darum bitten wir durch Christus, unseren Herrn.

FÜR DEN TAG UND DIE WOCHE

Die „großen Dinge" sind nichts anderes, als dass Maria Gottes Mutter geworden ist. In diesem Werk sind ihr so viele und große Güter gegeben, dass sie niemand begreifen kann; denn daraus kommt alle Ehre und alle Seligkeit, daraus kommt es, dass sie innerhalb des ganzen Menschengeschlechtes eine einzigartige Person ist über alle.
Und sie selber kann dem keinen Namen geben vor überschwänglicher Größe und muss es dabei bewenden lassen, dass sie in ihrer Inbrunst losbricht und hervorsprudelt, es seien große Dinge, die nicht mit Worten zu erschöpfen noch zu ermessen seien. In einem Wort hat man darum alle ihre Ehre zusammengefasst: wenn man sie nämlich „Gottes Mutter" nennt. (Martin Luther)

HAUSGEBET ZUM VIERTEN ADVENT: AUS DER VERHEISSUNG LEBEN

Lied zum Entzünden der Kerzen: GL 223, 1–4 Wir sagen euch an den lieben Advent

V: Im Namen des Vaters und des Sohnes und des Heiligen Geistes. – A: Amen.

PSALM

Psalm 23 (22): Der gute Hirte

1 Der HERR ist mein Hirt, *
nichts wird mir fehlen.
2 Er lässt mich lagern auf grünen Auen *
und führt mich zum Ruheplatz am Wasser.
3 Meine Lebenskraft bringt er zurück. /
Er führt mich auf Pfaden der Gerechtigkeit, *
getreu seinem Namen.
4 Auch wenn ich gehe im finsteren Tal, *
ich fürchte kein Unheil;
denn du bist bei mir, *
dein Stock und dein Stab, sie trösten mich.
5 Du deckst mir den Tisch *
vor den Augen meiner Feinde.
Du hast mein Haupt mit Öl gesalbt, *
übervoll ist mein Becher.
6 Ja, Güte und Huld werden mir folgen mein Leben lang /
und heimkehren werde ich ins Haus des HERRN *
für lange Zeiten.

Oder: Psalm 146 (145): Preislied auf Gott, den Helfer der Armen

SCHRIFTLESUNG
Lk 1,46–55

Der Lobgesang Marias (Magnificat)

46 Maria sagte zu Elisabet: Meine Seele preist die Größe des Herrn 47 und mein Geist jubelt über Gott, meinen Retter. 48 Denn auf die Niedrigkeit seiner Magd hat er geschaut. Siehe, von nun an preisen mich selig alle Geschlechter. 49 Denn der Mächtige

hat Großes an mir getan und sein Name ist heilig. [50] Er erbarmt sich von Geschlecht zu Geschlecht über alle, die ihn fürchten. [51] Er vollbringt mit seinem Arm machtvolle Taten: Er zerstreut, die im Herzen voll Hochmut sind; [52] er stürzt die Mächtigen vom Thron und erhöht die Niedrigen. [53] Die Hungernden beschenkt er mit seinen Gaben und lässt die Reichen leer ausgehen. [54] Er nimmt sich seines Knechtes Israel an und denkt an sein Erbarmen, [55] das er unsern Vätern verheißen hat, Abraham und seinen Nachkommen auf ewig.

Oder: Lesung / Evangelium vom dritten Adventssonntag siehe S. 61–72

Stille oder Austausch über den Schrifttext

GL 230 Gott, heilger Schöpfer aller Stern

Oder: GL 528 Ein Bote kommt, der Heil verheißt

ZUR MEDITATION

Die Begegnung mit dem lebendigen Gott kann im Leben eines Menschen eine Erschütterung sein. Wir fühlen uns oft einfach zufrieden mit unserem Leben und versuchen es in sichere Bahnen zu leiten; da kann die Begegnung mit Gott eigentlich nur stören. Wenn uns nun aber Gott wirklich im Innersten erschüttert, werden wir herausgerissen aus unserer Sicherheit, die wir uns zurechtgelegt haben. Wir spüren im Tiefsten, dass wir nicht echt sind, uns teilweise etwas vormachen und oft durchaus nicht bereit sind, dass der Heilige Geist in unserem persönlichen Leben oder im Leben der Kirche etwas verändern möchte. Marias Antwort auf den göttlichen Anruf, auf ihr inneres Erschüttert-Werden: „Mir geschehe, wie du gesagt hast", ist darum alles andere als einfach nachzuvollziehen. Ihre Reaktion zeigt uns: Bevor wir uns fragen, wie wir am besten gut und richtig leben können, müssen wir uns fragen, ob Gott bei uns überhaupt eine Chance hat, uns zu erschüttern und aufzurütteln. Bevor wir Gott in unser System von Glaube und Kirche einbauen, sollten wir uns von ihm zuerst ansprechen lassen und unser Leben von Gott her verstehen. Denn Gott bringt das Licht, er ist die Sonne, wir haben die befreiende marianische Aufgabe, nicht uns selbst zu verkünden, sondern wie der Mond Gottes Licht in unserem Leben zum Leuchten zu bringen. (Urban Federer)

Stille oder Meditationsmusik

Hausgebet zum Vierten Advent

Fürbitten vgl. S. 267 ff. oder selbst formuliert

VATERUNSER

SEGENSGEBET

Du treuer Gott, deine Verheißung lässt uns leben, dein Wort stärkt unsere Zuversicht und gibt uns Kraft. Lass uns mit bereitem und offenem Herzen das Fest der Ankunft deines Sohnes bei uns Menschen begehen.
Dazu segne uns Gott, der Vater und der Sohn und der Heilige Geist. Amen.

GL 220 Die Nacht ist vorgedrungen

Oder: GL 227 Komm, du Heiland aller Welt, GL 224 Maria durch ein Dornwald ging

8. Dezember

HOCHFEST DER OHNE ERBSÜNDE EMPFANGENEN JUNGFRAU UND GOTTESMUTTER MARIA

Die Glaubenslehre, dass Maria vom ersten Augenblick ihres Lebens an von aller Erbschuld frei war, hat sich erst im Lauf der Jahrhunderte allmählich geklärt. Sie wird ausdrücklich in der Heiligen Schrift nicht ausgesprochen, doch wurden einige Aussagen der Schrift schon früh in dem Sinn verstanden, dass Maria das reinste Geschöpf Gottes war, die neue Eva, die ohne Sünde blieb und so zur „Mutter aller Lebenden" werden konnte. Dabei muss klar bleiben, dass Maria auf dem natürlichen Weg als Kind ihrer Eltern geboren wurde und dass auch sie alle Gnade durch Jesus Christus, durch seinen Kreuzestod, empfangen hat. – Die liturgische Feier der Empfängnis Mariä kam im 9. Jahrhundert von Konstantinopel nach Süditalien und Sizilien; aber durchgesetzt hat sich das Fest von England her, wo der hl. Anselm von Canterbury es in seiner Diözese einführte. 1476 wurde es durch den Franziskanerpapst Sixtus IV. von der römischen Kirche übernommen. Am 8. Dezember 1854 hat Pius IX. die Lehre von der Unbefleckten Empfängnis Mariä verbindlich definiert und als Glaubenssatz erklärt.

DAS DOGMA *„Zu Ehren der Heiligen und Ungeteilten Dreifaltigkeit, zu Schmuck und Zierde der jungfräulichen Gottesmutter, zur Erhöhung des katholischen Glaubens und zur Mehrung der christlichen Religion, in der Autorität unseres Herrn Jesus Christus, der seligen Apostel Petrus und Paulus und der Unseren erklären, verkünden und definieren Wir: Die Lehre, dass die seligste Jungfrau Maria im ersten Augenblick ihrer Empfängnis durch ein einzigartiges Gnadenprivileg des allmächtigen Gottes, im Hinblick auf die Verdienste Jesu Christi, des Erretters des Menschengeschlechtes, von jedem Schaden der Erbsünde unversehrt bewahrt wurde, ist von Gott offenbart und darum von allen Gläubigen fest und beständig zu glauben." (Pius IX., Apostolisches Schreiben „Ineffabilis Deus", verkündet am 8. Dezember 1854)*

ERÖFFNUNGSVERS
Jes 61, 10

Von Herzen will ich mich freuen über den Herrn.
Meine Seele soll jubeln über meinen Gott.
Denn er kleidet mich in Gewänder des Heils,

er hüllt mich in den Mantel der Rettung
und schmückt mich köstlich wie eine Braut.
Ehre sei Gott, S. 227f.

TAGESGEBET

Großer und heiliger Gott,
im Hinblick auf den Erlösertod Christi
hast du die selige Jungfrau Maria
schon im ersten Augenblick ihres Daseins
vor jeder Sünde bewahrt,
um deinem Sohn eine würdige Wohnung zu bereiten.
Höre auf ihre Fürsprache:
Mache uns frei von Sünden
und erhalte uns in deiner Gnade,
damit wir mit reinem Herzen zu dir gelangen.
Darum bitten wir durch Jesus Christus.

ZUR 1. LESUNG   *Die Geschichte vom verlorenen Paradies ist wahr. Gott will dem Menschen seine Nähe und Freundschaft schenken, das ist der Sinn des „Gartens". Aber Gott kann nur dem etwas schenken, der fähig ist, es zu empfangen. Der Mensch mit der gierig raffenden Hand oder mit der trotzig geballten Faust ist dazu nicht fähig. Er bekommt vielleicht das, was er wollte, aber nur, um dann zu sehen, dass er arm und „nackt" ist. Er wird auf sich selbst zurückgeworfen, und die ganze Natur leidet darunter, dass die Ordnung gestört ist. Das wissen wir auch dann, wenn wir keine Dornen und Disteln mehr sehen. Aber nicht das Gericht ist Gottes letztes Wort. Die Rückkehr zu Gott, zum Leben, zum Glück ist dem Menschen verheißen und aufgetragen. Die Schlange, dieses geheimnisvolle, übermenschlich schlaue und bösartige Wesen, wird vom Nachkommen der Frau besiegt werden: einer wird kommen und den Kopf der Schlange treffen (Gen 3,15); er wird dem tödlichen Unsinn ein Ende machen und den Menschen eine neue Zukunft geben.*

8. Dezember · Unbefleckte Empfängnis Mariä

ERSTE LESUNG   Gen 3, 9–15.20

Feindschaft setze ich zwischen dir und der Frau, zwischen deinem Nachkommen und dem Nachkommen der Frau

Lesung
aus dem Buch Génesis.

Nachdem Adam vom Baum gegessen hatte,
  rief Gott, der HERR, ihm zu
und sprach: Wo bist du?
Er antwortete: Ich habe deine Schritte gehört im Garten;
da geriet ich in Furcht, weil ich nackt bin,
und versteckte mich.

Darauf fragte er: Wer hat dir gesagt, dass du nackt bist?
Hast du von dem Baum gegessen,
  von dem ich dir geboten habe, davon nicht zu essen?
Adam antwortete:
  Die Frau, die du mir beigesellt hast,
  sie hat mir von dem Baum gegeben.
  So habe ich gegessen.

Gott, der HERR, sprach zu der Frau:
  Was hast du getan?
Die Frau antwortete:
  Die Schlange hat mich verführt.
  So habe ich gegessen.

Da sprach Gott, der HERR, zur Schlange:
Weil du das getan hast, bist du verflucht
  unter allem Vieh und allen Tieren des Feldes.
Auf dem Bauch wirst du kriechen
und Staub fressen alle Tage deines Lebens.
Und Feindschaft setze ich zwischen dir und der Frau,
zwischen deinem Nachkommen und ihrem Nachkommen.
Er trifft dich am Kopf
  und du triffst ihn an der Ferse.

Adam gab seiner Frau den Namen Eva, Leben,
denn sie wurde die Mutter aller Lebendigen.

8. Dezember · Unbefleckte Empfängnis Mariä

ANTWORTPSALM Ps 98 (97), 1.2–3b.3c–4 (Kv: 1ab)

Kv Singet dem HERRN ein neues Lied, GL 55, 1, VIII. Ton
denn er hat wunderbare Taten vollbracht! – Kv

¹ Singet dem HERRN ein neues Lied, *
denn er hat wunderbare Taten vollbracht!
Geholfen hat ihm seine Rechte *
und sein heiliger Arm. – (Kv)

² Der HERR hat sein Heil bekannt gemacht *
und sein gerechtes Wirken enthüllt vor den Augen der Völker.

³ᵃᵇ Er gedachte seiner Huld *
und seiner Treue zum Hause Israel. – (Kv)

³ᶜᵈ Alle Enden der Erde *
sahen das Heil unsres Gottes.

⁴ Jauchzet dem HERRN, alle Lande, *
freut euch, jubelt und singt! – Kv

ZUR 2. LESUNG *Am Anfang des Epheserbriefs steht ein hymnischer Lobpreis, der alles Handeln Gottes in dem Wort „Segen" zusammenfasst (1,3-14). Von Ewigkeit her hat Gott uns erkannt und geliebt. Das Offenbarwerden seiner ewigen Größe („Herrlichkeit") und seiner Gnade ist das Ziel der Schöpfung und der Sinn der Menschheitsgeschichte, auch der Sinn jedes Menschenlebens. Von sich aus kann die Schöpfung dieses Ziel nicht erreichen. Hier greift Gottes Erbarmen ein; er macht Christus zum Haupt und zur Mitte einer neuen Schöpfung, zu ihrem Retter. Von Sünde ist in diesem Abschnitt nur in Vers 7 die Rede und nur indirekt: durch das Blut Christi haben wir die Erlösung, die Vergebung der Sünden. Er gibt uns als Siegel der Gottesgemeinschaft den Heiligen Geist. Durch ihn haben wir Hoffnung; wir wissen, dass Gott uns angenommen hat.*

ZWEITE LESUNG
Eph 1, 3–6.11–12

In Christus hat Gott uns erwählt vor der Grundlegung der Welt, zum Lob seiner herrlichen Gnade

**Lesung
aus dem Brief des Apostels Paulus
an die Gemeinde in Éphesus.**

**Gepriesen sei Gott,
der Gott und Vater unseres Herrn Jesus Christus.
Er hat uns mit allem Segen seines Geistes gesegnet
durch unsere Gemeinschaft mit Christus im Himmel.

Denn in ihm hat er uns erwählt vor der Grundlegung der Welt,
damit wir heilig und untadelig leben vor ihm.
Er hat uns aus Liebe im Voraus dazu bestimmt,
seine Söhne zu werden durch Jesus Christus
und zu ihm zu gelangen nach seinem gnädigen Willen,
zum Lob seiner herrlichen Gnade.
Er hat sie uns geschenkt in seinem geliebten Sohn.

In ihm sind wir auch als Erben vorherbestimmt
nach dem Plan dessen, der alles so bewirkt,
wie er es in seinem Willen beschließt;
wir sind zum Lob seiner Herrlichkeit bestimmt,
die wir schon früher in Christus gehofft haben.**

RUF VOR DEM EVANGELIUM
Vers: vgl. Lk 1, 28.42

Halleluja. Halleluja.

**Gegrüßet seist du, Maria, voll der Gnade,
der Herr ist mit dir,
du bist gebenedeit unter den Frauen.**

Halleluja.

ZUM EVANGELIUM *Maria wird vom Engel als die Frau begrüßt, die mehr als alle anderen begnadet ist. Sie steht in der Reihe der großen Erwählten (Abraham, David) und überragt sie alle. Sie ist der neue Zion, das wahre Jerusalem, dem Gottes besondere Liebe und Gegenwart gilt (vgl. Zef 3, 14-16; Sach 9, 9). Was zu*

Maria über Jesus gesagt wird (Lk 1,31–33), übertrifft bei weitem das über Johannes Gesagte (1,15–17). Seine Titel und sein Name kennzeichnen ihn als den verheißenen Messias der Endzeit, der die Einheit von Juda und Israel wiederherstellen und über alle Völker in Ewigkeit herrschen wird. Er ist der Sohn der Jungfrau, ist wahrer Mensch und gehört doch zur Welt Gottes (1,35). Anders als Zacharias (1,18) antwortet Maria auf die Botschaft des Engels mit dem einfachen und großen: „Mir geschehe, wie du es gesagt hast."

EVANGELIUM

Lk 1,26–38

Sei gegrüßt, du Begnadete, der Herr ist mit dir

✠ Aus dem heiligen Evangelium nach Lukas.

²⁶ In jener Zeit wurde der Engel Gábriel
von Gott in eine Stadt in Galilåa namens Nazaret
²⁷ zu einer Jungfrau gesandt.
Sie war mit einem Mann namens Josef verlobt,
der aus dem Haus David stammte.
Der Name der Jungfrau war Maria.

²⁸ Der Engel trat bei ihr ein
und sagte: Sei gegrüßt, du Begnadete,
der Herr ist mit dir.

²⁹ Sie erschrak über die Anrede
und überlegte, was dieser Gruß zu bedeuten habe.

³⁰ Da sagte der Engel zu ihr: Fürchte dich nicht, Maria;
denn du hast bei Gott Gnade gefunden.

³¹ Siehe, du wirst schwanger werden
und einen Sohn wirst du gebären;
dem sollst du den Namen Jesus geben.

³² Er wird groß sein
und Sohn des Höchsten genannt werden.
Gott, der Herr, wird ihm den Thron seines Vaters David geben.

³³ Er wird über das Haus Jakob in Ewigkeit herrschen
und seine Herrschaft wird kein Ende haben.

³⁴ Maria sagte zu dem Engel:
Wie soll das geschehen, da ich keinen Mann erkenne?

Der Engel antwortete ihr:
  Heiliger Geist wird über dich kommen
und Kraft des Höchsten wird dich überschatten.
Deshalb wird auch das Kind heilig
  und Sohn Gottes genannt werden.

Siehe, auch Elisabet, deine Verwandte,
  hat noch in ihrem Alter einen Sohn empfangen;
obwohl sie als unfruchtbar gilt,
  ist sie schon im sechsten Monat.
Denn für Gott ist nichts unmöglich.

Da sagte Maria:
  Siehe, ich bin die Magd des Herrn;
mir geschehe, wie du es gesagt hast.

Danach verließ sie der Engel.

Glaubensbekenntnis, S. 230 ff.
Fürbitten vgl. S. 271

ZUR EUCHARISTIEFEIER *Von Gott erwählt zu sein, ist Geschenk und Herausforderung zugleich. Wenn wir bereit sind, dem Glauben an die Möglichkeiten Gottes in uns mehr Raum zu geben als den inneren Widerständen, die uns daran hindern, kann sich sein Wirken in uns Bahn brechen. Maria ist dafür das große Vorbild.*

GABENGEBET

Herr, unser Gott,
in deiner Gnade
hast du die selige Jungfrau Maria auserwählt
und vor jeder Sünde bewahrt.
An ihrem Fest feiern wir das Opfer,
das alle Schuld der Menschen tilgt.
Befreie uns auf ihre Fürsprache
aus der Verstrickung in das Böse,
damit auch wir heilig und makellos vor dir stehen.
Darum bitten wir durch Christus, unseren Herrn.

Präfation, S. 266

KOMMUNIONVERS

Großes hat man von dir gesagt, Maria,
denn aus dir ging hervor die Sonne der Gerechtigkeit,
Christus, unser Gott.

SCHLUSSGEBET

Herr und Gott,
das Sakrament, das wir empfangen haben,
heile in uns die Wunden jener Schuld,
vor der du die allerseligste Jungfrau Maria
vom ersten Augenblick ihres Daseins an
auf einzigartige Weise bewahrt hast.
Darum bitten wir durch Christus, unseren Herrn.

RORATE-MESSE

Die Quatembertage (von Quattuor tempora, vier Zeiten) waren seit der Alten Kirche drei durch Fasten hervorgehobene Wochentage (Mittwoch, Freitag und Samstag), die viermal im Jahr zu Beginn der Jahreszeiten durch Gebet, Verzicht und gute Werke zur geistlichen Erneuerung der Gemeinde begangen wurden. Heute wird die Feier dieser Tage durch die zuständigen Bischofskonferenzen geregelt. Im deutschsprachigen Raum liegen die Winterquatember heute in der ersten Adventswoche. Für eine Rorate-Messe kann das nachfolgende Messformular der Quatembermesse im Advent verwendet werden mit den Schriftlesungen des entsprechenden Wochentages (allerdings nur bis zum 16. Dezember, da das Messbuch für den 17. bis 23. Dezember eigene Messformulare vorsieht).

„Rorate, cœli desuper!" – „Taut, Himmel, von oben!" (Jes 45,8) – Dieser Ruf, der diesem Gottesdienst seinen Namen gibt, bringt eindrucksvoll die Sehnsucht nach Erlösung zum Ausdruck, welche die Zeit des Advents als Zeit des Wartens auf das Erscheinen des Messias prägt. In dieser ganzen Zeit wird unsere Hoffnung genährt durch die immer neue Gegenwart dessen, „der ist und der war und der kommt" (Offb 1,4).

Die Feier in der Dunkelheit am frühen Morgen oder am Abend – unter Verwendung zahlreicher Kerzen und meditativer Elemente – unterstreicht das sehnsuchtsvolle Warten auf Christus als dem „Licht aus der Höhe" (Lk 1,78). Der äußere Rahmen der Feier ermöglicht auch eine besondere (thematische) Gestaltung als Gruppengottesdienst, z.B. mit Jugendlichen.

ERÖFFNUNGSVERS Jes 45,8

Tauet, ihr Himmel, von oben! Ihr Wolken, regnet herab den Gerechten! Tu dich auf, o Erde, und sprosse den Heiland hervor.

Oder: Jes 45,8

Roráte, cæli, désuper, et núbes plúant jústum: aperiátur terra, et gérminet Salvatórem.

Oder: Tit 2,12–13

Lasst uns besonnen, gerecht und fromm in dieser Welt leben und auf die selige Erfüllung unserer Hoffnung warten, auf das Erscheinen der Herrlichkeit unseres großen Gottes und Retters Christus Jesus.

KYRIE

Herr Jesus Christus,
du Licht aus der Höhe, das unsere Welt erleuchtet. –
Herr, erbarme dich!
Herr Jesus Christus,
du Heiland und Erlöser, den wir voll Sehnsucht erwarten. –
Christus, erbarme dich!
Herr Jesus Christus,
du Sohn des Höchsten, der unser menschliches Leben teilt. –
Herr, erbarme dich!

TAGESGEBET

Gott, unser Vater,
wir bereiten uns in diesen Tagen darauf vor,
die Menschwerdung deines Sohnes würdig zu feiern.
Lass unser Gebet zu dir dringen
und segne unser Bemühen,
damit unser Leben sich erneuert
und die ursprüngliche Reinheit wiedergewinnt.
Darum bitten wir durch Jesus Christus.

Oder:

Rüttle unsere Herzen auf, allmächtiger Gott,
damit wir deinem Sohn den Weg bereiten
und durch seine Ankunft fähig werden,
dir in aufrichtiger Gesinnung zu dienen.
Darum bitten wir durch ihn,
der in der Einheit des Heiligen Geistes
mit dir lebt und herrscht in alle Ewigkeit.

Rorate-Messe

SCHRIFTLESUNGEN

1. Woche	Lesung	Evangelium
Montag	Jes 2,1–5 oder Jes 4, 2–6	Mt 8,5–11
Dienstag	Jes 11,1–10	Lk 10,21–24
Mittwoch	Jes 25,6–10a	Mt 15,29–37
Donnerstag	Jes 26,1–6	Mt 7,21.24–27
Freitag	Jes 29,17–24	Mt 9,27–31
Samstag	Jes 30,19–21.23–26	Mt 9,35 – 10,1.6–8
2. Woche		
Montag	Jes 35,1–10	Lk 5,17–26
Dienstag	Jes 40,1–11	Mt 18,12–14
Mittwoch	Jes 40,25–31	Mt 11,28–30
Donnerstag	Jes 41,13–20	Mt 11,7b.11–15
Freitag	Jes 48,17–19	Mt 11,16–19
Samstag	Sir 48,1–4.9–11	Mt 17,9a.10–13
3. Woche		
Montag	Num 24,2–7.15–17a	Mt 21,23–27
Dienstag	Zef 3,1–2.9–13	Mt 21,28–32
Mittwoch	Jes 45,6b–8.18.21b–25	Lk 7,18b–23
Donnerstag	Jes 54,1–10	Lk 7,24–30
Freitag	Jes 56,1–3a.6–8	Joh 5,33–36

GABENGEBET

Heiliger Gott,
du hast uns diese Opferfeier geschenkt
als höchsten Lobpreis,
den wir darbringen können.
Sie versöhne uns mit dir
und reinige uns von unseren Sünden,
damit wir mit lauterem Herzen
das Geburtsfest unseres Erlösers begehen,
der mit dir lebt und herrscht in alle Ewigkeit.

Adventspräfation, S. 263 f.

KOMMUNIONVERS
Offb 22,12

Siehe, ich komme bald, und mit mir kommt mein Lohn; und ich werde jedem nach seinem Tun vergelten.

SCHLUSSGEBET

Herr, unser Gott,
stärke uns durch die Kraft deines Sakramentes.
Lass uns durch deine Gnade
reich werden an guten Werken
und bei der Wiederkunft deines Sohnes
den verheißenen Lohn empfangen: die ewige Freude.
Darum bitten wir durch ihn, Christus, unseren Herrn.

SEGENSGEBET

Du Gott unserer Hoffnung,
komm herab auf uns mit deinem Segen,
komm herab auf uns mit deiner Güte,
komm herab auf uns mit deiner Kraft,
komm herab auf uns und führe uns
auf den Weg des Lichtes und des Friedens.
Das gewähre uns der allmächtige Gott, der Vater und der Sohn und der Heilige Geist. A: Amen.

Liedvorschläge: GL 231: O Heiland, reiß die Himmel auf, GL 234: Ihr Himmel, tauet den Gerechten, GL 159: Licht, das uns erschien, GL 84: Morgenglanz der Ewigkeit

ZUR MEDITATION

Die Adventszeit muss eine Auszeit sein. Eine Zeit, in der wir ganz bewusst den inneren Weg mitgehen können von den Erwartungen des Volkes Israel, vom sehnsuchtsvollen Rufen so vieler Menschen nach Rettung und Heil, bis hin zum tatsächlichen Eintreffen Gottes in dieser Welt.

Über Nacht ist Weihnachten geworden für Israel, ist Gott gekommen, hat er die Verheißungen des Alten Bundes erfüllt. Der Tau aus den Himmeln hat die Erde benetzt, der Gerechte ist gekommen, um Gerechtigkeit zu bringen für die Menschen und für die ganze Welt. Doch vorausgegangen sind die langen, mageren Jahre des Rufens, des Flehens, des Bittens. Über Jahrhunderte hinweg hat das

Rorate-Messe

Volk das Kommen des Messias erhofft. Generation um Generation hat ihn erwartet. Und ganz plötzlich hat sich das alles erfüllt. In der Nacht, im Stall von Betlehem, hat die Erde den Heiland hervorgebracht. *(Fabian Brand)*

„Tauet, Himmel, den Gerechten, Wolken, regnet ihn herab!" Es ist meine bange Nacht, es ist meine Dunkelheit, es ist meine Angst, aus der heraus ich rufe. Es ist die Angst, dass es der Dunkelheiten zu viel sind, dass ich sie nicht mehr mittragen kann. Es ist die Angst davor, dass es in mir kalt und hart wird, die Lebendigkeit in mir verdorrt aus Angst vor den Schmerzen, dass ich austrockne, weil vor lauter Terminen und Aktivitäten die Quelle meines Lebens verloren gegangen ist.

Gott, tau dich in die Dürre meines Lebens hinein! Mache lebendig, was in mir gestorben ist! Verströme dich in mir, in mich hinein! Lass nicht zu, dass ich hart werde und unbarmherzig! Nicht mir selbst – und nicht den anderen gegenüber! ... Lass mich weinen können, um mich, um die anderen. Regne dich auf mich herab, damit ich berührbar bleibe! Lass nicht zu, dass ich mich verstecke, vor mir selbst und den anderen! *(Andrea Schwarz)*

KURZANDACHTEN ZU DEN O-ANTIPHONEN

Vom 17. bis 23. Dezember werden im kirchlichen Stundengebet zum Magnificat in der Vesper die sog. großen O-Antiphonen gesungen, in den Messfeiern in verkürzter Form als Ruf vor dem Evangelium. Neben den ursprünglichen gregorianischen Melodien unterstreichen zahlreiche weitere musikalische Interpretationen ihre besondere Bedeutung. In diesen Anrufungen wird die alttestamentliche Erwartung des Messias zum Ausdruck gebracht, die sich für Christen im Kommen Jesu als dem Immanuel („Gott mit uns") erfüllt. Wie in einem Brennglas ist darin die Sehnsucht Israels wie die aller Menschen nach Heil und Erlösung gebündelt. In der spirituellen Aneignung der O-Antiphonen und ihrem biblischen Kontext vereinen wir uns in den letzten Tagen vor Weihnachten mit dem eindringlichen Ruf der frühen Kirche: „Veni!", „Komm, Herr Jesus!" (Offb 22,20)

O SAPIENTIA – O WEISHEIT (17. Dezember)

O sapientia, quae ex ore Altissimi prodiisti, attingens a fine usque ad finem, fortiter suaviterque disponens omnia: veni ad docendum nos viam prudentiae.

O Weisheit, hervorgegangen aus dem Munde des Höchsten – die Welt umspannst du von einem Ende zum andern, in Kraft und Milde ordnest du alles: o komm und offenbare uns den Weg der Weisheit und Einsicht!

SCHRIFTLESUNG
Weish 7,21–28

²¹ Alles Verborgene und alles Offenbare habe ich erkannt; denn es lehrte mich die Weisheit, die Werkmeisterin aller Dinge. ²² In ihr ist nämlich ein Geist, vernunftvoll, heilig, einzigartig, mannigfaltig, zart, beweglich, durchdringend, unbefleckt, klar, unverletzlich, das Gute liebend, scharf, ²³ nicht zu hemmen, wohltätig, menschenfreundlich, fest, sicher, ohne Sorge, alles vermögend, alles überschauend und alle Geister durchdringend, die gedankenvollen, reinen und zartesten. ²⁴ Die Weisheit ist beweglicher als alle Bewegung; in ihrer Reinheit durchdringt und durchwaltet sie alles. ²⁵ Sie ist ein Hauch der Kraft Gottes und reiner Ausfluss der Herrlichkeit des Allherrschers; darum

dringt nichts Verunreinigtes in sie ein. ²⁶ Sie ist der Widerschein des ewigen Lichts, der ungetrübte Spiegel von Gottes Kraft, das Bild seiner Güte. ²⁷ Sie ist nur eine und vermag doch alles; ohne sich zu ändern, erneuert sie alles. Von Geschlecht zu Geschlecht tritt sie in heilige Seelen ein und schafft Freunde Gottes und Propheten; ²⁸ denn Gott liebt nur den, der mit der Weisheit zusammenwohnt.

Oder: Spr 8,12–26

Die ganze Welt und alles Leben in ihr ist hervorgegangen aus Gottes Weisheit, seiner ewigen Schöpfungs- und Gestaltungsmacht. Die Weisheit als Eigenschaft Gottes wird in der biblischen Tradition gleichgesetzt mit Christus, dem Logos, dem ewigen Wort des Vaters, durch das alles geworden ist. (Joh 1,3; vgl. Kol 1,16 ff.) Er ist das Licht, das alle Welt erleuchtet und uns den Weg weist zu einem Leben in Frieden und Gerechtigkeit. – Stille –
Herr Jesus Christus, öffne unsere Herzen für das Wort der Weisheit, das aus Gottes Mund hervorgeht. Schenke uns Einsicht und mache uns bereit, deiner Weisung zu folgen, damit wir dich mit freudigem Herzen in unserer Mitte willkommen heißen. – Amen.

GL 222,2 O Weisheit aus des Höchsten Mund

O ADONAI – O HERR (18. Dezember)

O Adonai et Dux domus Israel, qui Moysi in igne flammae rubi apparuisti, et ei in Sina legem dedisti: veni ad redimendum nos in bracchio extento.

O Adonai, Herr und Führer des Hauses Israel – im flammenden Dornbusch bist du dem Mose erschienen und hast ihm auf dem Berg das Gesetz gegeben: o komm und befreie uns mit deinem starken Arm!

SCHRIFTLESUNG

Ex 6,2–8

² Gott redete mit Mose und sprach zu ihm: Ich bin der HERR. ³ Ich bin Abraham, Isaak und Jakob als El-Schaddai erschienen, aber unter meinem Namen HERR habe ich mich ihnen nicht zu erkennen gegeben. ⁴ Auch habe ich einen Bund mit ihnen auf-

gerichtet und habe versprochen, ihnen das Land Kanaan zu geben, das Land, in dem sie als Fremde lebten. ⁵Ferner habe ich gehört, wie die Israeliten darüber stöhnen, dass die Ägypter sie wie Sklaven behandeln. Da habe ich meines Bundes gedacht ⁶und deshalb sag zu den Israeliten: Ich bin der HERR. Ich führe euch aus dem Frondienst für die Ägypter heraus und rette euch aus der Sklaverei. Ich erlöse euch mit hoch erhobenem Arm und durch gewaltige Entscheide. ⁷Ich nehme euch mir zum Volk und werde euch Gott sein. Und ihr sollt wissen, dass ich der HERR bin, euer Gott, der euch aus dem Frondienst Ägyptens herausführt. ⁸Ich führe euch in das Land, das ich Abraham, Isaak und Jakob unter Eid versprochen habe. Ich übergebe es euch als Eigentum, ich, der HERR.

Oder: Ex 3,1–17

In der Gesetzgebung am Sinai begründet Gott die Ordnung des Bundes, des menschlichen Zusammenlebens in Recht und Gerechtigkeit. Er ist der Gott, der uns nahe ist und alle Wege mit uns geht. Jesus, der Herr, hat diesen ewigen Bund Gottes mit den Menschen durch seine Lebenshingabe erneuert und vollendet. Sein Kommen bedeutet Befreiung aus dem Gefangensein in sich selbst, aus der Knechtschaft des Egoismus. Sein Beispiel lehrt uns, was es heißt, als neue Menschen zu leben. - Stille -

Herr Jesus Christus, du kennst den richtigen Weg für uns, du bist selbst der Weg, die Wahrheit und das Leben. Mache uns frei von allem, was uns in uns selbst gefangen hält und uns hindert, deine Liebe zu empfangen und miteinander zu teilen. - Amen.

GL 222,3 O Adonai, du starker Gott
GL 370 Christus, du Herrscher Himmels und der Erde
GL 414 Herr, unser Herr, wie bist du zugegen

O RADIX JESSE – O WURZEL JESSE (19. Dezember)

O radix Jesse, qui stas in signum populorum, super quem continebunt reges os suum, quem gentes deprecabuntur; veni ad liberandum nos, iam noli tardare.

Spross aus Isais Wurzel, gesetzt zum Zeichen für die Völker – vor dir verstummen die Herrscher der Erde, dich flehen an die Völker: o komm und errette uns, erhebe dich, säume nicht länger!

SCHRIFTLESUNG
Jes 11,10–16

¹⁰ An jenem Tag wird es der Spross aus der Wurzel Isais sein, der dasteht als Feldzeichen für die Völker; die Nationen werden nach ihm fragen und seine Ruhe wird herrlich sein. ¹¹ An jenem Tag wird der Herr von Neuem seine Hand erheben, um den übrig gebliebenen Rest seines Volkes zurückzugewinnen, von Assur und Ägypten, von Patros und Kusch, von Elam, Schinar und Hamat und von den Inseln des Meeres. ¹² Er wird ein Feldzeichen für die Nationen aufrichten und die Versprengten Israels zusammenbringen; die Zerstreuten Judas wird er von den vier Enden der Erde sammeln. ¹³ Dann wird die Eifersucht Efraims weichen und die Bedränger Judas werden vernichtet. Efraim wird nicht mehr auf Juda eifersüchtig sein und Juda wird Efraim nicht mehr bedrängen. ¹⁴ Sie werden auf den Berghang der Philister gen Westen fliegen; vereint plündern sie die Söhne des Ostens. Edom und Moab sind im Einflussbereich ihrer Hand, die Söhne Ammons müssen ihnen gehorchen. ¹⁵ Dann wird der HERR die Meereszunge Ägyptens austrocknen und seine Hand gegen den Strom schwingen mit gewaltigem Sturm. Er zerschlägt ihn in sieben Bäche und lässt ihn mit Sandalen betreten. ¹⁶ Es wird eine Straße für den Rest seines Volkes geben, der übrig bleibt von Assur, eine Straße, wie es sie für Israel gab, als es aus Ägypten heraufzog.

Oder: Jes 11,1–9

Der Spross ist ein Zeichen: aus Altem bricht Neues hervor, was tot erscheint, erwacht plötzlich zu neuem Leben. Wo menschliche Erwartungen an ihr Ende gekommen sind, eröffnet die Hoffnung auf Gott ungeahnte Perspektiven. Er steht zu seinem Wort, das geknickte Rohr nicht zu zerbrechen und den glimmenden Docht nicht auszulöschen ... In Jesus wird die Zuwendung Gottes handgreiflich: Seine Herrschaft ist anderer Art als die der Mächtigen

dieser Welt. Sein Reich ist ein Reich der Liebe und des Friedens. Wer fes
verwurzelt aus der Verbindung mit ihm lebt, wird Zeuge einer neuen Zeit.
Stille –
Herr Jesus Christus, du bist der Wurzelgrund unseres Lebens. Aus deine
Verheißung schöpfen wir Kraft. Hilf uns, unser Leben immer mehr aus die
sem Vertrauen zu gestalten und so zu Zeugen deiner Herrschaft zu werden.
Amen.
GL 222,4 O Wurzel Jesse, Jesu Christ
GL 370 Christus, du Herrscher Himmels und der Erde

O CLAVIS DAVID – O SCHLÜSSEL DAVIDS (20. Dezember)

O clavis David et sceptrum domus Israel; qui aperis, et nemo claudit; claudis, et nemo aperit; veni et educ vinctum de domo carceris, sedentem in tenebris et umbra mortis.

O Schlüssel Davids, Zepter des Hauses Israel – du öffnest, und niemand kann schließen, du schließt, und keine Macht vermag zu öffnen: o komm und öffne den Kerker der Finsternis und die Fessel des Todes!

SCHRIFTLESUNG   Offb 3,7b–8.10–1

[7] So spricht der Heilige, der Wahrhaftige, der den Schlüsse Davids hat, der öffnet und niemand wird schließen, der schließ und niemand wird öffnen: [8] Ich kenne deine Taten, siehe, ich habe vor dir eine Tür geöffnet, die niemand mehr schließen kann. Du hast nur geringe Kraft und dennoch hast du an meinem Wort festgehalten und meinen Namen nicht verleugnet. [10] Du hast mein Gebot bewahrt, standhaft zu bleiben; daher werde auch ich dich bewahren vor der Stunde der Versuchung, die über die ganze Erde kommen soll, um die Bewohner der Erde auf die Probe zu stellen. [11] Ich komme bald. Halte fest, was du hast, damit kein anderer deinen Kranz bekommt! [12] Wer siegt, den werde ich zu einer Säule im Tempel meines Gottes machen und er wird nicht mehr hinausgehen. Und ich werde auf ihn den Namen meines Gottes schreiben und den Namen der Stadt meines Gottes, des neuen Jerusalem, das aus dem

Himmel herabkommt von meinem Gott, und auch meinen neuen Namen. ¹³ Wer Ohren hat, der höre, was der Geist den Gemeinden sagt.

Oder: Jes 22,20–25

Gott befreit aus Gefangenschaft, aus Dunkelheit und Tod; er öffnet die Türen, die neue Perspektiven sichtbar machen. Wer engherzig und verschlossen um sich selbst kreist, bekommt die Chance, sich zu öffnen und einen neuen Anfang zu machen. Die Hoffnung auf Jesus, der die Tür zum Vater ist, weitet unseren Blick und unser Herz, bis über die Grenzen des Todes hinaus. –

Stille –

Herr Jesus Christus, du Sieger über Sünde und Tod, Hoffnung aller, die in Not und Bedrängnis zu dir rufen: Zeige uns deine Macht und komm uns entgegen, öffne uns den Weg zum wahren Leben, damit wir befreit und freudig das Fest deiner Menschwerdung feiern können. – Amen.

GL 222,5 O Schlüssel Davids, dessen Kraft
GL 233 O Herr, wenn du kommst, wird die Welt wieder neu

O ORIENS – O MORGENSTERN (21. Dezember)

O oriens, splendor lucis aeternae, et sol justitiae: veni et illumina sedentes in tenebris, et umbra mortis.

O Morgenstern, Glanz des unversehrten Lichtes, der Gerechtigkeit strahlende Sonne: o komm und erleuchte, die da sitzen in Finsternis und im Schatten des Todes.

SCHRIFTLESUNG

Lk 1,68–79

⁶⁸ Gepriesen sei der Herr, der Gott Israels! Denn er hat sein Volk besucht und ihm Erlösung geschaffen; ⁶⁹ er hat uns einen starken Retter erweckt im Hause seines Knechtes David. ⁷⁰ So hat er verheißen von alters her durch den Mund seiner heiligen Propheten. ⁷¹ Er hat uns errettet vor unseren Feinden und aus der Hand aller, die uns hassen; ⁷² er hat das Erbarmen mit den Vätern an uns vollendet und an seinen heiligen Bund gedacht, ⁷³ an den Eid, den er unserm Vater Abraham geschworen hat; ⁷⁴ er hat uns geschenkt, dass wir, aus Feindeshand befreit, ihm

furchtlos dienen [75] in Heiligkeit und Gerechtigkeit vor seinem Angesicht all unsre Tage. [76] Und du, Kind, wirst Prophet des Höchsten heißen; denn du wirst dem Herrn vorangehen und ihm den Weg bereiten. [77] Du wirst sein Volk mit der Erfahrung des Heils beschenken in der Vergebung seiner Sünden. [78] Durch die barmherzige Liebe unseres Gottes wird uns besuchen das aufstrahlende Licht aus der Höhe, [79] um allen zu leuchten, die in Finsternis sitzen und im Schatten des Todes, und unsre Schritte zu lenken auf den Weg des Friedens.

Oder: Jes 42,6–7

Der Morgenstern (Saturn) ist der Vorbote des beginnenden Tages: Das Dunkel der Nacht geht dem Ende entgegen, der nahende Aufgang der Sonne erhellt die Welt. – Das Licht ist ein uraltes Symbol für Gott, dessen Gerechtigkeit stärker ist als die Dunkelheiten des Unrechts und der Unterdrückung. Jesus hat sich selbst als das „Licht der Welt" (Joh 8,12) bezeichnet. Er ist der strahlende Morgenstern, den wir sehnsuchtsvoll erwarten. Sein Licht erleuchtet unsere Finsternis und weist uns den Weg zum wahren Leben. – Stille –
Herr Jesus Christus, du Sonne der Gerechtigkeit, die alle Angst vertreibt und uns neue Wege eröffnet: Mache uns zu Kindern des Lichtes und lass uns wandeln auf dem Weg des Friedens. Denn bei dir ist die Quelle des Lebens, in deinem Licht schauen wir das Licht. – Amen.

GL 222,6 O Aufgang, Glanz der Ewigkeit
GL 220 Die Nacht ist vorgedrungen
GL 372 Morgenstern der finstern Nacht

O REX GENTIUM – O KÖNIG ALLER VÖLKER
(22. Dezember)

O rex gentium et desideratus earum, lapisque angularis, qui facis utraque unum: veni et salva hominem, quem de limo formasti.

O König aller Völker, ihre Erwartung und Sehnsucht; Schlussstein, der den Bau zusammenhält: o komm und errette den Menschen, den du aus Erde gebildet!

SCHRIFTLESUNG
Sach 9, 9–10

⁹Juble laut, Tochter Zion! Jauchze, Tochter Jerusalem! Siehe, dein König kommt zu dir. Gerecht ist er und Rettung wurde ihm zuteil, demütig ist er und reitet auf einem Esel, ja, auf einem Esel, dem Jungen einer Eselin. ¹⁰Ausmerzen werde ich die Streitwagen aus Efraim und die Rosse aus Jerusalem, ausgemerzt wird der Kriegsbogen. Er wird den Nationen Frieden verkünden; und seine Herrschaft reicht von Meer zu Meer und vom Strom bis an die Enden der Erde.

Oder: Psalm 2,6–12

Dauerhafter Friede: der große Traum und die ungestillte Sehnsucht aller Menschen. – Die Hoffnung auf Christus als den König der Völker ist das Gegenbild zu allen Herrschaftsformen, in denen Menschen unterdrückt und einander entfremdet werden. Alle Spaltung unter den Menschen wird überwunden und geheilt in der neuen Schöpfung, die durch das Kommen Jesu begonnen hat. Durch ihn haben wir Anteil am Bürgerrecht des Himmels. –

Stille –

Herr Jesus Christus, du Grundstein, auf den wir unser Leben bauen, du rufst die Völker zur Einheit und führst zusammen, was unversöhnt nebeneinandersteht. Heile alle Wunden der Trennung unter den Menschen; mache uns bereit, aufeinander zuzugehen und so deinem Friedensreich den Weg zu bereiten. – Amen.

GL 222,7 O König, Sehnsucht aller Welt
GL 218 Macht hoch die Tür
GL 228 Tochter Zion, freue dich
GL 360 Macht weit die Pforten in der Welt

O IMMANUEL – O GOTT MIT UNS (23. Dezember)

O Immanuel, Rex et legifer noster, expectatio gentium, et Salvator earum: veni ad salvandum nos, Domine, Deus noster.

O Immanuel, unser König und Lehrer, du Hoffnung und Heiland der Völker: o komm, eile und schaffe uns Hilfe, du unser Herr und unser Gott!

³ Er wird auftreten und ihr Hirt sein in der Kraft des HERRN,
in der Hoheit des Namens des HERRN, seines Gottes.

Sie werden in Sicherheit wohnen;
denn nun wird er groß sein bis an die Grenzen der Erde.
⁴ᵃ Und er wird der Friede sein.

ANTWORTPSALM   Ps 80 (79), 2ac u. 3bc.15–16.18–19 (Kv: vgl. 4)

Kv Stelle uns wieder her, o Gott!   GL 46,1, II. Ton
Lass dein Angesicht leuchten und wir sind gerettet. – Kv

²ᵃᶜ Du Hirte Israels, höre! *
Der du auf den Kérubim thronst, erscheine!
³ᵇᶜ Wecke deine gewaltige Kraft *
und komm zu unserer Rettung! – (Kv)

¹⁵ Gott der Heerscharen, kehre doch zurück, /
blicke vom Himmel herab und sieh, *
sorge für diesen Weinstock!
¹⁶ Beschütze, was deine Rechte gepflanzt hat, *
und den Sohn, den du dir stark gemacht! – (Kv)

¹⁸ Deine Hand sei über dem Mann zu deiner Rechten, *
über dem Menschensohn, den du dir stark gemacht.
¹⁹ Wir werden nicht von dir weichen. *
Belebe uns und wir rufen deinen Namen an. – Kv

ZUR 2. LESUNG   *Auf vielfache Weise spricht das Neue Testament von Christus: von seinem Kommen in die Welt, seinem Auftreten in Wort und Tat, seinem Tod und seiner Auferstehung. Eine einzige Deutung kann nie das Ganze erfassen. Der Hebräerbrief sieht Christus vor allem als den Hohepriester und zugleich als Opfergabe; er heiligt uns durch sein Opfer und hat uns mit Gott versöhnt. Die Hingabe im Opfer für uns alle war das Leitmotiv seiner Menschwerdung von Anfang an.*

SCHRIFTLESUNG   Jes 9,1–6

¹ Das Volk, das in der Finsternis ging, sah ein helles Licht; über denen, die im Land des Todesschattens wohnten, strahlte ein Licht auf. ² Du mehrtest die Nation, schenktest ihr große Freude. Man freute sich vor deinem Angesicht, wie man sich freut bei der Ernte, wie man jubelt, wenn Beute verteilt wird. ³ Denn sein drückendes Joch und den Stab auf seiner Schulter, den Stock seines Antreibers zerbrachst du wie am Tag von Midian. ⁴ Jeder Stiefel, der dröhnend daherstampft, jeder Mantel, im Blut gewälzt, wird verbrannt, wird ein Fraß des Feuers. ⁵ Denn ein Kind wurde uns geboren, ein Sohn wurde uns geschenkt. Die Herrschaft wurde auf seine Schulter gelegt. Man rief seinen Namen aus: Wunderbarer Ratgeber, Starker Gott, Vater in Ewigkeit, Fürst des Friedens. ⁶ Die große Herrschaft und der Frieden sind ohne Ende auf dem Thron Davids und in seinem Königreich, es zu festigen und zu stützen durch Recht und Gerechtigkeit, von jetzt an bis in Ewigkeit. Der Eifer des HERRN der Heerscharen wird das vollbringen.

Oder: Jes 7,14–17

Immanuel – Gott mit uns: Das ist der Kern, die Mitte der biblischen Botschaft. Ein Gott, der nicht weltfremd über den Wolken thront, sondern der mitten unter uns lebt und uns zu seiner Familie formt. Durch die Geburt im Stall von Betlehem erfüllt sich die uralte Verheißung: Der Sohn Gottes lebt in der Mitte derer, die in seinem Namen versammelt sind. – Stille –
Herr Jesus Christus, du zeigst dich als der wahre „Gott mit uns" und nimmst dich unserer an. Hilf uns in allen Nöten und lehre uns den rechten Weg zu dir und zueinander. Lass uns deine Gegenwart immer stärker erfahren und führe uns einst zusammen in deinem Reich des Lichtes und des Friedens. – Amen.

GL 222,8 O „Gott mit uns", Immanuel
GL 148 Komm her, freu dich mit uns
GL 227 Komm, du Heiland aller Welt

DIE WEIHNACHTSZEIT

25. Dezember (24. Dezember)
HOCHFEST DER GEBURT DES HERRN
WEIHNACHTEN – CHRISTTAG

HÄUSLICHE KRIPPENFEIER

Die „Krippenlegung", bei der die Figur des Jesuskindes feierlich zur Krippe getragen und hineingelegt wird, hat in der kirchlichen Tradition ihren festen Platz. Ihre Feier in Verbindung mit der Christmette zeigt den inneren Zusammenhang mit der Osternacht, in der die Osterkerze auf ähnliche Weise im Mittelpunkt steht.

Durch die Krippe wird – seit dem Mittelalter bis heute – die Geburt des Gottessohnes im Stall von Betlehem veranschaulicht. Um sie versammelt sich am Heiligen Abend die häusliche Gemeinschaft, um mit Liedern und dem Austausch von Geschenken die Geburt Jesu freudig zu begehen. Neben der Krippe hat dabei auch der Christbaum eine besondere Bedeutung und Strahlkraft.

Die Krippenfeier kann mit dem Einsetzen der Figuren (Maria, Josef, Jesuskind, Hirten) in die zunächst leere Krippe verknüpft werden und dadurch den persönlichen Mitvollzug des Ereignisses verdeutlichen. Die hier vorgeschlagenen Elemente und Auswahl der Lieder können der jeweiligen Situation entsprechend angepasst werden. Eine Auswahl an Weihnachtsliedern findet sich im Gotteslob Nr. 236–256.

GL 238 O du fröhliche (oder ein anderes Lied)

Die Krippe ist noch ohne Figuren

V: **Im Namen des Vaters und des Sohnes und des Heiligen Geistes.** – A: **Amen.**

GEBET

V: **Jesus, Heiland aller Welt, voll Freude und Dankbarkeit feiern wir heute das Fest deiner Geburt im Stall von Betlehem. Wir danken dir, dass du unter uns bist und unser menschliches Leben mit uns teilst. Wie du uns heute um deine Krippe versammelst, so führe alle Menschen zusammen zu einer Gemeinschaft in Frieden und Gerechtigkeit. Dich loben und preisen wir, heute und alle Tage, bis in Ewigkeit.** – A: **Amen.**

WEIHNACHTSEVANGELIUM   Lk 2,1–16

Statt der hier abgedruckten Übersetzung aus der Lutherbibel kann auch die Fassung aus der Christmette verwendet werden (siehe S. 120 f.) oder mit Kindern der Text aus einer Kinderbibel.

Jesu Geburt

¹ Es begab sich aber zu der Zeit, dass ein Gebot von dem Kaiser Augustus ausging, dass alle Welt geschätzt würde. ² Und diese Schätzung war die allererste und geschah zur Zeit, da Quirinius Statthalter in Syrien war. ³ Und jedermann ging, dass er sich schätzen ließe, ein jeglicher in seine Stadt. ⁴ Da machte sich auf auch Josef aus Galiläa, aus der Stadt Nazareth, in das judäische Land zur Stadt Davids, die da heißt Bethlehem, darum dass er von dem Hause und Geschlechte Davids war, ⁵ auf dass er sich schätzen ließe mit Maria, seinem vertrauten Weibe; die war schwanger. ⁶ Und als sie daselbst waren, kam die Zeit, dass sie gebären sollte. ⁷ Und sie gebar ihren ersten Sohn und wickelte ihn in Windeln und legte ihn in eine Krippe; denn sie hatten sonst keinen Raum in der Herberge.

Die Figuren der Heiligen Familie werden in die Krippe gestellt – dazu GL 248,1–2

⁸ Und es waren Hirten in derselben Gegend auf dem Felde bei den Hürden, die hüteten des Nachts ihre Herde. ⁹ Und des Herrn Engel trat zu ihnen, und die Klarheit des Herrn leuchtete um sie; und sie fürchteten sich sehr. ¹⁰ Und der Engel sprach zu ihnen: Fürchtet euch nicht! Siehe, ich verkündige euch große Freude, die allem Volk widerfahren wird; ¹¹ denn euch ist heute der Heiland geboren, welcher ist Christus, der Herr, in der Stadt Davids. ¹² Und das habt zum Zeichen: Ihr werdet finden das Kind in Windeln gewickelt und in einer Krippe liegen. ¹³ Und alsbald war da bei dem Engel die Menge der himmlischen Heerscharen, die lobten Gott und sprachen: ¹⁴ Ehre sei Gott in der Höhe und Friede auf Erden bei den Menschen seines Wohlgefallens. ¹⁵ Und da die Engel von ihnen gen Himmel fuhren, sprachen die Hirten untereinander: Lasst uns nun gehen gen Bethlehem und die Geschichte sehen, die da geschehen ist, die uns der

Herr kundgetan hat. [16]**Und sie kamen eilend und fanden beide Maria und Josef, dazu das Kind in der Krippe liegen.**
GL 241 Nun freut euch, ihr Christen (oder ein anderes Lied)

ZUR MEDITATION (AUSWAHL)

[1] *Die Gegenwart Gottes inmitten der Menschheit wurde nicht in einer idealen idyllischen Welt verwirklicht, sondern in dieser realen Welt, die von vielen guten und schlechten Dingen geprägt ist, die geprägt ist von Spaltungen, Bosheit, Armut, Unterdrückung und Krieg. Er hat beschlossen, in unserer Geschichte zu wohnen, so wie sie ist, mit der ganzen Last ihrer Grenzen und ihrer Dramen. Dadurch hat er auf unübertreffliche Weise seine barmherzige und liebevolle Zuneigung zu den menschlichen Geschöpfen gezeigt. Er ist der Gott mit uns. Jesus ist Gott mit uns. Glaubt ihr das? Bekennen wir gemeinsam: Jesus ist Gott mit uns! Jesus ist Gott mit uns, seit jeher und für immer, im Leiden und in den Schmerzen der Geschichte. Die Geburt Jesu ist die Offenbarung, dass Gott sich ein für alle Mal „auf die Seite des Menschen gestellt" hat, um uns zu retten, um uns aus dem Staub unseres Elends, unserer Schwierigkeiten, unserer Sünden zu erheben. Von hier kommt das große „Geschenk" des Kindes von Betlehem: Es bringt uns eine geistliche Kraft, eine Kraft, die uns hilft, nicht in unseren Mühen, in unserer Verzweiflung, in unserer Traurigkeit zu versinken, weil es eine Kraft ist, die das Herz erwärmt und verwandelt. Denn die Geburt Jesu bringt uns die schöne Nachricht, dass wir unendlich und in einzigartiger Weise von Gott geliebt sind, und diese Liebe lässt uns ihn nicht nur kennenlernen, sondern sie schenkt ihn uns, sie teilt ihn uns mit! (Papst Franziskus)*

[2] *Der Heilige Abend ist nicht heilig, weil er so ruhig ist und still. Nein, wir nennen ihn heilig, weil Gottes Heil zur Erde kommt. Ist das nicht tröstlich: Nicht wir müssen göttlich werden, perfekt. Sondern Gott wird Mensch. Gott selbst kommt uns entgegen, streckt die Hand aus. Ja, es gibt Angst und Fragen im Leben. Ja, du darfst dich auch freuen im Leben, glücklich sein. Aber in all dem bist du nicht allein, selbst wenn Menschen dich enttäuschen. Gott wendet sich dir zu. Gott wird geboren, Gott wird Mensch in Jesus. Und deshalb können wir in Verantwortung leben aus einer Hoffnung heraus, die weit über diese Zeit und Welt hinaus geht. Heilige Nacht – wir vertrauen darauf, dass nicht nur Vergangenheit und Gegenwart, sondern auch die Zukunft in Gottes Hand liegen. Wir können*

uns fallen lassen in Gottes Gnade, Gottes Zuwendung dankbar feiern und wissen, dass uns das auch auf den Weg bringt, kleine und große Schritte zu gehen. Damit wir auch die Welt unter dieser Zuwendung verändern. (Margot Käßmann)

*Die Krippe
in meinem Seelengrund wahrnehmen
den heilenden Raum in mir
wo ich nichts beweisen muss
einfach sein darf
damit Christus in mir geboren wird*

*Die Krippe
in meiner Tiefe erkennen
die Kraft der Leere erahnen
die im Aushalten der Unruhe
sich ereignet
damit die Gottesgeburt in mir
meinen Alltag auf das Wesentliche ausrichtet*

*Die Krippe
in meinem Wesen ertasten
einfach da sein dürfen
der Kraft des Augenblicks trauen
damit das göttliche Kind in mir
wachsen und reifen kann (Pierre Stutz)*

SEGNUNG DES CHRISTBAUMS

*In allen Kulturen und Religionen ist der Baum ein mächtiges Symbol der Lebenskraft. Auch in der Bibel hat der Baum als paradiesischer „Baum des Lebens", als „Baum der Verheißung" und schließlich auch als „Kreuzesbaum" eine herausragende Bedeutung. Seit langer Zeit ist der geschmückte, mit Kerzen erleuchtete „Christbaum" ein fester Bestandteil der häuslichen Weihnachtsgestaltung. Er erinnert an die Fülle des Lebens, die uns in der Geburt des Jesuskindes verheißen ist, verweist zugleich aber auch auf den Heilstod Jesu am „Holz des Kreuzes".
Die Lichter am Weihnachtsbaum machen uns bewusst, dass durch die Geburt Jesu das „wahre Licht, das jeden Menschen erleuchtet" (Joh 1,9) in unserer Welt erschienen ist.*

SEGENSGEBET

V: Jesus, unser Bruder und Heiland, du bist in diese Welt gekommen, damit wir das Licht des Lebens haben, und du willst, dass auch wir als Kinder des Lichtes leben. Segne diesen Baum mit seinen Lichtern, der uns an die große Verheißung erinnert, dass wir in dir und durch dich zur Fülle des Lebens gelangen. Mache uns bereit, deinem Wort zu folgen, damit in unserem Leben die Kraft der Hoffnung erstrahlt. –
A: Amen.

Wo ein Friedenslicht aus Betlehem vorhanden ist, kann auch dazu ein Gebet gesprochen werden:

V: Gott, du bist ein Gott des Lichtes und des Friedens. Du bist ein Gott der Liebe und der Hoffnung. In unserer Welt, die oft so finster ist, so friedlos und kalt, so lieblos und resigniert, kommen wir zu dir mit diesem kleinen Licht. So wie es brennt in dieser dunklen Zeit, so entzünde auch unsere Herzen, dass es warm und hell werde in uns und durch uns. Mach uns zu Boten des Lichtes und deines Friedens. –
A: Amen.

Fürbitten vgl. S. 269 f. oder freie Fürbitten (evtl. verbunden mit dem Anbringen der Bitten am Christbaum)

VATERUNSER

SEGEN

Gott, der Herr aller Welt, lasse die weihnachtliche Freude in uns und allen Menschen, mit denen wir verbunden sind, weiterstrahlen.
Er mache uns auf Erden zu Boten des Lichtes und des Friedens, und begleite uns mit seiner Gnade. – Dazu segne uns der menschenfreundliche Gott, der Vater und der Sohn und der Heilige Geist. –
A: Amen.

GL 249 Stille Nacht, heilige Nacht (oder ein anderes Lied)

Am Heiligen Abend

Aus pastoralen Gründen ist es erlaubt, schon am Weihnachtsabend statt der hier vorgesehenen Texte diejenigen der Mitternachtsmesse zu nehmen.

Gott schweigt nicht für immer. Er hat durch die Propheten gesprochen; er spricht durch den Sohn, der sein Wort ist. „Heute sollt ihr es erfahren" (Eröffnungsvers), heute kommt er als der verborgene Gott; „morgen" wird er kommen mit Macht, um sein Werk zu vollenden. Dann werdet ihr „seine Herrlichkeit schauen".

ERÖFFNUNGSVERS   Vgl. Ex 16, 6–7

Heute sollt ihr es erfahren:
Der Herr kommt, um uns zu erlösen,
und morgen werdet ihr seine Herrlichkeit schauen.
Ehre sei Gott, S. 227 f.

TAGESGEBET

Gütiger Gott,
Jahr für Jahr erwarten wir voll Freude
das Fest unserer Erlösung.
Gib, dass wir deinen Sohn von ganzem Herzen
als unseren Retter und Heiland aufnehmen,
damit wir ihm
voll Zuversicht entgegengehen können,
wenn er am Ende der Zeiten als Richter wiederkommt.
Er, der in der Einheit des Heiligen Geistes
mit dir lebt und herrscht in alle Ewigkeit.

ZUR 1. LESUNG   *Erlösung, Heil, Herrlichkeit: Wir haben Mühe, diese Worte richtig zu verstehen. Freiheit, Gesundheit, Friede, Glück: Diese Worte verstehen wir besser. Das meint der Prophet, der in Jes 62 als Beter und Tröster spricht. Im Glauben weiß er: Gott wird ihn hören, denn Gott liebt sein Volk und seine heilige Stadt.*

ERSTE LESUNG
Jes 62, 1–5

Der HERR hat an dir Gefallen

Lesung
aus dem Buch Jesája.

¹ Um Zions willen werde ich nicht schweigen,
um Jerusalems willen nicht still sein,
bis hervorbricht wie ein helles Licht seine Gerechtigkeit
   und sein Heil wie eine brennende Fackel.

² Dann sehen die Nationen deine Gerechtigkeit
   und alle Könige deine Herrlichkeit.
Man ruft dich mit einem neuen Namen,
   den der Mund des HERRN für dich bestimmt.

³ Du wirst zu einer prächtigen Krone in der Hand des HERRN,
   zu einem königlichen Kopfschmuck in der Hand deines Gottes.

⁴ Nicht länger nennt man dich „Verlassene"
   und dein Land nicht mehr „Verwüstung",
sondern du wirst heißen: „Ich habe Gefallen an dir"
und dein Land wird „Vermählte" genannt.
Denn der HERR hat an dir Gefallen
und dein Land wird vermählt.

⁵ Wie der junge Mann sich mit der Jungfrau vermählt,
   so vermählt sich mit dir dein Erbauer.
Wie der Bräutigam sich freut über die Braut,
   so freut sich dein Gott über dich.

ANTWORTPSALM
Ps 89 (88), 20a u. 4–5.16–17.27 u. 29 (Kv: 2a)

Kv Von der Huld des HERRN   GL 657, 3, II. Ton
will ich ewig singen. – Kv

²⁰ᵃ Einst hast du in einer Vision zu deinen Frommen gesprochen: /
⁴ „Ich habe einen Bund geschlossen mit meinem Erwählten *
und David, meinem Knecht, geschworen:
⁵ Auf ewig gebe ich deinem Haus festen Bestand *
und von Geschlecht zu Geschlecht gründe ich deinen Thron. – (Kv)

Am Heiligen Abend — Weihnachten

Selig das Volk, das den Jubelruf <u>kennt</u>, *
HERR, sie gehen im Licht <u>dei</u>nes Angesichts.
Sie freuen sich allezeit über deinen <u>Na</u>men *
und sie jubeln über dei<u>ne</u> Gerechtigkeit. – (Kv)

Er wird zu mir rufen: Mein Vater bist <u>du</u>, *
mein Gott, der Fels <u>mei</u>ner Rettung.
Auf ewig werde ich ihm meine Huld be<u>wah</u>ren, *
mein Bund mit ihm <u>ist</u> verlässlich." – Kv

ZUR 2. LESUNG *Auf seiner ersten Missionsreise wird Paulus in Antiochia (in Pisidien) eingeladen, in der Synagoge am Sabbat ein „Wort des Trostes" zu sagen. Er erinnert seine jüdischen Zuhörer an die Geschichte Israels von Abraham bis zu Johannes dem Täufer. Johannes hat auf Jesus hingewiesen und zur Umkehr aufgerufen. Niemand kann Jesus als den Retter und Herrn erkennen, wenn er nicht bereit ist, ein anderer Mensch zu werden.*

ZWEITE LESUNG   Apg 13, 16–17.22–25

Aus Davids Geschlecht hat Gott dem Volk Israel Jesus als Retter geschickt

Lesung
  aus der Apostelgeschichte.

In der Synagoge von Antióchia in Pisídien stand Paulus auf,
gab mit der Hand ein Zeichen
und sagte:
  Ihr Israeliten und ihr Gottesfürchtigen, hört!
Der Gott dieses Volkes Israel hat unsere Väter erwählt
  und das Volk in der Fremde erhöht, im Land Ägypten;
er hat sie mit hoch erhobenem Arm von dort herausgeführt.
Dann erhob er David zu ihrem König,
  von dem er bezeugte:
  Ich habe David, den Sohn des Ísai,
  als einen Mann nach meinem Herzen gefunden,
  der alles, was ich will, vollbringen wird.

Aus seinem Geschlecht
  hat Gott dem Volk Israel, der Verheißung gemäß,
  Jesus als Retter geschickt.

²⁴ Vor dessen Auftreten hat Johannes
  dem ganzen Volk Israel eine Taufe der Umkehr verkündet.
²⁵ Als Johannes aber seinen Lauf vollendet hatte,
  sagte er: Ich bin nicht der, für den ihr mich haltet;
aber siehe, nach mir kommt einer,
  dem die Sandalen von den Füßen zu lösen ich nicht wert bin.

RUF VOR DEM EVANGELIUM

Halleluja. Halleluja.

Morgen wird die Sünde der Erde getilgt
und über uns herrscht der Retter der Welt.

Halleluja.

ZUM EVANGELIUM *Sohn Davids, Sohn Abrahams: Als wahrer Mensch, als Kind eines bestimmten Volkes tritt der Sohn Gottes in diese Welt ein. Auf ihn, den Messias, war die Geschichte Israels hingeordnet; auf ihn warten die Völker der Erde, auch wenn sie es nicht wissen. – Mit Ehrfurcht schaut Josef, der stille und treue Helfer, auf das Geheimnis der ihm anvertrauten Frau.*

1 EVANGELIUM Mt 1, 1–25

Stammbaum Jesu Christi, des Sohnes Davids, des Sohnes Abrahams

✢ Aus dem heiligen Evangelium nach Matthäus.

¹ Buch des Ursprungs Jesu Christi,
  des Sohnes Davids, des Sohnes Abrahams:
² Abraham zeugte den Ísaak,
  Ísaak zeugte den Jakob,
  Jakob zeugte den Juda und seine Brüder.
³ Juda zeugte den Perez und den Serach
  mit der Tamar.
  Perez zeugte den Hezron,
  Hezron zeugte den Aram,
⁴ Aram zeugte den Amminádab,
  Amminádab zeugte den Nachschon,
  Nachschon zeugte den Salmon.

Salmon zeugte den Boas
   mit der Rahab.
Boas zeugte den Obed
   mit der Rut.
Obed zeugte den Ísai,
Ísai zeugte David, den König.
David zeugte den Sálomo
   mit der Frau des Uríja.
Sálomo zeugte den Rehábeam,
Rehábeam zeugte den Abíja,
Abíja zeugte den Asa,
Asa zeugte den Jóschafat,
Jóschafat zeugte den Joram,
Joram zeugte den Usíja.
Usíja zeugte den Jotam,
Jotam zeugte den Ahas,
Ahas zeugte den Hiskíja,
Hiskíja zeugte den Manásse,
Manásse zeugte den Amos,
Amos zeugte den Joschíja.
Joschíja zeugte den Jójachin und seine Brüder;
das war zur Zeit der Babylonischen Gefangenschaft.

Nach der Babylonischen Gefangenschaft
   zeugte Jójachin den Scheáltiël,
Scheáltiël zeugte den Serubbábel,
Serubbábel zeugte den Ábihud,
Ábihud zeugte den Éljakim,
Éljakim zeugte den Azor.
Azor zeugte den Zadok,
Zadok zeugte den Achim,
Achim zeugte den Éliud,
Éliud zeugte den Eleásar,
Eleásar zeugte den Mattan,
Mattan zeugte den Jakob.

¹⁶ Jakob zeugte den Josef, den Mann Marias;
von ihr wurde Jesus geboren,
   der der Christus genannt wird.

¹⁷ Im Ganzen sind es also von Abraham bis David
   vierzehn Generationen,
von David bis zur Babylonischen Gefangenschaft
   vierzehn Generationen
und von der Babylonischen Gefangenschaft bis zu Christus
   vierzehn Generationen.

¹⁸ Mit der Geburt Jesu Christi war es so:
Maria, seine Mutter, war mit Josef verlobt;
noch bevor sie zusammengekommen waren,
   zeigte sich, dass sie ein Kind erwartete –
durch das Wirken des Heiligen Geistes.

¹⁹ Josef, ihr Mann,
   der gerecht war und sie nicht bloßstellen wollte,
   beschloss, sich in aller Stille von ihr zu trennen.

²⁰ Während er noch darüber nachdachte,
   siehe, da erschien ihm ein Engel des Herrn im Traum
und sagte: Josef, Sohn Davids,
fürchte dich nicht, Maria als deine Frau zu dir zu nehmen;
denn das Kind, das sie erwartet,
   ist vom Heiligen Geist.

²¹ Sie wird einen Sohn gebären;
ihm sollst du den Namen Jesus geben;
denn er wird sein Volk von seinen Sünden erlösen.

²² Dies alles ist geschehen,
   damit sich erfüllte,
   was der Herr durch den Propheten gesagt hat:

²³ Siehe: Die Jungfrau wird empfangen
   und einen Sohn gebären
und sie werden ihm den Namen Immánuel geben,
das heißt übersetzt: Gott mit uns.

Als Josef erwachte,
  tat er, was der Engel des Herrn ihm befohlen hatte,
  und nahm seine Frau zu sich.
Er erkannte sie aber nicht, bis sie ihren Sohn gebar.
Und er gab ihm den Namen Jesus.

Oder Kurzfassung:

EVANGELIUM Mt 1, 18–25 2

Maria wird einen Sohn gebären; ihm sollst du den Namen Jesus geben

✚ Aus dem heiligen Evangelium nach Matthäus.

Mit der Geburt Jesu Christi war es so:
Maria, seine Mutter, war mit Josef verlobt;
noch bevor sie zusammengekommen waren,
  zeigte sich, dass sie ein Kind erwartete –
durch das Wirken des Heiligen Geistes.

Josef, ihr Mann,
  der gerecht war und sie nicht bloßstellen wollte,
  beschloss, sich in aller Stille von ihr zu trennen.

Während er noch darüber nachdachte,
  siehe, da erschien ihm ein Engel des Herrn im Traum
und sagte: Josef, Sohn Davids,
fürchte dich nicht, Maria als deine Frau zu dir zu nehmen;
denn das Kind, das sie erwartet,
  ist vom Heiligen Geist.
Sie wird einen Sohn gebären;
ihm sollst du den Namen Jesus geben;
denn er wird sein Volk von seinen Sünden erlösen.

Dies alles ist geschehen,
  damit sich erfüllte,
  was der Herr durch den Propheten gesagt hat:
Siehe: Die Jungfrau wird empfangen
  und einen Sohn gebären
und sie werden ihm den Namen Immánuel geben,
das heißt übersetzt: Gott mit uns.

²⁴ Als Josef erwachte,
    tat er, was der Engel des Herrn ihm befohlen hatte,
    und nahm seine Frau zu sich.
²⁵ Er erkannte sie aber nicht, bis sie ihren Sohn gebar.
    Und er gab ihm den Namen Jesus.

Glaubensbekenntnis, S. 230 ff.
Zu den Worten hat Fleisch angenommen bzw. empfangen durch den Heiligen Geist knien alle.
Fürbitten vgl. S. 269 f.

ZUR EUCHARISTIEFEIER *Wie Josef mit Gott rechnen, seinem Wirken Raum geben, daran glauben, dass für Gott alles möglich ist – so tritt er in unser Leben: auf seine eigene Weise, und ganz anders als wir es erwartet haben.*

GABENGEBET

Herr, unser Gott,
mit der Menschwerdung deines Sohnes
hat unsere Rettung begonnen.
Nimm diese Gaben an
und mache uns durch diese Opferfeier bereit
für das Geheimnis der Heiligen Nacht,
in der wir den Ursprung unserer Erlösung
festlich begehen.
Darum bitten wir durch Christus, unseren Herrn.

Weihnachtspräfation, S. 264 f.
In den Hochgebeten I–III eigener Einschub

KOMMUNIONVERS Vgl. Jes 40, 5

Die Herrlichkeit des Herrn wird offenbar,
und alle Menschen erfahren Gottes Heil.

SCHLUSSGEBET

Allmächtiger Gott,
gib uns Anteil am göttlichen Leben
durch die Menschwerdung deines Sohnes,
dessen Fleisch und Blut

wir im Sakrament empfangen haben.
Darum bitten wir durch ihn, Christus, unseren Herrn.

DIE FREUDE

Gott lässt sich finden
von denen, die ihn aufrichtig suchen;
er kommt bei denen an,
die ihn mit Sehnsucht und Freude erwarten.

ANKÜNDIGUNG DES WEIHNACHTSFESTES NACH DEM MARTYROLOGIUM ROMANUM

Unmittelbar vor der Christmette an Weihnachten kann in feierlicher Form die ursprünglich im Stundengebet verortete Ankündigung der Geburt des Herrn nach dem Römischen Martyrologium (gesungen) vorgetragen werden. Der Text bringt die Datierung der Geburt Jesu Christi mit besonderen heils- und weltgeschichtlichen Ereignissen in Verbindung. Der Stammbaum Jesu (vgl. Mt 1,1-17) im Evangelium des Heiligen Abends greift diesen heilsgeschichtlichen Hintergrund der Geburt Jesu ebenfalls auf.

Das Martyrologium erhellt den tiefen Sinn der weihnachtlichen Feier: Die Geschichte der Welt und der Menschen ist von Anfang an eine Geschichte Gottes mit uns, sie ist „Heilsgeschichte". Im Zentrum dieser Geschichte Gottes mit den Menschen steht Jesus Christus, der „Gott mit uns", dessen Eintreten in unsere Welt wir an Weihnachten feierlich begehen.

Zur leichteren Erschließung werden der Geburtsankündigung hier noch eine Schriftlesung und eine Meditation zur Seite gestellt.

Innúmeris transáctis sæculis a creatióne mundi,
quando in princípio Deus creávit cælum et terram et hóminem
formávit ad imáginem suam;
permúltis étiam sæculis, ex quo post dilúvium Altíssimus in
núbibus arcum posúerat, signum fœderis et pacis;
a migratióne Abrahæ, patris nostri in fide, de Ur Chaldæórum
sæculo vigésimo primo;

ab egréssu pópuli Israel de Ægýpto, Móyse duce, sæculo décimo tértio;
ab unctióne David in regem, anno círciter millésimo;
hebdómada sexagésima quinta, iuxta Daniélis prophetiam;
Olympíade centésima nonagésima quarta;
ab Urbe cóndita anno septingentésimo quinquagésimo secúndo;
anno impérii Cæsaris Octáviani Augústi quadragésimo secúndo;
toto Orbe in pace compósito,
Iesus Christus, ætérnus Deus æterníque Patris Fílius, mundum volens advéntu suo piíssimo consecráre,
de Spíritu Sancto concéptus,
novémque post conceptiónem decúrsis ménsibus, in Béthlehem Iudæ náscitur ex María Vírgine factus homo:
Natívitas Dómini nostri Iesu Christi secúndum carnem.

Im Anfang schuf Gott die Welt.
Unzählige Zeiten waren vergangen, seit Himmel und Erde entstanden und Gott den Menschen formte nach seinem Ebenbild;
Zeiten um Zeiten waren vergangen seit dem Ende der großen Flut, da Gott einen Bogen setzte in die Wolken, als Zeichen des Bundes und des Friedens;
zweitausend Jahre nach dem Auszug Abrahams, unseres Vaters im Glauben, aus Ur in Chaldäa;
eintausendzweihundert Jahre, seit Mose das Volk Israel aus Ägypten geführt hatte;
wohl tausend Jahre seit der Salbung Davids zum König;
in der fünfundsechzigsten Jahrwoche nach Daniels Weissagung;
in der hundertvierundneunzigsten Olympiade;
siebenhundertzweiundfünfzig Jahre nach der Gründung Roms, im zweiundvierzigsten Jahr der Regierung des Kaisers Octavianus Augustus, als Friede eingekehrt war auf dem ganzen Erdkreis:
Da wollte Jesus Christus,
ewiger Gott und Sohn des ewigen Vaters,

die Welt durch seine liebevolle Ankunft heiligen.
Er war empfangen durch den Heiligen Geist,
und nach neun Monaten wurde er zu Betlehem im Lande Juda
von Maria, der Jungfrau, geboren und ist Mensch geworden.
Dies ist die Geburt unseres Herrn Jesus Christus im Fleische.

(Übertragung Stephan Wahle)

SCHRIFTLESUNG Eph 1,3–14
Loblied auf den Heilsplan Gottes

³ Gepriesen sei der Gott und Vater unseres Herrn Jesus Christus. Er hat uns mit allem Segen seines Geistes gesegnet durch unsere Gemeinschaft mit Christus im Himmel. ⁴ Denn in ihm hat er uns erwählt vor der Grundlegung der Welt, damit wir heilig und untadelig leben vor ihm. ⁵ Er hat uns aus Liebe im Voraus dazu bestimmt, seine Söhne zu werden durch Jesus Christus und zu ihm zu gelangen nach seinem gnädigen Willen, ⁶ zum Lob seiner herrlichen Gnade. Er hat sie uns geschenkt in seinem geliebten Sohn. ⁷ In ihm haben wir die Erlösung durch sein Blut, die Vergebung der Sünden nach dem Reichtum seiner Gnade. ⁸ Durch sie hat er uns reich beschenkt, in aller Weisheit und Einsicht, ⁹ er hat uns das Geheimnis seines Willens kundgetan, wie er es gnädig im Voraus bestimmt hat in ihm. ¹⁰ Er hat beschlossen, die Fülle der Zeiten heraufzuführen, das All in Christus als dem Haupt zusammenzufassen, was im Himmel und auf Erden ist, in ihm. ¹¹ In ihm sind wir auch als Erben vorherbestimmt nach dem Plan dessen, der alles so bewirkt, wie er es in seinem Willen beschließt; ¹² wir sind zum Lob seiner Herrlichkeit bestimmt, die wir schon früher in Christus gehofft haben. ¹³ In ihm habt auch ihr das Wort der Wahrheit gehört, das Evangelium von eurer Rettung; in ihm habt ihr das Siegel des verheißenen Heiligen Geistes empfangen, als ihr zum Glauben kamt. ¹⁴ Der Geist ist der erste Anteil unseres Erbes, hin zur Erlösung, durch die ihr Gottes Eigentum werdet, zum Lob seiner Herrlichkeit.

ZUR MEDITATION

Jesus kam in der Fülle der Zeit. Er wird in der Fülle der Zeit wiederkommen. „Fülle der Zeit" oder „Die Zeit ist erfüllt" (Mk 1,15) bedeutet im neutestamentlichen Sinn: Die Zeit hat ihr Vollmaß erreicht, kommt zum Abschluss in Jesu Ankunft. Die Zeit der Vorbereitung und Erwartung ist mit seinem Kommen erfüllt: Das Reich Gottes ist da.

Oft erfahren wir unsere Zeit als unerfüllt und leer. Wir hoffen, dass morgen, nächste Woche, nächsten Monat oder nächstes Jahr das eigentlich Wesentliche geschehen wird. Aber manchmal erfahren wir die Fülle der Zeit, zum Beispiel dann, wenn die Zeit stillzustehen scheint, Vergangenheit, Gegenwart und Zukunft ineinander fließen, alles in diesem Augenblick und an diesem Ort gegenwärtig ist, und Gott, wir und alles, was ist, zu einer vollkommenen Einheit werden. Es ist die Erfahrung der Zeit Gottes. „Als die Zeit erfüllt war, sandte Gott seinen Sohn, geboren von einer Frau" (Gal 4,4). Und in der Fülle der Zeit wird Gott „in Christus alles vereinen, was im Himmel und auf Erden ist" (Eph 1,10). So ist die Fülle der Zeit die Zeit, in der wir Gott begegnen. (Henri Nouwen)

In der Heiligen Nacht

Gott hat Ja gesagt zum Menschen, zu allen und zu jedem. Zu mir. Gott kommt uns entgegen, er nimmt uns an. Das Wort, das er uns sagt, ist sein Sohn: „Ein Kind ist uns geboren." Gott liebt uns und er wartet auf unsere Liebe.

ERÖFFNUNGSVERS   Ps 2, 7

Der Herr sprach zu mir:
Mein Sohn bist du, heute habe ich dich gezeugt.

Oder:

Freut euch im Herrn,
heute ist uns der Heiland geboren.
Heute ist der wahre Friede vom Himmel herabgestiegen.

Ehre sei Gott, S. 227 f.

TAGESGEBET

Herr, unser Gott,
in dieser hochheiligen Nacht
ist uns das wahre Licht aufgestrahlt.
Lass uns dieses Geheimnis
im Glauben erfassen und bewahren,
bis wir im Himmel
den unverhüllten Glanz deiner Herrlichkeit schauen.
Darum bitten wir durch Jesus Christus.

ZUR 1. LESUNG *Einem verwüsteten Land, einem verängstigten Volk kündigt der Prophet (um 730 v.Chr.) eine Zukunft an, in der es Gerechtigkeit, Frieden und Freude gibt. Jetzt schon leuchtet ein Licht in die Finsternis herein: die Geburt des königlichen Kindes, des Retters. Übergroße Namen und Eigenschaften werden ihm zugesprochen; der Blick weitet sich: In dem neugeborenen Kind liegt die Hoffnung der Menschheit beschlossen.*

ERSTE LESUNG   Jes 9, 1–6

Ein Sohn wurde uns geschenkt; man rief seinen Namen aus:
Fürst des Friedens

Lesung
    aus dem Buch Jesája.

Das Volk, das in der Finsternis ging,
    sah ein helles Licht;
über denen, die im Land des Todesschattens wohnten,
    strahlte ein Licht auf.
Du mehrtest die Nation,
    schenktest ihr große Freude.
Man freute sich vor deinem Angesicht,
    wie man sich freut bei der Ernte,
    wie man jubelt, wenn Beute verteilt wird.
Denn sein drückendes Joch
    und den Stab auf seiner Schulter,
    den Stock seines Antreibers zerbrachst du
wie am Tag von Mídian.

⁴ Jeder Stiefel, der dröhnend daherstampft,
   jeder Mantel, im Blut gewälzt, wird verbrannt,
  wird ein Fraß des Feuers.
⁵ Denn ein Kind wurde uns geboren,
  ein Sohn wurde uns geschenkt.
  Die Herrschaft wurde auf seine Schulter gelegt.
  Man rief seinen Namen aus:
    Wunderbarer Ratgeber, Starker Gott,
  Vater in Ewigkeit, Fürst des Friedens.
⁶ Die große Herrschaft
   und der Frieden sind ohne Ende
  auf dem Thron Davids und in seinem Königreich,
  um es zu festigen und zu stützen durch Recht und Gerechtigkeit,
   von jetzt an bis in Ewigkeit.
  Der Eifer des HERRN der Heerscharen
    wird das vollbringen.

ANTWORTPSALM   Ps 96 (95), 1–2.3 u. 11.12–13a (Kv: vgl. Lk 2, 11)

Kv Heute ist uns der Heiland geboren: GL 635, 3, V. Ton
Christus, der Herr. – Kv

¹ Singet dem HERRN ein neues Lied, *
  singt dem HERRN, alle Lande,
² singt dem HERRN, preist seinen Namen! *
  Verkündet sein Heil von Tag zu Tag! – (Kv)

³ Erzählt bei den Nationen von seiner Herrlichkeit, *
  bei allen Völkern von seinen Wundern!
¹¹ Der Himmel freue sich, die Erde frohlocke, *
  es brause das Meer und seine Fülle. – (Kv)

¹² Es jauchze die Flur und was auf ihr wächst. *
  Jubeln sollen alle Bäume des Waldes
¹³ᵃ vor dem HERRN, denn er kommt, *
  denn er kommt, um die Erde zu richten. – Kv

In der Heiligen Nacht — Weihnachten

ZUR 2. LESUNG *Gottes Wort ist hörbar, seine Gnade ist sichtbar geworden: im Sohn, der geboren wurde und gestorben ist für uns. Zwischen der ersten Ankunft Christi und der Offenbarung seiner Herrlichkeit läuft die Zeit der Geschichte und die unseres eigenen Lebens. Es ist eine Zeit der Hoffnung und der Bewährung.*

ZWEITE LESUNG
Tit 2, 11–14

Die Gnade Gottes ist erschienen, um alle Menschen zu retten

Lesung
aus dem Brief des Apostels Paulus an Titus.

Die Gnade Gottes ist erschienen,
um alle Menschen zu retten.

Sie erzieht uns dazu,
uns von der Gottlosigkeit
und den irdischen Begierden loszusagen
und besonnen, gerecht und fromm in dieser Welt zu leben,
während wir auf die selige Erfüllung unserer Hoffnung warten:
auf das Erscheinen der Herrlichkeit
unseres großen Gottes und Retters Christus Jesus.

Er hat sich für uns hingegeben,
damit er uns von aller Ungerechtigkeit erlöse
und für sich ein auserlesenes Volk schaffe,
das voll Eifer danach strebt, das Gute zu tun.

RUF VOR DEM EVANGELIUM
Vers: vgl. Lk 2, 10–11

Halleluja. Halleluja.

Ich verkünde euch eine große Freude:
Heute ist uns der Retter geboren;
er ist der Christus, der Herr.

Halleluja.

ZUM EVANGELIUM *Aus Betlehem stammte Isai, der Ahnherr des davidischen Königshauses. Dort wird Jesus, der Sohn Davids, geboren, der Gottessohn, der Messias. Himmel und Erde (Engel und Menschen) huldigen ihm, auch wenn es noch Nacht ist. Das Zeichen seiner Ankunft ist die Armut, die Schwachheit des Kindes.*

EVANGELIUM Lk 2, 1–14
Heute ist euch der Retter geboren

✛ Aus dem heiligen Evangelium nach Lukas.

¹ Es geschah aber in jenen Tagen,
dass Kaiser Augústus den Befehl erließ,
den ganzen Erdkreis in Steuerlisten einzutragen.
² Diese Aufzeichnung war die erste;
damals war Quirínius Statthalter von Syrien.
³ Da ging jeder in seine Stadt, um sich eintragen zu lassen.
⁴ So zog auch Josef
von der Stadt Nazaret in Galiläa
hinauf nach Judäa in die Stadt Davids, die Betlehem heißt;
denn er war aus dem Haus und Geschlecht Davids.
⁵ Er wollte sich eintragen lassen
mit Maria, seiner Verlobten,
die ein Kind erwartete.
⁶ Es geschah, als sie dort waren,
da erfüllten sich die Tage, dass sie gebären sollte,
⁷ und sie gebar ihren Sohn, den Erstgeborenen.
Sie wickelte ihn in Windeln
und legte ihn in eine Krippe,
weil in der Herberge kein Platz für sie war.
⁸ In dieser Gegend lagerten Hirten auf freiem Feld
und hielten Nachtwache bei ihrer Herde.
⁹ Da trat ein Engel des Herrn zu ihnen
und die Herrlichkeit des Herrn umstrahlte sie
und sie fürchteten sich sehr.
¹⁰ Der Engel sagte zu ihnen: Fürchtet euch nicht,
denn siehe, ich verkünde euch eine große Freude,
die dem ganzen Volk zuteilwerden soll:
¹¹ Heute ist euch in der Stadt Davids der Retter geboren;
er ist der Christus, der Herr.

Und das soll euch als Zeichen dienen:
Ihr werdet ein Kind finden,
   das, in Windeln gewickelt, in einer Krippe liegt.

Und plötzlich war bei dem Engel ein großes himmlisches Heer,
das Gott lobte
   und sprach:
   Ehre sei Gott in der Höhe
und Friede auf Erden
   den Menschen seines Wohlgefallens.

Glaubensbekenntnis, S. 230 ff.
Zu den Worten hat Fleisch angenommen bzw. empfangen durch den Heiligen Geist knien alle.
Fürbitten vgl. S. 269 f.

ZUR EUCHARISTIEFEIER   *Im schwachen und wehrlosen Kind erscheint der starke Gott und Fürst des Friedens. In einer Welt voll Hass und Gewalt wird die Krippe von Betlehem zum Symbol der Hoffnung und des Friedens.*

GABENGEBET

Allmächtiger Gott,
in dieser heiligen Nacht
bringen wir dir unsere Gaben dar.
Nimm sie an
und gib, dass wir durch den wunderbaren Tausch
deinem Sohn gleichgestaltet werden,
in dem unsere menschliche Natur
mit deinem göttlichen Wesen vereint ist.
Darum bitten wir durch ihn, Christus, unseren Herrn.

Weihnachtspräfation, S. 264 f.
In den Hochgebeten I–III eigener Einschub

KOMMUNIONVERS   Joh 1, 14

Das Wort ist Fleisch geworden,
und wir haben seine Herrlichkeit geschaut.

SCHLUSSGEBET

Herr, unser Gott,
in der Freude über die Geburt unseres Erlösers
bitten wir dich:
Gib uns die Gnade, ihm unser ganzes Leben zu weihen,
damit wir einst Anteil erhalten
an der ewigen Herrlichkeit deines Sohnes,
der mit dir lebt und herrscht in alle Ewigkeit.

GNADE

Es ist Gnade, wenn wir unverhofft wieder gesund werden oder nur mit knapper Not einem Unheil entkommen sind. Es ist Gnade, wenn uns in aller Ausweglosigkeit das Tor zur Hoffnung wenigstens einen Spalt weit offensteht. Es ist Gnade, wenn wir zu Weihnachten etwas von diesem göttlichen Geschenk erahnen, auf dem sich unser menschliches Dasein gründet. (Christa Spilling-Nöker)

Am Morgen

Wo ist Betlehem? Gar nicht weit, gleich nebenan: da, wo wir Jesus finden, in Armut und Liebe. Er ist einer von uns geworden, der ewige Sohn wurde ein kleines Menschenkind. Er hat lachen und weinen gelernt.

ERÖFFNUNGSVERS

Vgl. Jes 9, 1.5; Lk 1, 33

Ein Licht strahlt heute über uns auf, denn geboren ist uns der Herr.
Und man nennt ihn: Starker Gott, Friedensfürst,
Vater der kommenden Welt.
Seine Herrschaft wird kein Ende haben.

Ehre sei Gott, S. 227f.

TAGESGEBET

Allmächtiger Gott,
dein ewiges Wort ist Fleisch geworden,
um uns mit dem Glanz deines Lichtes zu erfüllen.
Gib, dass in unseren Werken widerstrahlt,
was durch den Glauben in unserem Herzen leuchtet.
Darum bitten wir durch ihn, Jesus Christus.

Am Morgen — Weihnachten

ZUR 1. LESUNG *In schwieriger Zeit wird der Stadt Jerusalem und ihren Einwohnern das Heil angekündigt. Gott hat sein Volk wieder angenommen, er führt die Gefangenen heim. Die Verheißung geht aber über den Rahmen rein politischer Erwartungen hinaus; sie gilt dem neuen Volk der Erlösten, einem neuen Zion, mit dem Gott einen neuen, ewigen Bund schließt.*

ERSTE LESUNG Jes 62, 11–12
Siehe, deine Rettung kommt

Lesung
  aus dem Buch Jesája.

Siehe, der HERR hat es bekannt gemacht bis ans Ende der Erde.
Sagt der Tochter Zion:
  Siehe, deine Rettung kommt.
Siehe, sein Lohn ist mit ihm
und sein Ertrag
  geht vor ihm her!
Dann wird man sie nennen „Heiliges Volk",
„Erlöste des HERRN".
Und du wirst genannt werden:
  „Begehrte, nicht mehr verlassene Stadt".

ANTWORTPSALM Ps 97 (96), 1 u. 6.11–12 (Kv: vgl. Jes 9, 1; Lk 2, 11)
Kv **Ein Licht strahlt heute über uns auf:**   GL 635, 4, V. Ton
Geboren ist Christus, der Herr. – Kv

Der HERR ist König. Es juble die Erde! *
Freuen sollen sich die vielen Inseln.
Seine Gerechtigkeit verkünden die Himmel, *
seine Herrlichkeit schauen alle Völker. – (Kv)

Licht wird ausgesät für den Gerechten, *
Freude für die, die geraden Herzens sind.
Freut euch am HERRN, ihr Gerechten, *
dankt seinem heiligen Namen! – Kv

ZUR 2. LESUNG   *Gott hat sich in Jesus als der Liebende und der Barmherzige offenbart. Er rettet uns: Er befreit uns von unserer Vergangenheit und gibt uns die Kraft seines Geistes zu einem neuen Anfang in unserem Leben als Christen.*

ZWEITE LESUNG   Tit 3, 4–7

Gott hat uns gerettet nach seinem Erbarmen

**Lesung
aus dem Brief des Apostels Paulus an Titus.**

4 Als die Güte
 und Menschenfreundlichkeit Gottes, unseres Retters, erschien,
5 hat er uns gerettet
 – nicht aufgrund von Werken der Gerechtigkeit,
 die wir vollbracht haben,
sondern nach seinem Erbarmen –
durch das Bad der Wiedergeburt
 und die Erneuerung im Heiligen Geist.
6 Ihn hat er in reichem Maß über uns ausgegossen
 durch Jesus Christus, unseren Retter,
7 damit wir durch seine Gnade gerecht gemacht werden
und das ewige Leben erben, das wir erhoffen.

RUF VOR DEM EVANGELIUM   Vers: Lk 2, 14

Halleluja. Halleluja.

Ehre sei Gott in der Höhe
und Friede auf Erden den Menschen seines Wohlgefallens.

Halleluja.

ZUM EVANGELIUM   *Die Hirten kommen nach Betlehem. Sie schauen und staunen, sie glauben und erzählen. Maria begreift noch nicht alles; glaubend bewahrt sie das Gehörte in ihrem Herzen, um es ein Leben lang zu bedenken. Sie kann uns darin ein Vorbild sein, das in der Heiligen Schrift Gelesene ein Leben lang zu überdenken.*

Am Morgen   Weihnachten   125

EVANGELIUM   Lk 2, 15–20
Die Hirten fanden Maria und Josef und das Kind

✛ Aus dem heiligen Evangelium nach Lukas.

Als die Engel von den Hirten
  in den Himmel zurückgekehrt waren,
  sagten die Hirten zueinander:
Lasst uns nach Betlehem gehen,
  um das Ereignis zu sehen, das uns der Herr kundgetan hat!

So eilten sie hin
  und fanden Maria und Josef
  und das Kind, das in der Krippe lag.

Als sie es sahen,
  erzählten sie von dem Wort,
  das ihnen über dieses Kind gesagt worden war.
Und alle, die es hörten,
  staunten über das, was ihnen von den Hirten erzählt wurde.

Maria aber
  bewahrte alle diese Worte
und erwog sie in ihrem Herzen.

Die Hirten kehrten zurück,
rühmten Gott
und priesen ihn für alles, was sie gehört und gesehen hatten,
  so wie es ihnen gesagt worden war.

Glaubensbekenntnis, S. 230 ff.
Zu den Worten hat Fleisch angenommen bzw. empfangen durch den Heiligen Geist knien alle.
Fürbitten vgl. S. 269 f.

ZUR EUCHARISTIEFEIER *Die Botschaft von der Menschwerdung Gottes richtet sich an alle, vor allem aber an die Armen und Außenseiter. Die Menschenliebe Gottes ist erschienen, um uns zu seinen Zeugen in der Welt zu machen.*

GABENGEBET

Himmlischer Vater,
erfülle die Gaben dieser Erde mit deinem Segen,
damit sie das Geheimnis dieses Tages darstellen:
Wie Christus
als neugeborener Mensch und als wahrer Gott
vor uns aufleuchtet,
so lass uns durch diese irdische Speise
das göttliche Leben empfangen.
Darum bitten wir durch ihn, Christus, unseren Herrn.

Weihnachtspräfation, S. 264 f.
In den Hochgebeten I–III eigener Einschub

KOMMUNIONVERS   Vgl. Sach 9, 9

Juble laut, Tochter Zion, jauchze, Tochter Jerusalem,
siehe, dein König kommt zu dir, der Heilige, der Heiland der Welt.

SCHLUSSGEBET

Herr, unser Gott,
die Menschwerdung deines Sohnes
erfülle uns mit Freude und Dank.
Lass uns dieses unergründliche Geheimnis
im Glauben erfassen und in tätiger Liebe bekennen.
Darum bitten wir durch Christus, unseren Herrn.

UMSONST

Wär Christus tausend Mal in Betlehem geboren –
und nicht in dir,
du bleibst noch ewiglich verloren.
(Angelus Silesius)

Am Tag

Wort aus dem Schweigen, Licht in eine dunkle Welt hinein, Leben, das stärker ist als der Tod: Das sind nicht mehr nur Ideen und Hoffnungen, es ist das Ereignis in der Mitte der Zeit. Die Welt merkt es kaum. Und doch ist alles anders geworden. Gott hat sich seiner Welt ausgeliefert und er nimmt sich nicht mehr zurück.

ERÖFFNUNGSVERS
Vgl. Jes 9, 5

Ein Kind ist uns geboren, ein Sohn ist uns geschenkt.
Auf seinen Schultern ruht die Herrschaft.
Ehre sei Gott, S. 227 f.

TAGESGEBET

Allmächtiger Gott,
du hast den Menschen
in seiner Würde wunderbar erschaffen
und noch wunderbarer wiederhergestellt.
Lass uns teilhaben an der Gottheit deines Sohnes,
der unsere Menschennatur angenommen hat.
Er, der in der Einheit des Heiligen Geistes
mit dir lebt und herrscht in alle Ewigkeit.

ZUR 1. LESUNG   *Noch ist die gute Nachricht, dass Gott sich um die Menschen kümmert, nicht überall angekommen. Aber die „Wächter", Menschen mit wachem Herzen und sehenden Augen, verkünden die große Freude. Es gibt Hoffnung mitten in einer Trümmerlandschaft. Gott sagt allen Völkern der Erde: Ich bin da.*

ERSTE LESUNG
Jes 52, 7–10

Alle Enden der Erde werden das Heil unseres Gottes sehen

Lesung
   aus dem Buch Jesája.

Wie willkommen sind auf den Bergen
   die Schritte des Freudenboten, der Frieden ankündigt,
der eine frohe Botschaft bringt und Heil verheißt,
der zu Zion sagt: Dein Gott ist König.

Horch, deine Wächter erheben die Stimme,
sie beginnen alle zu jubeln.
Denn sie sehen mit eigenen Augen,
   wie der HERR nach Zion zurückkehrt.

Brecht in Jubel aus,
jauchzt zusammen,
   ihr Trümmer Jerusalems!

Denn der HERR hat sein Volk getröstet,
er hat Jerusalem erlöst.
10 Der HERR hat seinen heiligen Arm
   vor den Augen aller Nationen entblößt
und alle Enden der Erde
   werden das Heil unseres Gottes sehen.

ANTWORTPSALM

Ps 98 (97), 1.2–3b.3c–4.5–6 (Kv: vgl. 3cd)

Kv Alle Enden der Erde
sehen das Heil unsrs Gottes. – Kv

GL 55, 1, VIII. Ton

1 Singet dem HERRN ein neues Lied, *
denn er hat wunderbare Taten vollbracht!
Geholfen hat ihm seine Rechte *
und sein heiliger Arm. – (Kv)

2 Der HERR hat sein Heil bekannt gemacht *
und sein gerechtes Wirken enthüllt vor den Augen der Völker.

3ab Er gedachte seiner Huld *
und seiner Treue zum Hause Israel. – (Kv)

3cd Alle Enden der Erde *
sahen das Heil unsres Gottes.

4 Jauchzet dem HERRN, alle Lande, *
freut euch, jubelt und singt! – (Kv)

5 Spielt dem HERRN auf der Leier, *
auf der Leier zu lautem Gesang!

6 Mit Trompeten und lautem Widderhorn *
jauchzt vor dem HERRN, dem König! – Kv

ZUR 2. LESUNG   *Durch das Wort Gottes, den ewigen Sohn, wurde am Anfang die Welt erschaffen; „in dieser Endzeit aber" kommt der Sohn, um die Welt mit Gott zu versöhnen. Vom Christusereignis her verstehen wir den Ersten Bund als Zeit der Verheißung und Erwartung. Die Erfüllung ist anders, als die Propheten es wissen konnten: sie ist göttlicher und zugleich menschlicher.*

ZWEITE LESUNG

Hebr 1, 1–6

Gott hat zu uns gesprochen durch den Sohn

Lesung
  aus dem Hebräerbrief.

Vielfältig und auf vielerlei Weise
  hat Gott einst zu den Vätern gesprochen durch die Propheten;
am Ende dieser Tage
  hat er zu uns gesprochen durch den Sohn,
  den er zum Erben von allem eingesetzt,
  durch den er auch die Welt erschaffen hat;
er ist der Abglanz seiner Herrlichkeit
  und das Abbild seines Wesens;
er trägt das All durch sein machtvolles Wort,
hat die Reinigung von den Sünden bewirkt
und sich dann zur Rechten der Majestät in der Höhe gesetzt;
er ist umso viel erhabener geworden als die Engel,
  wie der Name, den er geerbt hat, ihren Namen überragt.

Denn zu welchem Engel hat er jemals gesagt:
  Mein Sohn bist du,
ich habe dich heute gezeugt,
und weiter:
  Ich will für ihn Vater sein
  und er wird für mich Sohn sein?

Wenn er aber den Erstgeborenen wieder in die Welt einführt,
  sagt er:
Alle Engel Gottes sollen sich vor ihm niederwerfen.

RUF VOR DEM EVANGELIUM

Halleluja. Halleluja.

Aufgeleuchtet ist uns aufs Neue der Tag der Erlösung:
Ein großes Licht ist heute auf Erden erschienen.
Kommt, ihr Völker, und betet an den Herrn, unseren Gott!

Halleluja.

ZUM EVANGELIUM *Ewig spricht Gott sein eigenes Wesen aus dem Wort, das Licht ist von Gottes Licht und Glut von seiner Glut. Die Welt ist geschaffen worden durch dieses Wort. Und das Wort ist Fleisch geworden. Gott wird nie mehr aufhören, uns zu sagen, dass er da ist und dass er uns liebt. Wir können zwar Gott nicht sehen, können aber Wesentliches von ihm erfahren durch das, was Jesus damals über ihn gesagt hat.*

1 EVANGELIUM

Joh 1, 1–18

Das Wort ist Fleisch geworden und hat unter uns gewohnt

✛ Aus dem heiligen Evangelium nach Johannes.

1 Im Anfang war das Wort
und das Wort war bei Gott
und das Wort war Gott.

2 Dieses war im Anfang bei Gott.

3 Alles ist durch das Wort geworden
und ohne es wurde nichts, was geworden ist.

4 In ihm war Leben
und das Leben war das Licht der Menschen.

5 Und das Licht leuchtet in der Finsternis
und die Finsternis hat es nicht erfasst.

6 Ein Mensch trat auf, von Gott gesandt;
sein Name war Johannes.

7 Er kam als Zeuge,
um Zeugnis abzulegen für das Licht,
damit alle durch ihn zum Glauben kommen.

8 Er war nicht selbst das Licht,
er sollte nur Zeugnis ablegen für das Licht.

9 Das wahre Licht, das jeden Menschen erleuchtet,
kam in die Welt.

10 Er war in der Welt
und die Welt ist durch ihn geworden,
aber die Welt erkannte ihn nicht.

11 Er kam in sein Eigentum,
aber die Seinen nahmen ihn nicht auf.

Allen aber, die ihn aufnahmen,
  gab er Macht, Kinder Gottes zu werden,
allen, die an seinen Namen glauben,
die nicht aus dem Blut,
  nicht aus dem Willen des Fleisches,
  nicht aus dem Willen des Mannes,
  sondern aus Gott geboren sind.

Und das Wort ist Fleisch geworden
  und hat unter uns gewohnt
und wir haben seine Herrlichkeit geschaut,
die Herrlichkeit des einzigen Sohnes vom Vater,
  voll Gnade und Wahrheit.

Johannes legt Zeugnis für ihn ab
und ruft:
  Dieser war es, über den ich gesagt habe:
  Er, der nach mir kommt,
  ist mir voraus, weil er vor mir war.
Aus seiner Fülle haben wir alle empfangen,
  Gnade über Gnade.

Denn das Gesetz wurde durch Mose gegeben,
  die Gnade und die Wahrheit kamen durch Jesus Christus.
Niemand hat Gott je gesehen.
Der Einzige, der Gott ist und am Herzen des Vaters ruht,
  er hat Kunde gebracht.

Oder Kurzfassung:

EVANGELIUM   Joh 1, 1–5.9–14   2

Das Wort ist Fleisch geworden und hat unter uns gewohnt

✠ Aus dem heiligen Evangelium nach Johannes.

Im Anfang war das Wort
und das Wort war bei Gott
und das Wort war Gott.
Dieses war im Anfang bei Gott.

³ Alles ist durch das Wort geworden
   und ohne es wurde nichts, was geworden ist.
⁴ In ihm war Leben
   und das Leben war das Licht der Menschen.
⁵ Und das Licht leuchtet in der Finsternis
   und die Finsternis hat es nicht erfasst.
⁹ Das wahre Licht, das jeden Menschen erleuchtet,
   kam in die Welt.
¹⁰ Er war in der Welt
   und die Welt ist durch ihn geworden,
   aber die Welt erkannte ihn nicht.
¹¹ Er kam in sein Eigentum,
   aber die Seinen nahmen ihn nicht auf.
¹² Allen aber, die ihn aufnahmen,
   gab er Macht, Kinder Gottes zu werden,
allen, die an seinen Namen glauben,
¹³ die nicht aus dem Blut,
   nicht aus dem Willen des Fleisches,
   nicht aus dem Willen des Mannes,
   sondern aus Gott geboren sind.
¹⁴ Und das Wort ist Fleisch geworden
   und hat unter uns gewohnt
und wir haben seine Herrlichkeit geschaut,
die Herrlichkeit des einzigen Sohnes vom Vater,
   voll Gnade und Wahrheit.

Glaubensbekenntnis, S. 230 ff.
Zu den Worten hat Fleisch angenommen bzw. empfangen durch den Heiligen Geist knien alle.
Fürbitten vgl. S. 269 f.

ZUR EUCHARISTIEFEIER *Mit jedem Wort aus seinem Mund nehmen wir Jesus selbst in uns auf, in Brot und Wein wird er selbst uns zur Nahrung. Und wer ihn aufnimmt, hat Anteil an seinem göttlichen Leben.*

GABENGEBET

Gott, unser Vater,
in diesen Gaben
willst du uns Versöhnung schenken
und uns wieder mit dir verbinden.
Nimm sie an
und gib durch sie unserem heiligen Dienst
die höchste Vollendung.
Darum bitten wir durch Christus, unseren Herrn.

Weihnachtspräfation, S. 264f.
In den Hochgebeten I–III eigener Einschub

KOMMUNIONVERS Ps 98 (97), 3

Alle Enden der Erde sahen die rettende Tat unseres Gottes.

SCHLUSSGEBET

Barmherziger Gott,
in dieser heiligen Feier
hast du uns deinen Sohn geschenkt,
der heute als Heiland der Welt geboren wurde.
Durch ihn sind wir wiedergeboren
zum göttlichen Leben,
führe uns auch zur ewigen Herrlichkeit durch ihn,
der mit dir lebt und herrscht in alle Ewigkeit.

Vor der Krippe sind wir mit allen verbunden, die in aller Welt verstreut sind, und auch über alle Welt hinaus. Das ist ein trostvolles Geheimnis. – Wohin das göttliche Kind uns auf dieser Erde führen will, das wissen wir nicht und sollen wir nicht vor der Zeit fragen. Nur das wissen wir, dass denen, die den Herrn lieben, alle Dinge zum Guten gereichen. (Edith Stein/Sr. Teresia Benedicta a Cruce)

ZWEITE VESPER VON WEIHNACHTEN

O Gott, komm mir zu Hilfe.
Herr, eile, mir zu helfen.

Ehre sei dem Vater und dem Sohn und dem Heiligen Geist, wie im Anfang, so auch jetzt und allezeit und in Ewigkeit. Amen. Halleluja.

HYMNUS

Christus, Erlöser aller Welt,
du Gottes einzig wahrer Sohn,
geboren aus des Vaters Schoß
geheimnisvoll vor aller Zeit.

Des Vaters Abglanz, Licht vom Licht,
von dir erhoffen wir das Heil:
erhöre deiner Diener Flehn,
das rings vom Erdkreis zu dir dringt.

Gedenke, dass der Jungfrau Schoß
dich kleidete mit Fleisch und Blut
in unsre arme Knechtgestalt,
dich, Urgrund unsres ew'gen Heils.

Das kündet uns der große Tag,
der wiederkehrt im Jahreskreis,
dass du vom Thron des Vaters kamst
als Heiland, der die Welt erlöst.

Es jauchzen Himmel, Erd' und Meer
und alles, was in ihnen ist,
dem Vater zu in frohem Dank,
der dich gesandt zu unsrem Heil.

Auch wir, mit deinem Blut erkauft,
wir singen dir ein neues Lied
voll Freude ob des heil'gen Tags,
da du für uns geboren bist.

Herr Jesus, dir sei Ruhm und Preis,
Gott, den die Jungfrau uns gebar,
Lob auch dem Vater und dem Geist
durch alle Zeit und Ewigkeit. Amen.

PSALMODIE

1. Ant. **Dein ist die Herrschaft am Tag deiner Macht, wenn du erscheinst in heiligem Schmuck; ich habe dich gezeugt noch vor dem Morgenstern.**

Psalm 110 (109), 1–5.7
Einsetzung des priesterlichen Königs
Er muss herrschen, bis Gott ihm alle Feinde unter die Füße gelegt hat.
(1 Kor 15,25)

¹ **So spricht der Herr zu meinem Herrn: /
Setze dich mir zur Rechten, *
und ich lege dir deine Feinde als Schemel unter die Füße.**
² **Vom Zion strecke der Herr das Zepter deiner Macht aus: *
„Herrsche inmitten deiner Feinde!"**
³ **Dein ist die Herrschaft am Tag deiner Macht, *
wenn du erscheinst in heiligem Schmuck;
ich habe dich gezeugt noch vor dem Morgenstern, *
wie den Tau in der Frühe.**
⁴ **Der Herr hat geschworen, und nie wird's ihn reuen: *
„Du bist Priester auf ewig nach der Ordnung Melchisedeks."**
⁵ **Der Herr steht dir zur Seite: *
er zerschmettert Könige am Tage seines Zornes.**
⁶ **Er trinkt aus dem Bach am Weg; *
so kann er von neuem das Haupt erheben.**

Ant. **Dein ist die Herrschaft am Tag deiner Macht, wenn du erscheinst in heiligem Schmuck; ich habe dich gezeugt noch vor dem Morgenstern.**

Psalm-Oration **Herr Jesus Christus, du bist als Licht in diese Welt gekommen, doch die Menschen haben dich nicht aufgenommen. Hab Erbarmen mit uns, wenn du als Richter kommst.**

2. Ant. Beim Herrn ist die Huld, bei ihm ist Erlösung in Fülle.

Psalm 130 (129)

Aus tiefer Not
Er wird sein Volk von seinen Sünden erlösen. (Mt 1,21)

¹ Aus der Tiefe rufe ich, Herr, zu dir: *
² Herr, höre meine Stimme!
Wende dein Ohr mir zu, *
achte auf mein lautes Flehen!
³ Würdest du, Herr, unsere Sünden beachten, *
Herr, wer könnte bestehen?
⁴ Doch bei dir ist Vergebung, *
damit man in Ehrfurcht dir dient.
⁵ Ich hoffe auf den Herrn, es hofft meine Seele, *
ich warte voll Vertrauen auf sein Wort.
⁶ Meine Seele wartet auf den Herrn *
mehr als die Wächter auf den Morgen.
Mehr als die Wächter auf den Morgen *
⁷ soll Israel harren auf den Herrn!
Denn beim Herrn ist die Huld, *
bei ihm ist Erlösung in Fülle.
⁸ Ja, er wird Israel erlösen *
von all seinen Sünden.

Ant. Beim Herrn ist die Huld, bei ihm ist Erlösung in Fülle.

Psalm-Oration Vater im Himmel, du hast dich unserer Not erbarmt und deinen Sohn als Licht in die Welt gesandt. Lass uns in ihm Erlösung finden.

3. Ant. Das Wort war Gott – im Anfang und vor aller Zeit; heute ist er geboren als Heiland der Welt.

Canticum   Kol 1,12–20

¹² Dankt dem Vater mit Freude! *
Er hat euch fähig gemacht, Anteil zu haben am Los der Heiligen, die im Licht sind.
¹³ Er hat uns der Macht der Finsternis entrissen *
und aufgenommen in das Reich seines geliebten Sohnes.

¹⁴ Durch ihn haben wir die Erlösung, *
die Vergebung der Sünden.
¹⁵ Er ist das Ebenbild des unsichtbaren Gottes, *
der Erstgeborene der ganzen Schöpfung.
¹⁶ Denn in ihm wurde alles erschaffen *
im Himmel und auf Erden,
das Sichtbare und das Unsichtbare, /
Throne und Herrschaften, Mächte und Gewalten; *
alles ist durch ihn und auf ihn hin geschaffen.
¹⁷ Er ist vor aller Schöpfung, *
in ihm hat alles Bestand.
¹⁸ Er ist das Haupt des Leibes, *
der Leib aber ist die Kirche.
Er ist der Ursprung, /
der Erstgeborene der Toten; *
so hat er in allem den Vorrang.
¹⁹ Denn Gott wollte mit seiner ganzen Fülle in ihm wohnen, *
²⁰ um durch ihn alles zu versöhnen.
Alles im Himmel und auf Erden wollte er zu Christus führen, *
der Frieden gestiftet hat am Kreuz durch sein Blut.

Ant. Das Wort war Gott – im Anfang und vor aller Zeit; heute ist er geboren als Heiland der Welt.

KURZLESUNG
1 Joh 1,1–3

Was von Anfang an war, was wir gehört haben, was wir mit unseren Augen gesehen, was wir geschaut und was unsere Hände angefasst haben, das verkünden wir: das Wort des Lebens. Denn das Leben wurde offenbart; wir haben gesehen und bezeugen und verkünden euch das ewige Leben, das beim Vater war und uns offenbart wurde. Was wir gesehen und gehört haben, das verkünden wir auch euch, damit auch ihr Gemeinschaft mit uns habt. Wir aber haben Gemeinschaft mit dem Vater und mit seinem Sohn Jesus Christus.

RESPONSORIUM

A: Das Wort ist Fleisch geworden und hat unter uns gewohnt. *
Halleluja, halleluja.
V: Aus seiner Fülle haben wir empfangen, Gnade über Gnade. *
Halleluja, halleluja.

Magnificat-Ant. Heute ist Christus geboren, heute ist der Retter erschienen; heute singen die Engel auf Erden, die Erzengel jauchzen; heute jubeln die Gerechten: Ehre sei Gott in der Höhe. Halleluja.

MAGNIFICAT

Lk 1, 46–55

Meine Seele jubelt über Gott

⁴⁶ Meine Seele preist die Größe des Herrn, *
⁴⁷ und mein Geist jubelt über Gott meinen Retter.
⁴⁸ Denn auf die Niedrigkeit seiner Magd hat er geschaut. *
Siehe, von nun an preisen mich selig alle Geschlechter!
⁴⁹ Denn der Mächtige hat Großes an mir getan, *
und sein Name ist heilig.
⁵⁰ Er erbarmt sich von Geschlecht zu Geschlecht *
über alle, die ihn fürchten.
⁵¹ Er vollbringt mit seinem Arm machtvolle Taten: *
Er zerstreut, die im Herzen voll Hochmut sind;
⁵² er stürzt die Mächtigen vom Thron *
und erhöht die Niedrigen.
⁵³ Die Hungernden beschenkt er mit seinen Gaben *
und lässt die Reichen leer ausgehn.
⁵⁴ Er nimmt sich seines Knechtes Israel an *
und denkt an sein Erbarmen,
⁵⁵ das er unsern Vätern verheißen hat, *
Abraham und seinen Nachkommen auf ewig.
Ehre sei dem Vater und dem Sohn *
und dem Heiligen Geist.
Wie im Anfang, so auch jetzt und alle Zeit *
und in Ewigkeit. Amen.

Zweite Vesper von Weihnachten

Ant. Heute ist Christus geboren, heute ist der Retter erschienen; heute singen die Engel auf Erden, die Erzengel jauchzen; heute jubeln die Gerechten: Ehre sei Gott in der Höhe. Halleluja.

FÜRBITTEN

Lasst uns beten zu unserem Heiland, bei dessen Geburt Engel der Welt den Frieden verkündeten:

A: Deine Geburt bringe Frieden den Menschen.

Herr, schenke der Kirche die Fülle deiner Gaben;
– mache sie froh durch die Feier deiner Geburt.

Du bist unser Hirt und Bischof;
– mache den Papst und die Bischöfe zu treuen Dienern deiner Gnade.

König vor aller Zeit und in Ewigkeit, du hast dich eingrenzen lassen in die kurze Spanne menschlichen Lebens;
– gib den sterblichen Menschen Anteil an deiner Ewigkeit.

Von Urzeit her erwartet, bist du gekommen, als die Zeit erfüllt war;
– offenbare deine Ankunft denen, die noch auf dich warten.

Du hast den Menschen, der dem Tod verfallen ist, durch deine Menschwerdung erneuert;
– vollende an unseren Verstorbenen das Werk der Erlösung.

Vater unser.

ORATION

Allmächtiger Gott, du hast den Menschen in seiner Würde wunderbar erschaffen und noch wunderbarer wiederhergestellt. Lass uns teilhaben an der Gottheit deines Sohnes, der unsere Menschennatur angenommen hat. Er, der in der Einheit des Heiligen Geistes mit dir lebt und herrscht in alle Ewigkeit. A: Amen.

ABSCHLUSS

V: Der Herr segne uns,
er bewahre uns vor Unheil
und führe uns zum ewigen Leben.
A: Amen.

26. Dezember

HL. STEPHANUS, ERSTER MÄRTYRER

Fest

Unter den sieben Diakonen der Gemeinde von Jerusalem (Apg 6,5) ragte Stephanus heraus als ein Mann voll Heiligen Geistes. Seine Auseinandersetzung mit den Führern des hellenistischen Judentums endete damit, dass Stephanus vor den Hohen Rat geschleppt und zum Tod verurteilt wurde. Stephanus ist das Urbild des christlichen Märtyrers; er hat Jesus als den gekreuzigten und in die Herrlichkeit Gottes erhobenen Messias verkündet; er hat „den Menschensohn zur Rechten Gottes stehend" geschaut und für ihn Zeugnis abgelegt durch sein Wort und mit seinem Blut.

ERÖFFNUNGSVERS

Das Tor des Himmels öffnete sich für Stephanus.
Er zog als Erster der Blutzeugen ein
und empfing die Krone der Herrlichkeit.
Ehre sei Gott, S. 227f.

TAGESGEBET

Allmächtiger Gott,
wir ehren am heutigen Fest
den ersten Märtyrer deiner Kirche.
Gib, dass auch wir unsere Feinde lieben
und so das Beispiel
des heiligen Stephanus nachahmen,
der sterbend für seine Verfolger gebetet hat.
Darum bitten wir durch Jesus Christus.

ZUR 1. LESUNG *Die zum Dienst „an den Tischen" eingesetzten Diakone waren keine stummen Tischdiener. Es waren Männer „voll Gnade und Kraft", voll „Weisheit und Geist" (Apg 6,8.10). Ihr Auftreten war dem der Apostel ähnlich: durch Wort und Tat warben sie für den „Weg", den sie entdeckt hatten, für den „Namen", der für sie alle Hoffnung in sich schloss. Der bedeutendste dieser Diakone war Stephanus, und er stieß auf den heftigsten Widerstand bei den*

Leuten seiner Synagoge. Das waren Griechisch sprechende Juden aus der Diaspora. In dem Prozess, den sie gegen Stephanus führen, wiederholt sich manches aus dem Prozess Jesu. Zuerst wird das Volk aufgehetzt, die Sache wird vor den Hohen Rat gebracht, falsche Zeugen werden vorgeschickt (6,13-14). Die Rede des Stephanus vor dem Hohen Rat (Apg 7,2-53) hat programmatische Bedeutung. Sein Martyrium ist das Signal zur ersten größeren Verfolgung, es markiert eine Wende in der Geschichte des jungen Christentums. Bei der Steinigung des Stephanus tritt zum ersten Mal Saulus, der spätere Paulus, in Erscheinung.

ERSTE LESUNG Apg 6,8–10; 7,54–60
Ich sehe den Himmel offen

Lesung
  aus der Apostelgeschichte.

In jenen Tagen
  tat Stéphanus aber,
  voll Gnade und Kraft,
  Wunder und große Zeichen unter dem Volk.
Doch einige von der sogenannten Synagoge der Libertíner
  und Kyrenäer und Alexandríner
  und Leute aus Kilíkien und der Provinz Asien
  erhoben sich, um mit Stéphanus zu streiten;
aber sie konnten der Weisheit und dem Geist, mit dem er sprach,
  nicht widerstehen.
Als sie seine Rede hörten,
  waren sie in ihren Herzen aufs Äußerste über ihn empört
und knirschten mit den Zähnen gegen ihn.
Er aber, erfüllt vom Heiligen Geist,
  blickte zum Himmel empor,
sah die Herrlichkeit Gottes und Jesus zur Rechten Gottes stehen
und rief:
  Siehe, ich sehe den Himmel offen
und den Menschensohn zur Rechten Gottes stehen.
Da erhoben sie ein lautes Geschrei,
hielten sich die Ohren zu,

stürmten einmütig auf ihn los,
⁵⁸ trieben ihn zur Stadt hinaus und steinigten ihn.
Die Zeugen legten ihre Kleider
    zu Füßen eines jungen Mannes nieder, der Saulus hieß.
⁵⁹ So steinigten sie Stéphanus;
er aber betete
und rief: Herr Jesus, nimm meinen Geist auf!
⁶⁰ Dann sank er in die Knie
und schrie laut:
    Herr, rechne ihnen diese Sünde nicht an!
Nach diesen Worten starb er.

ANTWORTPSALM Ps 31 (30), 3b–4.6 u. 8.16–17 (Kv: vgl. 6a)

Kv Herr, in deine Hand lege ich meinen Geist. – Kv GL 308, 1, IV. Ton

³ᵇ Sei mir ein schützender Fels, *
ein festes Haus, mich zu retten!
⁴ Denn du bist mein Fels und meine Festung; *
um deines Namens willen wirst du mich führen und leiten. – (Kv)
⁶ In deine Hand lege ich voll Vertrauen meinen Geist; *
du hast mich erlöst, Herr, du Gott der Treue.
⁸ Ich will jubeln und deiner Huld mich freuen; /
denn du hast mein Elend angesehn, *
du kanntest die Ängste meiner Seele. – (Kv)
¹⁶ In deiner Hand steht meine Zeit; *
entreiß mich der Hand meiner Feinde und Verfolger!
¹⁷ Lass dein Angesicht leuchten über deinem Knecht, *
hilf mir in deiner Huld! – Kv

RUF VOR DEM EVANGELIUM Vers: vgl. Ps 118 (117), 26a.27a

Halleluja. Halleluja.

Gesegnet sei, der kommt im Namen des Herrn!
Gott, der Herr, erleuchte uns.

Halleluja.

26. Dezember · Hl. Stephanus

ZUM EVANGELIUM *Bereits in der Bergpredigt steht der Hinweis auf Verfolgungen, mit denen der Jünger Jesu zu rechnen hat (Mt 5,10-12). Die Ankündigung in Mt 10,17-22 steht im Zusammenhang mit der Jüngeraussendung: Sie kehrt wieder in der Rede Jesu über die Ereignisse der Endzeit (Mt 24,9-14). Wir werden also nachdrücklich darauf aufmerksam gemacht, was wir von den „Menschen" zu erwarten haben. „Menschen" werden hier die genannt, die von Gott nichts wissen wollen und den christlichen „Aberglauben" aus der Welt schaffen möchten. Dafür setzen sie verschiedene Mittel ein: gleichgültige Duldung, Verächtlichmachung, Verleumdung, Benachteiligung, Gewalt - viele Formen hat der Hass. Aber die Verfolger wissen nicht, was sie tun: der Jünger weiß, wofür er leidet. „Um meinetwillen ... damit ihr ... Zeugnis ablegt" (10,18). Der Glaube der Verfolgten ist für die Verfolger ein „Zeugnis", das sie anklagt.*

EVANGELIUM Mt 10, 17—22

Nicht ihr werdet dann reden, sondern der Geist eures Vaters wird durch euch reden

+ Aus dem heiligen Evangelium nach Matthäus.

In jener Zeit sprach Jesus zu seinen Jüngern:
Nehmt euch vor den Menschen in Acht!
Denn sie werden euch an die Gerichte ausliefern
und in ihren Synagogen auspeitschen.
Ihr werdet um meinetwillen
  vor Statthalter und Könige geführt werden,
  ihnen und den Heiden zum Zeugnis.
Wenn sie euch aber ausliefern,
  macht euch keine Sorgen, wie und was ihr reden sollt;
denn es wird euch in jener Stunde eingegeben,
  was ihr sagen sollt.
Nicht ihr werdet dann reden,
  sondern der Geist eures Vaters wird durch euch reden.

Der Bruder wird den Bruder dem Tod ausliefern
und der Vater das Kind
und Kinder werden sich gegen die Eltern auflehnen
  und sie in den Tod schicken.

²² Und ihr werdet um meines Namens willen
   von allen gehasst werden;
wer aber bis zum Ende standhaft bleibt,
   der wird gerettet.

ZUR EUCHARISTIEFEIER *Die meisten Christen kommen nicht in die Situation, für ihren Glauben sterben zu müssen. Das standhafte Zeugnis für der Glauben beginnt vorher: überall dort, wo unsere Überzeugung und das konsequente Stehen zu ihr gefragt ist, wo es an uns liegt, ob andere etwas von der Botschaft des Evangeliums erfahren.*

GABENGEBET

Herr, unser Gott,
schau gütig auf dein Volk,
das mit Freude und Hingabe
den Festtag des heiligen Stephanus feiert,
und nimm unsere Gaben an.
Darum bitten wir durch Christus, unseren Herrn.
Präfation von Weihnachten, S. 264 f.

KOMMUNIONVERS   Apg 7, 59

Die Menge steinigte den Stephanus.
Er aber betete und rief: Herr Jesus, nimm meinen Geist auf!

SCHLUSSGEBET

Herr, unser Gott,
wir danken dir
für die Gnade dieser festlichen Tage.
In der Geburt deines Sohnes
schenkst du uns das Heil;
im Sterben des heiligen Stephanus
zeigst du uns das Beispiel
eines unerschrockenen Glaubenszeugen.
Wir bitten dich:

Stärke unsere Bereitschaft,
deinen Sohn, unseren Herrn Jesus Christus,
standhaft zu bekennen,
der mit dir lebt und herrscht in alle Ewigkeit.

27. Dezember

HL. JOHANNES, APOSTEL, EVANGELIST

Fest

Der Apostel Johannes, nach der Überlieferung Verfasser des vierten Evangeliums und dreier Briefe, war ein Bruder Jakobus' des Älteren und stammte aus Betsaida, wo sein Vater Zebedäus die Fischerei betrieb. Johannes war kaum jener sanfte Jüngling, den uns die christliche Kunst gemalt hat; er hatte wie sein Bruder ein heftiges Temperament, Jesus nannte die beiden „Donnersöhne". Johannes war zuerst Jünger des Täufers gewesen, dann folgte er Jesus. Das besondere Vertrauen, das Jesus zu ihm hatte, zeigte sich darin, dass er ihm sterbend seine Mutter anvertraute (Joh 19,26–27).

ERÖFFNUNGSVERS

Johannes ruhte beim Abendmahl an der Brust des Herrn.
Ihm wurden die Geheimnisse des Himmels enthüllt.
Die Worte des Lebens hat er dem ganzen Erdkreis verkündet.

Oder: Vgl. Sir 15,5

Inmitten der Gemeinde öffnete der Herr ihm den Mund
und erfüllte ihn mit dem Geist der Weisheit und der Einsicht.
Das Kleid der Herrlichkeit zog er ihm an.

Ehre sei Gott, S. 227 f.

TAGESGEBET

Allmächtiger Gott,
du hast uns durch den Evangelisten Johannes
einen Zugang eröffnet
zum Geheimnis deines ewigen Wortes.
Lass uns mit erleuchtetem Verstand

und liebendem Herzen erfassen,
was er in gewaltiger Sprache verkündet hat.
Darum bitten wir durch Jesus Christus.

ZUR LESUNG   *Der erste Johannesbrief richtet sich gegen Irrlehren, die um die Wende vom ersten zum zweiten Jahrhundert die christliche Kirche bedrohten. Ihnen gegenüber stehen die zwei großen Anliegen dieses Briefs: 1. der rechte Glaube an Jesus Christus als Sohn Gottes und wahren Menschen, 2. die Verwirklichung dieses Glaubens in einem Leben, das von der Liebe bestimmt wird. Der Verfasser stellt sich selbst als Zeugen vor, der das, was er verkündet, gesehen und gehört, ja mit seinen eigenen Händen berührt hat: „das ewige Leben, das beim Vater war und uns offenbart wurde" in der Person Jesu.*

ERSTE LESUNG   1 Joh 1, 1–4

Was wir gesehen und gehört haben, das verkünden wir auch euch

Lesung
   aus dem ersten Johannesbrief.

Schwestern und Brüder!

¹ **Was von Anfang an war,**
was wir gehört,
was wir mit unseren Augen gesehen,
was wir geschaut und was unsere Hände angefasst haben
   vom Wort des Lebens

² **– das Leben ist erschienen**
und wir haben gesehen und bezeugen
   und verkünden euch das ewige Leben,
   das beim Vater war und uns erschienen ist –,

³ **was wir gesehen und gehört haben,**
   das verkünden wir auch euch,
damit auch ihr Gemeinschaft mit uns habt.
Wir aber haben Gemeinschaft mit dem Vater
   und mit seinem Sohn Jesus Christus.

⁴ **Dies schreiben wir,**
   damit unsere Freude vollkommen ist.

27. Dezember · Hl. Johannes

ANTWORTPSALM   Ps 97 (96), 1–2.5–6.11–12 (Kv: 12a)

Kv Freut euch am HERRN, ihr Gerechten! – Kv   GL 444, V. Ton

Der HERR ist König. Es juble die Erde! *
Freuen sollen sich die vielen Inseln.
Rings um ihn her sind Wolken und Dunkel, *
Gerechtigkeit und Recht sind die Stützen seines Thrones. – (Kv)

Berge schmelzen wie Wachs vor dem HERRN, *
vor dem Angesicht des HERRN der ganzen Erde.
Seine Gerechtigkeit verkünden die Himmel, *
seine Herrlichkeit schauen alle Völker. – (Kv)

Licht wird ausgesät für den Gerechten, *
Freude für die, die geraden Herzens sind.
Freut euch am HERRN, ihr Gerechten, *
dankt seinem heiligen Namen! – Kv

RUF VOR DEM EVANGELIUM

Halleluja. Halleluja.

Dich, Gott, loben wir, dich, Herr, preisen wir.
Dich preist der glorreiche Chor der Apostel.

Halleluja.

ZUM EVANGELIUM   *Der Jünger, „den Jesus liebte" (Joh 20,2), ist nach Joh 21,20 der Jünger, der sich beim Abendmahl an die Brust Jesu gelehnt und gefragt hatte: Herr, wer ist es, der verrät? Er wird im Evangelium nie mit Namen genannt, aber in der christlichen Kirche schon früh mit Johannes, dem Sohn des Zebedäus, gleichgesetzt. Der Wettlauf der beiden Jünger zum Grab Jesu wurde als Wettlauf zwischen Amt und Geist, zwischen Recht und Liebe gedeutet: Petrus als Vertreter der Amtskirche, Johannes, der Lieblingsjünger, als Vertreter der vom Geist getragenen Liebeskirche. Oder auch: Petrus als Vertreter des Judenchristentums, dessen Vorrangstellung anerkannt wird, und Johannes als Vertreter des Heidenchristentums, das eine größere Bereitschaft zum Glauben bewiesen hat. Jedoch: Beide Jünger liefen zum Grab, so schnell sie konnten; beide sahen zunächst nur das leere Grab. Von Johannes wird gesagt: „Er sah und glaubte"; aber er konnte ebenso wie Petrus nur durch göttliche Erleuchtung zum Glauben an die Auferstehung Jesu kommen.*

27. Dezember · Hl. Johannes

EVANGELIUM Joh 20, 2–8

Auch der andere Jünger, der als Erster an das Grab gekommen war, ging hinein; er sah und glaubte

✛ Aus dem heiligen Evangelium nach Johannes.

² Am ersten Tag der Woche
    lief Maria von Mágdala schnell zu Simon Petrus
    und dem anderen Jünger, den Jesus liebte,
und sagte zu ihnen:
    Sie haben den Herrn aus dem Grab weggenommen
und wir wissen nicht, wohin sie ihn gelegt haben.
³ Da gingen Petrus und der andere Jünger hinaus
    und kamen zum Grab;
⁴ sie liefen beide zusammen,
aber weil der andere Jünger schneller war als Petrus,
    kam er als Erster ans Grab.
⁵ Er beugte sich vor
    und sah die Leinenbinden liegen,
ging jedoch nicht hinein.
⁶ Da kam auch Simon Petrus, der ihm gefolgt war,
    und ging in das Grab hinein.
Er sah die Leinenbinden liegen
⁷ und das Schweißtuch, das auf dem Haupt Jesu gelegen hatte;
es lag aber nicht bei den Leinenbinden,
    sondern zusammengebunden daneben
    an einer besonderen Stelle.
⁸ Da ging auch der andere Jünger,
    der als Erster an das Grab gekommen war, hinein;
er sah und glaubte.

GABENGEBET

Allmächtiger Gott,
heilige die Gaben, die wir darbringen,
und lass uns im heiligen Mahl
das Geheimnis deines ewigen Wortes erfassen,

das du dem Evangelisten Johannes
in dieser Feier erschlossen hast.
Darum bitten wir durch Christus, unseren Herrn.
Präfation von Weihnachten, S. 264 f.

KOMMUNIONVERS
Joh 1, 14.16

Das Wort ist Fleisch geworden und hat unter uns gewohnt.
Aus seiner Fülle haben wir alle empfangen.

SCHLUSSGEBET

Allmächtiger Gott,
der heilige Apostel Johannes
hat deinen Sohn verkündet
als das Wort, das Fleisch geworden ist.
Gib, dass Christus durch diese Feier
immer unter uns wohne,
damit wir die Fülle deiner Gnade empfangen.
Darum bitten wir durch Christus, unseren Herrn.

28. Dezember

UNSCHULDIGE KINDER

Fest

Die Erzählung vom Kindermord in Betlehem steht bei Mt 2,16–18; Matthäus sieht in diesem schrecklichen Vorgang das Wort des Propheten Jeremia (31,15) erfüllt. Einen liturgischen Gedenktag dieser kindlichen „Blutzeugen" im Anschluss an Weihnachten gibt es seit dem 5. Jahrhundert. Cäsarius von Arles, Augustinus und andere Kirchenväter haben die kindlichen Märtyrer gerühmt, denen es vergönnt war, nicht nur als Zeugen für Jesus, sondern stellvertretend für ihn zu sterben.

ERÖFFNUNGSVERS

Die Unschuldigen Kinder erlitten für Christus den Tod.
Nun folgen sie dem Lamm und singen sein Lob.
Ehre sei Gott, S. 230 ff.

TAGESGEBET

Vater im Himmel,
nicht mit Worten
haben die Unschuldigen Kinder dich gepriesen,
sie haben dich verherrlicht durch ihr Sterben.
Gib uns die Gnade,
dass wir in Worten und Taten
unseren Glauben an dich bekennen.
Darum bitten wir durch Jesus Christus.

ZUR LESUNG   *„Gott ist Licht", er ist die Helligkeit, die wir brauchen, um als Menschen und als Christen leben zu können. Licht und Leben gehören ebenso zusammen wie Finsternis und Tod. Das gilt im physischen Leben und erst recht in der geistigen Wirklichkeit. Seitdem Christus, das wahre Licht, in die Welt gekommen ist, steht der Mensch eindeutiger als bisher vor der Entscheidung; er kann „im Licht wandeln" (1 Joh 1,7), d.h. sich nach der offenbar gewordenen Wahrheit Gottes richten, oder er kann in der Finsternis bleiben und aus seinem Leben eine Lüge machen. Für den, der sich als Sünder bekennt, gibt es Rettung; das Licht ist stärker als die Finsternis.*

ERSTE LESUNG   1 Joh 1,5 – 2,2

Das Blut Jesu reinigt uns von aller Sünde

**Lesung
   aus dem ersten Johannesbrief.**

Schwestern und Brüder!

¹,⁵ **Das ist die Botschaft,**
   die wir von Jesus Christus gehört haben und euch verkünden:
Gott ist Licht und keine Finsternis ist in ihm.
⁶ Wenn wir sagen, dass wir Gemeinschaft mit ihm haben
   und doch in der Finsternis wandeln,
   lügen wir und tun nicht die Wahrheit.
⁷ Wenn wir im Licht wandeln, wie er im Licht ist,
   haben wir Gemeinschaft miteinander
und das Blut seines Sohnes Jesus reinigt uns von aller Sünde.

Wenn wir sagen, dass wir keine Sünde haben,
  führen wir uns selbst in die Irre
und die Wahrheit ist nicht in uns.
Wenn wir unsere Sünden bekennen,
  ist er treu und gerecht;
er vergibt uns die Sünden und reinigt uns von allem Unrecht.
Wenn wir sagen, dass wir nicht gesündigt haben,
  machen wir ihn zum Lügner
und sein Wort ist nicht in uns.

Meine Kinder, ich schreibe euch dies, damit ihr nicht sündigt.
Wenn aber einer sündigt,
  haben wir einen Beistand beim Vater:
Jesus Christus, den Gerechten.
Er ist die Sühne für unsere Sünden,
aber nicht nur für unsere Sünden,
  sondern auch für die der ganzen Welt.

ANTWORTPSALM   Ps 124 (123), 2–3.4–5.7–8 (Kv: 7a)

Kv Unsre Seele ist wie ein Vogel dem Netz des Jägers entkommen.
– Kv   GL 651, 3, IV. Ton

Wäre es nicht der HERR gewesen, der da war für uns, *
als sich gegen uns Menschen erhoben,
dann hätten sie uns lebendig verschlungen, *
als gegen uns ihr Zorn entbrannte. – (Kv)

Dann hätten die Wasser uns weggespült, *
hätte sich über uns ein Wildbach ergossen,
dann hätten sich über uns ergossen *
die wilden und wogenden Wasser. – (Kv)

Unsre Seele ist wie ein Vogel dem Netz des Jägers entkommen; *
das Netz ist zerrissen und wir sind frei.
Unsere Hilfe ist im Namen des HERRN, *
der Himmel und Erde erschaffen hat. – Kv

RUF VOR DEM EVANGELIUM

Halleluja. Halleluja.

Dich, Gott, loben wir, dich, Herr, preisen wir.
Dich preist der Märtyrer leuchtendes Heer.

Halleluja.

ZUM EVANGELIUM   *Neben Verehrung und Anbetung stehen an der Wiege des Messiaskindes Hass und Verfolgung. Der „neugeborene König der Juden" war unerwünscht. Als Herodes von ihm hörte, „erschrak er und ganz Jerusalem mit ihm" (Mt 2,3). So war nach der jüdischen Legende auch der Pharao erschrocken, als ihm die Geburt des Mose berichtet wurde. Das Geschick des Kindes lässt bereits die Zukunft ahnen: Jesus wird von seinem Volk verworfen.*

EVANGELIUM   Mt 2, 13–18

Herodes ließ in Betlehem alle Knaben töten

✛ Aus dem heiligen Evangelium nach Matthäus.

¹³ Als die Sterndeuter wieder gegangen waren,
 siehe, da erschien dem Josef im Traum ein Engel des Herrn
und sagte: Steh auf,
nimm das Kind und seine Mutter
 und flieh nach Ägypten;
dort bleibe, bis ich dir etwas anderes auftrage;
denn Herodes wird das Kind suchen,
 um es zu töten.

¹⁴ Da stand Josef auf
 und floh in der Nacht mit dem Kind und dessen Mutter
 nach Ägypten.

¹⁵ Dort blieb er bis zum Tod des Herodes.
Denn es sollte sich erfüllen,
 was der Herr durch den Propheten gesagt hat:
Aus Ägypten habe ich meinen Sohn gerufen.

¹⁶ Als Herodes merkte, dass ihn die Sterndeuter getäuscht hatten,
 wurde er sehr zornig
und er sandte aus

und ließ in Betlehem und der ganzen Umgebung
  alle Knaben bis zum Alter von zwei Jahren töten,
genau der Zeit entsprechend,
  die er von den Sterndeutern erfahren hatte.

Damals erfüllte sich,
  was durch den Propheten Jeremía gesagt worden ist:

Ein Geschrei war in Rama zu hören,
lautes Weinen und Klagen:
Rahel weinte um ihre Kinder
und wollte sich nicht trösten lassen,
  denn sie waren nicht mehr.

GABENGEBET

Herr, unser Gott,
nimm diese Gaben an
und heilige uns
durch die Erlösungstat deines Sohnes,
der auch die Unschuldigen Kinder gerechtfertigt
und zu seinen Zeugen erwählt hat,
der mit dir lebt und herrscht in alle Ewigkeit.

Präfation von Weihnachten, S. 264 f.

KOMMUNIONVERS   Offb 14, 4

Sie sind es, die aus den Menschen losgekauft wurden
als Weihegabe für Gott und das Lamm.
Sie folgen dem Lamm, wohin immer es geht.

SCHLUSSGEBET

Herr, unser Gott,
du hast den Unschuldigen Kindern
die Krone der Märtyrer geschenkt,
obwohl sie noch nicht fähig waren,
deinen Sohn mit dem Munde zu bekennen.
Christus, für den sie gestorben sind,
schenke auch uns im Sakrament die Fülle des Heiles.
Er, der mit dir lebt und herrscht in alle Ewigkeit.

Sonntag in der Weihnachtsoktav

oder, wenn Weihnachten auf einen Sonntag fällt, 30. Dezember.
Vor dem Evangelium wird dann nur eine Lesung genommen.

FEST DER HEILIGEN FAMILIE

Für die Familie von heute, Vater, Mutter und Kinder, was kann für sie die Heilige Familie von Nazaret bedeuten? Damals war doch alles ganz anders. Alles? Maria und Josef liebten das Kind und sorgten für es.
Fragen und Schmerzen warten auf das Kind und die Eltern. Nichts kann ihnen schaden: nichts dem Kind, das geliebt wird, und nichts den Eltern, die vertrauen und bereit sind, das Leben des Kindes und ihr eigenes zu wagen.

ERÖFFNUNGSVERS   Lk 2, 16

Die Hirten eilten hin und fanden Maria und Josef
und das Kind, das in einer Krippe lag.

Ehre sei Gott, S. 227f.

TAGESGEBET

Herr, unser Gott,
in der Heiligen Familie
hast du uns ein leuchtendes Vorbild geschenkt.
Gib unseren Familien die Gnade,
dass auch sie in Frömmigkeit und Eintracht leben
und einander in der Liebe verbunden bleiben.
Führe uns alle
zur ewigen Gemeinschaft in deinem Vaterhaus.
Darum bitten wir durch Jesus Christus.

LESEJAHR A

ZUR 1. LESUNG *Mahnungen, wie sie der „Sohn des Sirach" im 2. Jahrhundert v.Chr. geschrieben hat, wagt heute kaum mehr jemand zu schreiben. Umso notwendiger ist es, sie zu überdenken. – Die Lesung hat keine Beziehung zur Heiligen Familie von Nazaret; sie dient allgemein der Familie von damals und von heute als Maßstab eigenen Handelns.*

ERSTE LESUNG   Sir 3, 2–6.12–14 (3–7.14–17a)*

Wer den Herrn fürchtet, ehrt seine Eltern

Lesung
  aus dem Buch Jesus Sirach.

Der Herr hat dem Vater Ehre verliehen bei den Kindern
und das Recht der Mutter bei den Söhnen bestätigt.
Wer den Vater ehrt,
  sühnt Sünden,
und wer seine Mutter ehrt,
  sammelt Schätze.
Wer den Vater ehrt, wird Freude haben an den Kindern
und am Tag seines Gebets
  wird er erhört.
Wer den Vater ehrt, wird lange leben,
und seiner Mutter verschafft Ruhe, wer auf den Herrn hört.
Kind, nimm dich deines Vaters im Alter an
  und kränke ihn nicht, solange er lebt!
Wenn er an Verstand nachlässt,
  übe Nachsicht
und verachte ihn nicht in deiner ganzen Kraft!
Denn die dem Vater erwiesene Liebestat wird nicht vergessen;
und statt der Sünden wird sie dir zur Erbauung dienen.

---

* Die Verszählung in den Klammern bezieht sich bei den Lesungen auf die Nova Vulgata.

Fest der Heiligen Familie — Lesejahr A

ANTWORTPSALM
Ps 128 (127), 1–2.3.4–5 (Kv: vgl. 1)
GL 71, 1, VIII. Tor

Kv **Selig die Menschen,**
die Gottes Wege gehn. – Kv

1 Selig jeder, der den HERRN fürchtet, *
der auf seinen Wegen geht!
2 Was deine Hände erarbeitet haben, wirst du genießen; *
selig bist du – es wird dir gut ergehn. – (Kv)
3 Deine Frau ist wie ein fruchtbarer Weinstock *
im Innern deines Hauses.
Wie Schösslinge von Ölbäumen sind deine Kinder *
rings um deinen Tisch herum. – (Kv)
4 Siehe, so wird der Mann gesegnet, *
der den HERRN fürchtet.
5 Es segne dich der HERR vom Zion her. *
Du sollst schauen das Glück Jerusalems alle Tage deines Lebens. – Kv

ZUR 2. LESUNG *Allen Mahnungen an die Gemeinde und ihre verschiedenen Teile voraus steht die Aussage, dass Gott uns kennt und liebt. Daraus ergibt sich die Grundregel für das Zusammenleben der Christen: Die Liebe ist das Band, das alles zusammenhält und vollkommen macht. Wo das Wort Christi gehört wird, wohnt der Friede und wird die Freude spürbar, die aus Gott kommt.*

ZWEITE LESUNG
Kol 3, 12–21

Die Liebe ist das Band der Vollkommenheit

Lesung
  aus dem Brief des Apostels Paulus
  an die Gemeinde in Kolóssä.

Schwestern und Brüder!
12 Bekleidet euch,
  als Erwählte Gottes, Heilige und Geliebte,
  mit innigem Erbarmen,
Güte, Demut, Milde, Geduld!
13 Ertragt einander
und vergebt einander,
  wenn einer dem anderen etwas vorzuwerfen hat!

Wie der Herr euch vergeben hat,
  so vergebt auch ihr!
Vor allem bekleidet euch mit der Liebe,
  die das Band der Vollkommenheit ist!
Und der Friede Christi triumphiere in euren Herzen.
Dazu seid ihr berufen als Glieder des einen Leibes.
Seid dankbar!

Das Wort Christi wohne mit seinem ganzen Reichtum bei euch.
In aller Weisheit belehrt und ermahnt einander!
Singt Gott Psalmen, Hymnen und geistliche Lieder
  in Dankbarkeit in euren Herzen!
Alles, was ihr in Wort oder Werk tut,
  geschehe im Namen Jesu, des Herrn.
Dankt Gott, dem Vater, durch ihn!

Ihr Frauen,
ordnet euch den Männern unter,
  wie es sich im Herrn geziemt!
Ihr Männer,
liebt die Frauen
  und seid nicht erbittert gegen sie!
Ihr Kinder,
gehorcht euren Eltern in allem,
denn das ist dem Herrn wohlgefällig!
Ihr Väter,
schüchtert eure Kinder nicht ein,
  damit sie nicht mutlos werden!

RUF VOR DEM EVANGELIUM

Vers: Kol 3, 15a.16a

Halleluja. Halleluja.

Der Friede Christi triumphiere in euren Herzen.
Das Wort Christi wohne mit seinem ganzen Reichtum bei euch.

Halleluja.

ZUM EVANGELIUM *Betlehem, Ägypten und Nazaret heißen die drei Stationen des Messiaskindes. Das Kind steht unter Gottes Schutz und es erfährt die sorgende Liebe seiner Eltern. Der Evangelist will aber noch etwas anderes zeigen: Israel steht an der entscheidenden Wende seiner Geschichte. Die Rückkehr Jesu aus Ägypten erinnert an die Anfänge des Volkes Israel. Jesus ist der neue Anfang.*

EVANGELIUM Mt 2, 13–15.19–23

Nimm das Kind und seine Mutter und flieh nach Ägypten!

✛ Aus dem heiligen Evangelium nach Matthäus.

¹³ Als die Sterndeuter wieder gegangen waren,
 siehe, da erschien dem Josef im Traum ein Engel des Herrn
und sagte: Steh auf,
nimm das Kind und seine Mutter
und flieh nach Ägypten;
dort bleibe, bis ich dir etwas anderes auftrage;
denn Herodes wird das Kind suchen,
 um es zu töten.

¹⁴ Da stand Josef auf
 und floh in der Nacht mit dem Kind und dessen Mutter
 nach Ägypten.

¹⁵ Dort blieb er bis zum Tod des Herodes.
Denn es sollte sich erfüllen,
 was der Herr durch den Propheten gesagt hat:
Aus Ägypten habe ich meinen Sohn gerufen.

¹⁹ Als Herodes gestorben war,
 siehe, da erschien dem Josef in Ägypten
 ein Engel des Herrn im Traum

²⁰ und sagte: Steh auf,
nimm das Kind und seine Mutter
 und zieh in das Land Israel;
denn die Leute, die dem Kind nach dem Leben getrachtet haben,
 sind tot.

²¹ Da stand er auf
 und zog mit dem Kind und dessen Mutter in das Land Israel.

Als er aber hörte,
dass in Judäa Archeláus anstelle
seines Vaters Herodes regierte,
fürchtete er sich, dorthin zu gehen.
Und weil er im Traum einen Befehl erhalten hatte,
zog er in das Gebiet von Galiläa
und ließ sich in einer Stadt namens Nazaret nieder.
Denn es sollte sich erfüllen,
was durch die Propheten gesagt worden ist:
Er wird Nazoräer genannt werden.

Fortsetzung s. S. 170

LESEJAHR B

ERSTE LESUNG Sir 3, 2–6.12–14 (3–7.14–17a) ⟦1⟧

siehe S. 155

ANTWORTSPSALM Ps 128 (127), 1–2.3.4–5 (Kv: vgl. 1) ⟦2⟧

siehe S. 156

Oder:

ZUR 1. LESUNG *Mit einer dreifachen Verheißung hatte Gott Abraham auf den Weg geschickt: Nachkommenschaft, Land und Segen. Abraham vertraute dem Wort Gottes; glaubend wartete er, bis ihm der verheißene Sohn geboren wurde, der Erbe des Segens. Abraham nannte ihn Isaak: Kind der Freude Gottes und seiner Eltern.*

ERSTE LESUNG Gen 15, 1–6; 21, 1–3 ⟦2⟧

Dein leiblicher Sohn wird dein Erbe sein

Lesung
aus dem Buch Génesis.

In jenen Tagen
erging das Wort des HERRN in einer Vision an Abram:
Fürchte dich nicht, Abram,

ich selbst bin dir ein Schild;
dein Lohn wird sehr groß sein.

² Abram antwortete: Herr und GOTT,
was kannst du mir geben?
Ich gehe kinderlos dahin
und Erbe meines Hauses ist Eliser aus Damáskus.

³ Und Abram sagte:
  Siehe, du hast mir keine Nachkommen gegeben;
so wird mich mein Haussklave beerben.

⁴ Aber siehe, das Wort des HERRN erging an ihn:
  Nicht er wird dich beerben,
  sondern dein leiblicher Sohn wird dein Erbe sein.

⁵ Er führte ihn hinaus
und sprach: Sieh doch zum Himmel hinauf
und zähl die Sterne,
  wenn du sie zählen kannst!
Und er sprach zu ihm:
  So zahlreich werden deine Nachkommen sein.

⁶ Und er glaubte dem HERRN
und das rechnete er ihm als Gerechtigkeit an.

²¹،¹ Der HERR nahm sich Saras an,
  wie er gesagt hatte,
und er tat Sara so, wie er versprochen hatte.

² Sara wurde schwanger
und gebar dem Abraham noch in seinem Alter einen Sohn
  zu der Zeit, die Gott angegeben hatte.

³ Abraham gab seinem Sohn, den ihm Sara gebar,
  den Namen Ísaak.

2 ANTWORTPSALM   Ps 105 (104), 1–2.3–4.5–6.8–9 (Kv: vgl. 7a.8a)

Kv Der HERR ist unser Gott;   GL 60, 1, VI. Ton
auf ewig gedenkt er seines Bundes. – Kv

¹ Dankt dem HERRN! Ruft sei<u>nen</u> Namen aus! *
Macht unter den Völkern sei<u>ne</u> Taten bekannt!

[ ] Singt ihm und spielt ihm, *
sinnt nach über all seine Wunder! – (Kv)

Rühmt euch seines heiligen Namens! *
Die den HERRN suchen, sollen sich von Herzen freuen.
Fragt nach dem HERRN und seiner Macht, *
sucht sein Angesicht allezeit! – (Kv)

Gedenkt der Wunder, die er getan hat, *
seiner Zeichen und der Beschlüsse seines Mundes!
Ihr Nachkommen seines Knechtes Abraham, *
ihr Kinder Jakobs, die er erwählt hat. – (Kv)

Auf ewig gedachte er seines Bundes, *
des Wortes, das er gebot für tausend Geschlechter,
des Bundes, den er mit Abraham geschlossen, *
seines Eides, den er Ísaak geschworen hat. – Kv

ZWEITE LESUNG Kol 3, 12–21 [1]

siehe S. 156 f.

RUF VOR DEM EVANGELIUM Vers: Kol 3, 15a u. 16a [1]

siehe S. 157

Oder:

ZUR 2. LESUNG *Es versteht sich nicht von selbst, dass ein Mensch sich nach dem Wort Gottes richtet. Die Lesung weist auf die großen Gestalten des Ersten Bundes, die Patriarchen, hin. Sie gingen den Weg des Glaubens und vertrauten der Zusage Gottes, auch wenn sie und ihre Nachkommen Gottes Gebote oft nicht hielten.*

ZWEITE LESUNG Hebr 11, 8.11–12.17–19 [2]

Der Glaube Abrahams, Saras und Isaaks

Lesung
  aus dem Hebräerbrief.

Aufgrund des Glaubens gehorchte Abraham dem Ruf,
  wegzuziehen in ein Land, das er zum Erbe erhalten sollte;
und er zog weg,
  ohne zu wissen, wohin er kommen würde.

¹¹ Aufgrund des Glaubens
   empfing selbst Sara, die unfruchtbar war, die Kraft,
   trotz ihres Alters noch Mutter zu werden;
 denn sie hielt den für treu,
   der die Verheißung gegeben hatte.
¹² So stammen denn auch von einem einzigen Menschen,
   dessen Kraft bereits erstorben war,
   viele ab:
 zahlreich wie die Sterne am Himmel
   und der Sand am Meeresstrand, den man nicht zählen kann.
¹⁷ Aufgrund des Glaubens hat Abraham den Ísaak hingegeben,
   als er auf die Probe gestellt wurde;
 er gab den einzigen Sohn dahin,
 er, der die Verheißungen empfangen hatte
¹⁸ und zu dem gesagt worden war:
   Durch Ísaak wirst du Nachkommen haben.
¹⁹ Er war überzeugt,
   dass Gott sogar die Macht hat, von den Toten zu erwecken;
 darum erhielt er Ísaak auch zurück.
 Das ist ein Sinnbild.

2 RUF VOR DEM EVANGELIUM   Vers: vgl. Hebr 1, 1–2

Halleluja. Halleluja.
Einst hat Gott zu den Vätern gesprochen durch die Propheten;
heute aber hat er zu uns gesprochen durch den Sohn.
Halleluja.

ZUM EVANGELIUM *Die Eltern Jesu halten sich an die Vorschrift des Gesetzes. Sie bringen ihr Kind zum Tempel, um es dem Herrn zu weihen und das vorgeschriebene Opfer darzubringen. Durch Worte des greisen Simeon wird offenbar, dass Jesus nicht, wie die anderen Erstgeborenen, einfach der Familie zurückgegeben wird. An das Loblied des Simeon schließt sich eine Weissagung an, von der auch Maria, die Mutter, betroffen wird. Schon wird das Kreuz sichtbar. Zunächst aber wird das Kind bei seinen Eltern in Nazaret bleiben und von ihnen alles lernen: sprechen, gehen, beten, arbeiten.*

Lesejahr B Fest der Heiligen Familie **163**

EVANGELIUM Lk 2, 22–40 [1]

Das Kind wuchs heran, erfüllt mit Weisheit

+ Aus dem heiligen Evangelium nach Lukas.

Als sich für die Eltern Jesu
 die Tage der vom Gesetz des Mose
 vorgeschriebenen Reinigung erfüllt hatten,
brachten sie das Kind nach Jerusalem hinauf,
 um es dem Herrn darzustellen,
wie im Gesetz des Herrn geschrieben ist:
 Jede männliche Erstgeburt
 soll dem Herrn heilig genannt werden.
Auch wollten sie ihr Opfer darbringen,
 wie es das Gesetz des Herrn vorschreibt:
ein Paar Turteltauben oder zwei junge Tauben.

Und siehe, in Jerusalem lebte ein Mann namens Símeon.
Dieser Mann war gerecht und fromm
 und wartete auf den Trost Israels
und der Heilige Geist ruhte auf ihm.
Vom Heiligen Geist war ihm offenbart worden,
 er werde den Tod nicht schauen,
 ehe er den Christus des Herrn gesehen habe.

Er wurde vom Geist in den Tempel geführt;
und als die Eltern das Kind Jesus hereinbrachten,
 um mit ihm zu tun, was nach dem Gesetz üblich war,
 nahm Símeon das Kind in seine Arme
und pries Gott mit den Worten:

Nun lässt du, Herr,
 deinen Knecht, wie du gesagt hast, in Frieden scheiden.
Denn meine Augen haben das Heil gesehen,
 das du vor allen Völkern bereitet hast,
ein Licht, das die Heiden erleuchtet,
 und Herrlichkeit für dein Volk Israel.

Sein Vater und seine Mutter
 staunten über die Worte, die über Jesus gesagt wurden.

⁳⁴ Und Símeon segnete sie
und sagte zu Maria, der Mutter Jesu:
    Siehe, dieser ist dazu bestimmt,
    dass in Israel viele zu Fall kommen
    und aufgerichtet werden,
und er wird ein Zeichen sein, dem widersprochen wird, –
³⁵ und deine Seele wird ein Schwert durchdringen.
So sollen die Gedanken vieler Herzen offenbar werden.
³⁶ Damals lebte auch Hanna, eine Prophetin,
eine Tochter Pénuëls, aus dem Stamm Ascher.
Sie war schon hochbetagt.
Als junges Mädchen hatte sie geheiratet
    und sieben Jahre mit ihrem Mann gelebt;
³⁷ nun war sie eine Witwe von vierundachtzig Jahren.
Sie hielt sich ständig im Tempel auf
    und diente Gott Tag und Nacht mit Fasten und Beten.
³⁸ Zu derselben Stunde trat sie hinzu,
pries Gott
und sprach über das Kind
    zu allen, die auf die Erlösung Jerusalems warteten.
³⁹ Als seine Eltern alles getan hatten,
    was das Gesetz des Herrn vorschreibt,
    kehrten sie nach Galiläa in ihre Stadt Nazaret zurück.
⁴⁰ Das Kind wuchs heran und wurde stark,
    erfüllt mit Weisheit,
und Gottes Gnade ruhte auf ihm.

Lesejahr C   Fest der Heiligen Familie   165

Oder Kurzfassung:

EVANGELIUM Lk 2, 22.39–40 [2]

Das Kind wuchs heran, erfüllt mit Weisheit

✛ **Aus dem heiligen Evangelium nach Lukas.**
Als sich für die Eltern Jesu
  die Tage der vom Gesetz des Mose
  vorgeschriebenen Reinigung erfüllt hatten,
brachten sie das Kind nach Jerusalem hinauf,
  um es dem Herrn darzustellen.

Als seine Eltern alles getan hatten,
  was das Gesetz des Herrn vorschreibt,
  kehrten sie nach Galiläa in ihre Stadt Nazaret zurück.

Das Kind wuchs heran und wurde stark,
  erfüllt mit Weisheit,
und Gottes Gnade ruhte auf ihm.

Fortsetzung s. S. 170

LESEJAHR C

ERSTE LESUNG Sir 3, 2–6.12–14 (3–7.14–17a) [1]

siehe S. 155

ANTWORTSPSALM Ps 128 (127), 1–2.3.4–5 (Kv: vgl. 1) [1]

siehe S. 156

Oder:

ZUR 1. LESUNG *Der kleine Samuel, von dem hier erzählt wird, sollte sein Leben lang Israel „richten", d.h. dem Volk den Willen Gottes verkünden und es mit Weisheit und Treue beraten. Die Wichtigkeit dieses letzten „Richters" von Israel wird schon durch die Tatsache angezeigt, dass seine Kindheitsgeschichte erzählt wird. Samuel war von seiner Mutter Hanna erbeten und zugleich dem Herrn versprochen worden. Hanna weiß, dass sie Gott nichts anbieten kann, als was er selbst ihr geben wird. Sie weiht das erwartete Kind dem Dienst Gottes und zweifelt nicht daran, damit auch ihrem Kind das Größte zu geben, was sie ihm nach der Geburt noch geben kann: das Leben in der Gegenwart des lebendigen Gottes.*

2 ERSTE LESUNG 1 Sam 1, 20–22.24–28

Er soll für sein ganzes Leben ein vom Herrn Zurückgeforderter sein

Lesung
   aus dem ersten Buch Sámuel.

²⁰ Hanna, die Frau Elkánas, wurde schwanger.
Sie gebar einen Sohn
   und nannte ihn Sámuel,
denn sie sagte: Ich habe ihn vom HERRN erbeten.
²¹ Als dann Elkána
   mit seiner ganzen Familie wieder nach Schilo hinaufzog,
   um dem HERRN das jährliche Opfer
   und die Gaben, die er gelobt hatte, darzubringen,
²² zog Hanna nicht mit,
sondern sagte zu ihrem Mann:
   Ich werde den Knaben
   erst, wenn er entwöhnt ist, hinaufbringen;
dann soll er vor dem Angesicht des HERRN erscheinen
   und für immer dort bleiben.
²⁴ Als sie ihn entwöhnt hatte, nahm sie ihn mit hinauf,
dazu einen dreijährigen Stier,
   ein Efa Mehl und einen Schlauch Wein.
So brachte sie ihn zum Haus des HERRN in Schilo;
der Knabe aber war damals noch sehr jung.
²⁵ Als sie den Stier geschlachtet hatten,
   brachten sie den Knaben zu Eli
²⁶ und Hanna sagte: Bitte, mein Herr,
so wahr du lebst, mein Herr,
ich bin die Frau, die damals neben dir stand,
   um zum HERRN zu beten.

Ich habe um diesen Knaben gebetet
und der HERR hat mir die Bitte erfüllt,
  die ich an ihn gerichtet habe.
Darum lasse ich ihn auch vom HERRN zurückfordern.
Er soll für sein ganzes Leben
ein vom HERRN Zurückgeforderter sein.
Und sie beteten dort den HERRN an.

ANTWORTPSALM Ps 84 (83), 2–3.5–6.9–10 (Kv: vgl. 5) [2]

Kv **Selig, die in deinem Hause wohnen, Herr,** GL 651,7, V. Ton
die dich loben allezeit. – Kv

Wie liebenswert ist deine Wohnung, du HERR der Heerscharen! /
Meine Seele verzehrt sich in Sehnsucht *
nach den Höfen des HERRN.
Mein Herz und mein Fleisch, *
sie jubeln dem lebendigen Gott entgegen. – (Kv)

Selig, die wohnen in deinem Haus, *
die dich allezeit loben.
Selig die Menschen, die Kraft finden in dir, *
die Pilgerwege im Herzen haben. – (Kv)

HERR, Gott der Heerscharen, höre mein Bittgebet, *
vernimm es, Gott Jakobs!
Gott, sieh her auf unsern Schild, *
schau auf das Angesicht deines Gesalbten! – Kv

ZWEITE LESUNG Kol 3, 12–21 [1]

siehe S. 156 f.

RUF VOR DEM EVANGELIUM Vers: Kol 3, 15a u. 16a [1]

siehe S. 157

Oder:

ZUR 2. LESUNG *Wer nicht an Gott glaubt und wer Jesus Christus nicht kennt, wird nie verstehen, was das überhaupt heißen soll: Kind Gottes sein. Es heißt vor allem: von Gott angenommen sein, ganz und endgültig. Und auch: in Gottes Nähe leben, von seiner Liebe geprägt sein. „Die Welt erkennt uns nicht"; wir selbst haben als Glaubende oft genug Mühe, es zu fassen. Erst indem wir das, was wir sind, wirklich leben und „die Gerechtigkeit tun", begreifen wir allmählich die Wahrheit dessen, was wir glauben; wir werden fähig, auch in anderen Menschen das Leuchten der Gegenwart Gottes zu sehen.*

2 ZWEITE LESUNG 1 Joh 3, 1–2.21–24

Wir heißen Kinder Gottes und wir sind es

Lesung
aus dem ersten Johannesbrief.

Schwestern und Brüder!

¹ Seht, welche Liebe uns der Vater geschenkt hat:
Wir heißen Kinder Gottes
und wir sind es.
Deshalb erkennt die Welt uns nicht,
weil sie ihn nicht erkannt hat.

² Geliebte, jetzt sind wir Kinder Gottes.
Doch ist noch nicht offenbar geworden,
was wir sein werden.
Wir wissen,
dass wir ihm ähnlich sein werden, wenn er offenbar wird;
denn wir werden ihn sehen, wie er ist.

²¹ Geliebte, wenn das Herz uns aber nicht verurteilt,
haben wir gegenüber Gott Zuversicht;

²² und alles, was wir erbitten, empfangen wir von ihm,
weil wir seine Gebote halten
und tun, was ihm gefällt.

²³ Und das ist sein Gebot:
Wir sollen an den Namen seines Sohnes Jesus Christus glauben
und einander lieben gemäß dem Gebot, das er uns gegeben hat.

²⁴ Wer seine Gebote hält,
bleibt in Gott und Gott in ihm.

Und daran erkennen wir,
   dass er in uns bleibt:
an dem Geist, den er uns gegeben hat.

RUF VOR DEM EVANGELIUM Vers: vgl. Apg 16,14b

Halleluja. Halleluja.

Herr, öffne uns das Herz,
dass wir auf die Worte deines Sohnes hören.

Halleluja.

ZUM EVANGELIUM *Jesus liebte seine Eltern, aber in Jerusalem musste er, wenigstens für drei Tage, im Haus seines Vaters bleiben. Gottes Welt und Wort sind sein Lebenselement. Jesus hat die Lehrer im Tempel Vieles zu fragen; unversehens wird aber der Fragende zum Lehrenden. Seine Eltern kostet es Mühe, das zu begreifen. Und er selbst braucht die Jahre seiner Jugend, um in seine Sendung hineinzuwachsen.*

EVANGELIUM Lk 2, 41–52

Sie fanden Jesus im Tempel; er saß mitten unter den Lehrern

☩ Aus dem heiligen Evangelium nach Lukas.

Die Eltern Jesu
   gingen jedes Jahr zum Paschafest* nach Jerusalem.
Als er zwölf Jahre alt geworden war,
   zogen sie wieder hinauf, wie es dem Festbrauch entsprach.
Nachdem die Festtage zu Ende waren,
   machten sie sich auf den Heimweg.
Der Knabe Jesus aber blieb in Jerusalem,
   ohne dass seine Eltern es merkten.
Sie meinten, er sei in der Pilgergruppe,
   und reisten eine Tagesstrecke weit;
dann suchten sie ihn bei den Verwandten und Bekannten.

---

* Sprich: Pas-chafest.

⁴⁵ Als sie ihn nicht fanden,
   kehrten sie nach Jerusalem zurück und suchten nach ihm.
⁴⁶ Da geschah es, nach drei Tagen fanden sie ihn im Tempel;
er saß mitten unter den Lehrern,
hörte ihnen zu
und stellte Fragen.
⁴⁷ Alle, die ihn hörten, waren erstaunt
   über sein Verständnis und über seine Antworten.
⁴⁸ Als seine Eltern ihn sahen, waren sie voll Staunen
und seine Mutter sagte zu ihm:
   Kind, warum hast du uns das angetan?
Siehe, dein Vater und ich haben dich mit Schmerzen gesucht.
⁴⁹ Da sagte er zu ihnen:
   Warum habt ihr mich gesucht?
Wusstet ihr nicht,
   dass ich in dem sein muss, was meinem Vater gehört?
⁵⁰ Doch sie verstanden das Wort nicht, das er zu ihnen gesagt hatte.
⁵¹ Dann kehrte er mit ihnen nach Nazaret zurück
   und war ihnen gehorsam.
Seine Mutter bewahrte all die Worte in ihrem Herzen.
⁵² Jesus aber wuchs heran
und seine Weisheit nahm zu
und er fand Gefallen bei Gott und den Menschen.

Am Sonntag: **Glaubensbekenntnis,** S. 230 ff.
Fürbitten vgl. S. 269 f.

ZUR EUCHARISTIEFEIER   *Jesus hat unser menschliches Leben mit all seinen Facetten geteilt. Nichts Menschliches ist ihm fremd geblieben. Bei den Gaben auf dem Altar hat alles Platz, was unser Leben ausmacht. Hier ist der Ort, wo Veränderung und Wandlung beginnt.*

Fest der Heiligen Familie

GABENGEBET

Herr, unser Gott,
am Fest der Heiligen Familie
bringen wir das Opfer der Versöhnung dar.
Höre auf die Fürsprache
der jungfräulichen Gottesmutter
und des heiligen Josef.
Erhalte unsere Familien in deiner Gnade
und in deinem Frieden.
Darum bitten wir durch Christus, unseren Herrn.

Weihnachtspräfation, S. 264 f.
In den Hochgebeten I–III eigener Einschub

KOMMUNIONVERS   Bar 3, 38

Unser Gott ist auf der Erde erschienen,
als Mensch unter den Menschen.

SCHLUSSGEBET

Gott, unser Vater,
du hast uns mit dem Brot des Himmels gestärkt.
Bleibe bei uns mit deiner Gnade,
damit wir das Vorbild der Heiligen Familie nachahmen
und nach der Mühsal dieses Lebens
in ihrer Gemeinschaft das Erbe erlangen,
das du deinen Kindern bereitet hast.
Darum bitten wir durch Christus, unseren Herrn.

Wir sind aufgerufen, uns gegenseitig zu achten und zu ermutigen und alle zu erreichen, die in Not sind. Die christlichen Familien haben diese besondere Aufgabe: die Liebe Gottes auszustrahlen und das lebenspendende Wasser seines Geistes zu verströmen. Das ist heute besonders wichtig, denn wir erleben die Ausbreitung neuer Wüsten, die durch eine Kultur des Egoismus und der Gleichgültigkeit gegenüber den anderen gebildet werden. (Papst Franziskus)

SPIRITUELLE IMPULSE ZUM JAHRESWECHSEL

Die folgenden Impulse laden dazu ein, den Jahreswechsel als eine Gelegenheit zu nutzen, die eigene Lebenszeit in den Blick zu nehmen. Sie sollen helfen, Ereignisse und Erfahrungen des zurückliegenden Jahres vor Gottes Angesicht zu reflektieren und für den persönlichen Weg ins Neue Jahr fruchtbar zu machen.

SCHRIFTLESUNG
Koh 3,1–8

¹ Alles hat seine Stunde. Für jedes Geschehen unter dem Himmel gibt es eine bestimmte Zeit: ² eine Zeit zum Gebären und eine Zeit zum Sterben, eine Zeit zum Pflanzen und eine Zeit zum Ausreißen der Pflanzen, ³ eine Zeit zum Töten und eine Zeit zum Heilen, eine Zeit zum Niederreißen und eine Zeit zum Bauen, ⁴ eine Zeit zum Weinen und eine Zeit zum Lachen, eine Zeit für die Klage und eine Zeit für den Tanz; ⁵ eine Zeit zum Steinewerfen und eine Zeit zum Steinesammeln, eine Zeit zum Umarmen und eine Zeit, die Umarmung zu lösen, ⁶ eine Zeit zum Suchen und eine Zeit zum Verlieren, eine Zeit zum Behalten und eine Zeit zum Wegwerfen, ⁷ eine Zeit zum Zerreißen und eine Zeit zum Zusammennähen, eine Zeit zum Schweigen und eine Zeit zum Reden, ⁸ eine Zeit zum Lieben und eine Zeit zum Hassen, eine Zeit für den Krieg und eine Zeit für den Frieden.

Reflexion: Jahreszeiten – Lebenszeiten

Alle Zeit – unser Leben wie der Ablauf eines Jahres – unterliegt dem ständigen Wechsel von Werden und Vergehen, von Anfangen und Beenden. Was wir Jahr für Jahr in den *Jahreszeiten* erleben, ist wie ein Spiegel, der uns die unterschiedlichen Dimensionen des Lebens vor Augen führt: In jedem Jahr wie in jedem Leben gibt es immer wieder Zeiten und Erfahrungen von „Frühling", wo Neues aufbricht – „Sommer", wo wir die Schönheit des Lebens feiern – „Herbst", wo wir die Früchte unseres Bemühens genießen dürfen – „Winter", wo wir zur Ruhe kommen und uns neu finden können.

Im Zyklus des *Kirchenjahres* werden diese wiederkehrenden Dimensionen unseres Lebens aufgenommen und mit der Dimension des Glaubens verknüpft: Beginnend mit der Erwartung und dem Ereignis der Geburt des

Erlösers (Advent und Weihnachtszeit) wird das keimende Leben in der Natur – vor allem in der Osterzeit – zum Bild für den Aufbruch neuen Lebens durch den Glauben an die Auferstehung Jesu. Die Sendung des Heiligen Geistes, die wir an Pfingsten feiern, macht die Fülle des Lebens und die Freude sichtbar, wie sie in der Zeit des Sommers erfahrbar wird. Beim Erntedankfest, das zeitlich mit der Reife- und Erntezeit zusammenfällt, danken wir für die Früchte der Natur und der menschlichen Arbeit und ehren Gott als den Geber alles Guten. Schließlich wird die Endlichkeit des Lebens, die durch das Absterben der Pflanzen im Winter sichtbar ist, zum Ende des Kirchenjahres aufgegriffen (Allerheiligen, Allerseelen) und zugleich aufgebrochen durch die gläubige Erwartung der Wiederkunft Christi (Christkönigssonntag). So feiern wir in jedem Kirchenjahr aufs Neue unseren Glauben an Gott, der alle Zeit in seinen Händen hält, „der ist und der war und der kommt" (Offb 1,8).

I. Frühling – Aufbruch und Wachstum

Wie aus dem Nichts entsteht in der Natur neues Leben. Was klein und unscheinbar ist, bricht plötzlich auf und beginnt zu wachsen. – So auch in unserem Leben: Es sind die Momente, in denen Neues entsteht, in denen ein neuer Anfang gemacht wird, Erfahrungen von Aufbruch, Wagnis, Entdeckungen ...

SCHRIFTLESUNG   Mt 13,31 f.
Das Gleichnis vom Senfkorn

31 Jesus legte ihnen ein Gleichnis vor und sagte: Mit dem Himmelreich ist es wie mit einem Senfkorn, das ein Mann auf seinen Acker säte. 32 Es ist das kleinste von allen Samenkörnern; sobald es aber hochgewachsen ist, ist es größer als die anderen Gewächse und wird zu einem Baum, sodass die Vögel des Himmels kommen und in seinen Zweigen nisten.

Mein persönlicher Blick auf das vergangene Jahr:
- *Was ist in diesem Jahr in mir / durch mich gewachsen?*
- *Ist in meinem Leben etwas Neues aufgebrochen?*
- *Gibt es Bereiche, in denen ich mich weiterentwickeln kann?*

Gott, du hast die Welt aus dem Nichts geschaffen, du schenkst Gedeihen und Wachstum. Stärke in mir die Kräfte und Fähigkeiten, die mich weiter voranbringen und meine Entwicklung fördern. Lass mich in den kleinen Dingen des Alltags die Chancen und Möglichkeiten erkennen, die sie in sich bergen. Mache mich bereit, immer neu anzufangen und die nötigen Schritte zu tun. – Amen.

II. Sommer – Glück und Lebensfreude

Die Sommerzeit verbinden wir mit Wärme, Glück und Lebensfreude. – Es ist wichtig und hilfreich, sich immer wieder die positiven Erfahrungen ins Gedächtnis zu rufen und sich daran aufzurichten, um bei allem Betrieb und den Sorgen des Alltags den Sinn des Lebens nicht aus den Augen zu verlieren. Es sind die Erfahrungen und Momente, die uns unbeschwert das Leben genießen lassen; die Freude an den kleinen und großen Dingen, die uns geschenkt werden ...

SCHRIFTLESUNG   Koh 5,17–19

[17] Das vollkommene Glück besteht darin, dass jemand isst und trinkt und das Glück kennenlernt durch seinen eigenen Besitz, für den er sich unter der Sonne anstrengt während der wenigen Tage seines Lebens, die Gott ihm geschenkt hat. Denn das ist sein Anteil. [18] Außerdem: Immer wenn Gott einem Menschen Reichtum und Wohlstand geschenkt und ihn ermächtigt hat, davon zu essen und seinen Anteil fortzutragen und durch seinen Besitz Freude zu gewinnen, besteht das eigentliche Geschenk Gottes darin, [19] dass dieser Mensch sich nicht so oft daran erinnern muss, wie wenige Tage sein Leben zählt, weil Gott ihm Antwort gibt in der Freude seines Herzens.

Mein persönlicher Blick auf das vergangene Jahr:
- *Worüber habe ich mich in diesem Jahr besonders gefreut?*
- *Wo ist mir etwas gut gelungen? Wo nicht?*
- *Gab es Begegnungen, an die ich mich gerne erinnere?*

Gott, du Geber alles Guten, ich danke dir für alle Erfahrungen, die mein Leben im zurückliegenden Jahr bereichert haben, die Begegnungen und Ereignisse, die mein Herz mit Freude und Glück erfüllt haben. Hilf mir, immer wieder mein Leben als dein Geschenk anzunehmen und mich daran zu freuen. – Amen.

II. Herbst – Reifung und Dankbarkeit

Im Herbst zeigen sich die Früchte dessen, was im Lauf des Jahres entstanden und gewachsen ist: Zeit für die Ernte, die den Ertrag von Natur und menschlicher Arbeit einbringt. – Es sind die „herbstlichen" Momente, in denen wir die Früchte unseres Bemühens und unserer Arbeit genießen können; Zeiten der Dankbarkeit und Wertschätzung, die wir selbst erfahren oder anderen schenken ...

SCHRIFTLESUNG Ps 104 (103), 1–2.10–15.33

Loblied auf den Schöpfer

¹ Preise den HERRN, meine Seele! HERR, mein Gott, überaus groß bist du! Du bist mit Hoheit und Pracht bekleidet. ² Du hüllst dich in Licht wie in einen Mantel, du spannst den Himmel aus gleich einem Zelt. ¹⁰ Du lässt Quellen sprudeln in Bäche, sie eilen zwischen den Bergen dahin. ¹¹ Sie tränken alle Tiere des Feldes, die Wildesel stillen ihren Durst. ¹² Darüber wohnen die Vögel des Himmels, aus den Zweigen erklingt ihr Gesang. ¹³ Du tränkst die Berge aus deinen Kammern, von der Frucht deiner Werke wird die Erde satt. ¹⁴ Du lässt Gras wachsen für das Vieh und Pflanzen für den Ackerbau des Menschen, damit er Brot gewinnt von der Erde ¹⁵ und Wein, der das Herz des Menschen erfreut, damit er das Angesicht erglänzen lässt mit Öl und Brot das Herz des Menschen stärkt. ³³ Ich will dem HERRN singen in meinem Leben, meinem Gott singen und spielen, solange ich da bin.

Mein persönlicher Blick auf das vergangene Jahr:
- *Was ist mir im vergangenen Jahr besonders wichtig geworden?*
- *Sind mir Menschen oder Dinge ans Herz gewachsen?*
- *Gab es einschneidende Erlebnisse, die mein Leben verändert haben?*

Allmächtiger Gott, dir gebührt der Dank für die reichen Gaben deiner Schöpfung. Von dir kommt die Kraft für alles Bemühen und Vollbringen des Menschen. – Ich danke dir für alle guten Gaben, für die Menschen, die mich in diesem Jahr begleitet haben, für all das, was mich hat wachsen und reifen lassen. Dir sei Lob und Ehre in Ewigkeit. – Amen.

IV. Winter – Beenden und Bewahren

Zum jährlichen Kreislauf der Natur – wie dem Zyklus unseres menschlichen Lebens – gehört auch die Erfahrung von Endlichkeit, Vergehen und Sterben. Dies wird im Winter besonders deutlich, wenn das Leben in der Natur zur Ruhe kommt und die Kälte alle Wachstumsprozesse bremst. Was in der Erde ruht, bewahrt in sich die Lebenskraft, um nach dem Winter neu hervorzubrechen ... – Solche „winterliche" Zeiten gehören auch zu unserem Leben: oft schmerzliche Erfahrungen von Begrenztheit, Niedergang und Sterben. Sie sind aber zugleich eine Chance, das Wesentliche in den Blick zu nehmen und in unserem Herzen zu bewahren. So kann immer wieder ein neuer Anfang möglich werden ...

SCHRIFTLESUNG   Lk 12,15–21

[15] Jesus sagte zu den Leuten: Gebt Acht, hütet euch vor jeder Art von Habgier! Denn das Leben eines Menschen besteht nicht darin, dass einer im Überfluss seines Besitzes lebt. [16] Und er erzählte ihnen folgendes Gleichnis: Auf den Feldern eines reichen Mannes stand eine gute Ernte. [17] Da überlegte er bei sich selbst: Was soll ich tun? Ich habe keinen Platz, wo ich meine Ernte unterbringen könnte. [18] Schließlich sagte er: So will ich es machen: Ich werde meine Scheunen abreißen und größere bauen; dort werde ich mein ganzes Getreide und meine Vorräte unterbringen. [19] Dann werde ich zu meiner Seele sagen: Seele, nun hast du einen großen Vorrat, der für viele Jahre reicht. Ruh dich aus, iss und trink und freue dich! [20] Da sprach Gott zu ihm: Du Narr! Noch in dieser Nacht wird man dein Leben von dir zurückfordern. Wem wird dann das gehören, was du angehäuft hast? [21] So geht es einem, der nur für sich selbst Schätze sammelt, aber bei Gott nicht reich ist.

Spirituelle Impulse zum Jahreswechsel

Mein persönlicher Blick auf das vergangene Jahr:
- *In welchen Situationen bin ich an meine Grenzen gestoßen?*
- *Gab es Erfahrungen von Leid, Krankheit oder Tod?*
- *Was möchte ich besonders bewahren und mitnehmen ins neue Jahr?*

Barmherziger Gott, mein Leben liegt in deinen Händen, du schenkst das Wollen und das Vollbringen. Ich lege das vergangene Jahr zurück in deine Hände. – Hilf mir, mir der Endlichkeit des Lebens bewusst zu bleiben und das Wesentliche nicht aus dem Blick zu verlieren. Schenke mir die Gabe der Unterscheidung zwischen Gut und Böse, Sinn und Unsinn, und lass mich im Vertrauen auf dich mit Hoffnung und Zuversicht das neue Jahr beginnen. – Amen.

ZUR MEDITATION

Fang jeden Tag an als ein neuer Mensch.
Jeder Tag soll wieder dein erster Tag sein, dein allererster Tag.
Gestern und alle früheren Tage und Jahre sind vorbei,
begraben in der Zeit.
An ihnen kannst du nichts mehr ändern.
Gab es Scherben? Schlepp sie nicht mit dir herum.
Denn sie werden Tag um Tag verwunden, bis du am Ende
nicht mehr leben kannst.
Es gibt Scherben, die du in Gottes Hände los wirst.
Es gibt Scherben, die du mit ehrlicher Vergebung
heilen kannst.
Und es gibt Scherben, die du bei aller Liebe nicht heilen kannst.
Die musst du liegen lassen.
Du musst jeden Tag neu anfangen.
Das ist die Lebenskunst.
Jeden Tag neu sein wie das Licht der Sonne.
Jeden Morgen aus der Nacht aufstehen.
Jeden Tag neu anfangen mit Händen voller Hoffnung
und Vertrauen.
(Phil Bosmans)

Weitere Texte und Lieder zur Vertiefung

Psalm 118: Danklied auf den Herrn
Psalm 119: Lebenslanger Wandel in der Weisung des Herrn
Psalm 121: Der Hüter Israels
Psalm 139: Leben in Gottes Allgegenwart
GL 258 Lobpreiset all zu dieser Zeit
GL 429 Gott wohnt in einem Lichte
GL 434 Noch ehe die Sonne am Himmel stand
GL 464 Gott liebt diese Welt

1. Januar – Neujahr

OKTAVTAG VON WEIHNACHTEN
HOCHFEST DER GOTTESMUTTER MARIA

Dieser Tag soll ein Anfang werden, nicht nur im Kalender. Im Namen Gottes und im Licht seines Angesichts gehen wir unsern Weg durch das neue Jahr, geborgen in seinem beständigen Schutz. Wir schauen auf den Sohn und wissen uns mit Maria und allen Heiligen verbunden.

ERÖFFNUNGSVERS
Sedulius

Gruß dir, heilige Mutter, du hast den König geboren,
der in Ewigkeit herrscht über Himmel und Erde.

Oder:
Vgl. Jes 9,1.5; Lk 1,33

Ein Licht strahlt heute über uns auf,
denn geboren ist uns der Herr.
Und man nennt ihn: Starker Gott, Friedensfürst,
Vater der kommenden Welt.
Seine Herrschaft wird kein Ende haben.

Ehre sei Gott, S. 227 f.

TAGESGEBET

B armherziger Gott,
durch die Geburt deines Sohnes
aus der Jungfrau Maria
hast du der Menschheit das ewige Heil geschenkt.
Lass uns (auch im neuen Jahr) immer und überall
die Fürbitte der gnadenvollen Mutter erfahren,
die uns den Urheber des Lebens geboren hat,
Jesus Christus,
deinen Sohn, unseren Herrn und Gott,
der in der Einheit des Heiligen Geistes
mit dir lebt und herrscht in alle Ewigkeit.

ZUR 1. LESUNG *Am Morgen der Schöpfung hat Gott Menschen und Tiere gesegnet. Kraft des Lebens, Frucht des Feldes, Friede in der Natur und unter den Menschen: das sind die Gaben seines Segens. Nur Gott kann eigentlich segnen; im*

„Licht seines Angesichts", in seiner gnadenvollen Gegenwart, wird alles heil und gut. Menschen segnen, indem sie den Namen und die Kraft Gottes herbeirufen.

ERSTE LESUNG Num 6, 22–27

So sollen sie meinen Namen auf die Israeliten legen und ich werde sie segnen

**Lesung
  aus dem Buch Númeri.**

²² Der HERR sprach zu Mose:
²³ Sag zu Aaron und seinen Söhnen:
    So sollt ihr die Israeliten segnen;
  sprecht zu ihnen:
²⁴ Der HERR segne dich und behüte dich.
²⁵ Der HERR lasse sein Angesicht über dich leuchten
    und sei dir gnädig.
²⁶ Der HERR wende sein Angesicht dir zu
    und schenke dir Frieden.
²⁷ So sollen sie meinen Namen auf die Israeliten legen
    und ich werde sie segnen.

ANTWORTPSALM Ps 67 (66), 2–3.5–6.7–8 (Kv: 2a)

Kv **Gott sei uns gnädig und segne uns. – Kv** GL 45, 1, VI. Ton

² Gott sei uns gnädig und segne uns. *
  Er lasse sein Angesicht über uns leuchten,
³ damit man auf Erden deinen Weg erkenne, *
  deine Rettung unter allen Völkern. – (Kv)

⁵ Die Nationen sollen sich freuen und jubeln, /
  denn du richtest die Völker nach Recht *
  und leitest die Nationen auf Erden.
⁶ Die Völker sollen dir danken, o Gott, *
  danken sollen dir die Völker alle. – (Kv)

⁷ Die Erde gab ihren Ertrag. *
  Gott, unser Gott, er segne uns!
⁸ Es segne uns Gott! *
  Fürchten sollen ihn alle Enden der Erde. – Kv

ZUR 2. LESUNG *Christus ist gekommen, um uns frei zu machen; frei von den Mächten des Schicksals und der Geschichte, auch frei von dem, was am Gesetz des Ersten Bundes veraltet war. Er gibt uns seinen Geist als das neue Gesetz unseres Lebens.*

ZWEITE LESUNG Gal 4, 4–7

Gott sandte seinen Sohn, geboren von einer Frau, damit wir die Sohnschaft erlangen

**Lesung
aus dem Brief des Apostels Paulus
an die Gemeinden in Galátien.**

**Schwestern und Brüder!
Als die Zeit erfüllt war,
   sandte Gott seinen Sohn,
geboren von einer Frau
   und dem Gesetz unterstellt,
damit er die freikaufe, die unter dem Gesetz stehen,
und damit wir die Sohnschaft erlangen.**

**Weil ihr aber Söhne seid,
   sandte Gott den Geist seines Sohnes in unsere Herzen,
den Geist, der ruft: Abba, Vater.**

**Daher bist du nicht mehr Sklave, sondern Sohn;
bist du aber Sohn,
   dann auch Erbe,
Erbe durch Gott.**

RUF VOR DEM EVANGELIUM Vers: vgl. Hebr 1, 1–2

Halleluja. Halleluja.

Einst hat Gott zu den Vätern gesprochen durch die Propheten;
heute aber hat er zu uns gesprochen durch den Sohn.

Halleluja.

ZUM EVANGELIUM *Jesus wurde in die Ordnung des Ersten Bundes hineingeboren und hat sich dem Gesetz unterstellt. Sein Name Jesus (Jeschua, Josua:*

Jahwe rettet) deutet an, was er sein wird: Retter, Heiland der Welt; in Mt 1,21 wird erklärt: „denn er wird sein Volk von seinen Sünden erlösen".

EVANGELIUM
Lk 2, 16–21

Sie fanden Maria und Josef und das Kind.
Als acht Tage vorüber waren, gab man dem Kind den Namen Jesus

✚ Aus dem heiligen Evangelium nach Lukas.

In jener Zeit
16 eilten die Hirten nach Betlehem
und fanden Maria und Josef
und das Kind, das in der Krippe lag.
17 Als sie es sahen,
erzählten sie von dem Wort,
das ihnen über dieses Kind gesagt worden war.
18 Und alle, die es hörten,
staunten über das, was ihnen von den Hirten erzählt wurde.
19 Maria aber
bewahrte alle diese Worte
und erwog sie in ihrem Herzen.
20 Die Hirten kehrten zurück,
rühmten Gott
und priesen ihn für alles, was sie gehört und gesehen hatten,
so wie es ihnen gesagt worden war.
21 Als acht Tage vorüber waren
und das Kind beschnitten werden sollte,
gab man ihm den Namen Jesus,
den der Engel genannt hatte,
bevor das Kind im Mutterleib empfangen war.

Glaubensbekenntnis, S. 230 ff.
Fürbitten vgl. S. 269 f., 271

ZUR EUCHARISTIEFEIER *Unsere Lebenszeit liegt in der Hand Gottes. Er schenkt uns immer wieder einen neuen Anfang – so auch heute. Wir dürfen aus seiner Zusage leben: „Ich bin bei euch alle Tage, bis zur Vollendung der Welt." (Mt 28, 20)*

Oktavtag von Weihnachten – Hochfest der Gottesmutter Maria

GABENGEBET

Barmherziger Gott, von dir kommt alles Gute,
und du führst es zum Ziel.
Wir danken dir für den Anfang des Heiles,
das du uns in der Geburt deines Sohnes
aus der Jungfrau Maria eröffnet hast.
Höre auf ihre Fürsprache
und führe uns (in diesem Jahr)
näher zu dir.
Darum bitten wir durch Christus, unseren Herrn.

Marienpräfation, S. 266, oder Weihnachtspräfation, S. 264 f.
In den Hochgebeten I–III eigener Einschub

KOMMUNIONVERS   Hebr 13, 8

Jesus Christus ist derselbe gestern und heute und in Ewigkeit.

SCHLUSSGEBET

Herr, unser Gott,
am Fest der seligen Jungfrau Maria,
die wir als Mutter deines Sohnes
und Mutter der Kirche bekennen,
haben wir voll Freude
das heilige Sakrament empfangen.
Lass es uns eine Hilfe sein,
die uns zum ewigen Leben führt.
Darum bitten wir durch Christus, unseren Herrn.

AARONITISCHER SEGEN

Der HERR segne dich und behüte dich.
Der HERR lasse sein Angesicht über dich leuchten
und sei dir gnädig.
Der HERR wende sein Angesicht dir zu
und schenke dir Frieden. (Num 6,24–26)

ZWEITER SONNTAG NACH WEIHNACHTEN

Die guten Anfänge kommen aus der Stille. Im unfassbaren Schweigen spricht Gott sein Wort, den ewigen Sohn. Das Licht leuchtet, es rettet und richtet. Im Licht des ewigen Wortes steht unsere Zeit, auch dieses neu begonnene Jahr.

ERÖFFNUNGSVERS   Weish 18, 14–15

Als tiefes Schweigen das All umfing
und die Nacht bis zur Mitte gelangt war,
da stieg dein allmächtiges Wort, o Herr,
vom Himmel herab, vom königlichen Thron.

Ehre sei Gott, S. 227 f.

TAGESGEBET

Allmächtiger, ewiger Gott,
du erleuchtest alle, die an dich glauben.
**Offenbare dich den Völkern der Erde,
damit alle Menschen
das Licht deiner Herrlichkeit schauen.
Darum bitten wir durch Jesus Christus.**

ZUR 1. LESUNG   *Das Wort Gottes steht der Welt nicht nur gegenüber, es durchdringt sie, es ist die ständige Quelle all dessen, was in der Welt lebt und leuchtet. In der Schrift (Spr 8) wird das Wort Gottes gleichgesetzt mit Gottes ewiger Weisheit. Durch sein Wort und seine Weisheit ist Gott gegenwärtig bei seinem Volk und in seinem Tempel. In Zukunft aber wird die Menschheit Jesu der lebendige Tempel Gottes sein.*

ERSTE LESUNG   Sir 24, 1–2.8–12 (1–4.12–16)

Die Weisheit Gottes schlug Wurzeln in einem ruhmreichen Volk

**Lesung
aus dem Buch Jesus Sirach.**

1 Die Weisheit lobt sich selbst
und inmitten ihres Volkes rühmt sie sich.
2 In der Versammlung des Höchsten öffnet sie ihren Mund
und in Gegenwart seiner Macht rühmt sie sich:

Der Schöpfer des Alls gebot mir,
der mich schuf, ließ mein Zelt einen Ruheplatz finden.
Er sagte: In Jakob schlag dein Zelt auf
und in Israel sei dein Erbteil!

Vor der Ewigkeit, von Anfang an, hat er mich erschaffen
  und bis in Ewigkeit vergehe ich nicht.
Im heiligen Zelt diente ich vor ihm,
  so wurde ich auf dem Zion fest eingesetzt.

In der Stadt, die er ebenso geliebt hat, ließ er mich Ruhe finden,
in Jerusalem ist mein Machtbereich,
ich schlug Wurzeln in einem ruhmreichen Volk,
  im Anteil des Herrn, seines Erbteils.

ANTWORTPSALM Ps 147 (146), 12–13.14–15.19–20 (Kv: Joh 1, 14)

Kv **Das Wort ist Fleisch geworden und hat unter uns gewohnt.** – Kv
(Oder: Halleluja.) GL 255, VIII. Ton

Jerusalem, rühme den HERRN! *
Zion, lobe deinen Gott!
Denn er hat die Riegel deiner Tore festgemacht, *
die Kinder in deiner Mitte gesegnet. – (Kv)

Er verschafft deinen Grenzen Frieden, *
er sättigt dich mit bestem Weizen.
Er sendet seinen Spruch zur Erde, *
in Eile läuft sein Wort dahin. – (Kv)

Er verkündet Jakob sein Wort, *
Israel seine Gesetze und seine Entscheide.
An keinem anderen Volk hat er so gehandelt, *
sie kennen sein Recht nicht. – Kv

ZUR 2. LESUNG *In seinem Sohn hat Gott uns all das geschenkt, was im Ersten Bund vorbereitet war. Aber wir brauchen die klare Schau des Glaubens und ein lauteres Herz, um unsere Berufung zu begreifen und ihr durch die Tat zu entsprechen. Mit dem größeren Glauben wächst auch unsere Hoffnung auf Teilhabe an Gottes Herrlichkeit.*

ZWEITE LESUNG
Eph 1,3–6.15–18

Gott hat uns im Voraus dazu bestimmt, seine Söhne zu werden durch Jesus Christus

Lesung
   aus dem Brief des Apostels Paulus
   an die Gemeinde in Éphesus.

³ Gepriesen sei Gott,
  der Gott und Vater unseres Herrn Jesus Christus.
  Er hat uns mit allem Segen seines Geistes gesegnet
     durch unsere Gemeinschaft mit Christus im Himmel.
⁴ Denn in ihm hat er uns erwählt vor der Grundlegung der Welt
  damit wir heilig und untadelig leben vor ihm.
⁵ Er hat uns aus Liebe im Voraus dazu bestimmt,
     seine Söhne zu werden durch Jesus Christus
     und zu ihm zu gelangen nach seinem gnädigen Willen,
⁶ zum Lob seiner herrlichen Gnade.
  Er hat sie uns geschenkt in seinem geliebten Sohn.

¹⁵/¹⁶ Darum höre ich nicht auf, für euch zu danken,
   wenn ich in meinen Gebeten an euch denke;
   denn ich habe von eurem Glauben an Jesus, den Herrn,
      und von eurer Liebe zu allen Heiligen gehört.
¹⁷ Der Gott Jesu Christi, unseres Herrn,
   der Vater der Herrlichkeit,
      gebe euch den Geist der Weisheit und Offenbarung,
      damit ihr ihn erkennt.
¹⁸ Er erleuchte die Augen eures Herzens,
      damit ihr versteht,
      zu welcher Hoffnung ihr durch ihn berufen seid,
   welchen Reichtum
      die Herrlichkeit seines Erbes den Heiligen schenkt.

Zweiter Sonntag nach Weihnachten 187

RUF VOR DEM EVANGELIUM Vers: vgl. 1 Tim 3, 16

Halleluja. Halleluja.

Christus, offenbart im Fleisch, verkündet unter den Völkern,
Christus, geglaubt in der Welt: Ehre sei dir!

Halleluja.

ZUM EVANGELIUM *Durch das Wort, das vor aller Zeit war, ist die Zeit und die Welt geworden. Licht und Leben kommen von ihm. Und das Wort ist Fleisch geworden. Denen, die ihn aufnehmen, weist Christus den Weg, und er schenkt ihnen Gnade und Herrlichkeit.*

EVANGELIUM Joh 1, 1–18 [1]

Das Wort ist Fleisch geworden und hat unter uns gewohnt

siehe S. 130 f.

Oder Kurzfassung:

EVANGELIUM Joh 1, 1–5.9–14 [2]

Das Wort ist Fleisch geworden und hat unter uns gewohnt

✚ Aus dem heiligen Evangelium nach Johannes.

Im Anfang war das Wort
und das Wort war bei Gott
und das Wort war Gott.
Dieses war im Anfang bei Gott.
Alles ist durch das Wort geworden
   und ohne es wurde nichts, was geworden ist.
In ihm war Leben und
   das Leben war das Licht der Menschen.
Und das Licht leuchtet in der Finsternis
   und die Finsternis hat es nicht erfasst.

Das wahre Licht, das jeden Menschen erleuchtet,
   kam in die Welt.
Er war in der Welt
   und die Welt ist durch ihn geworden,
   aber die Welt erkannte ihn nicht.

¹¹ Er kam in sein Eigentum,
   aber die Seinen nahmen ihn nicht auf.
¹² Allen aber, die ihn aufnahmen,
   gab er Macht, Kinder Gottes zu werden,
allen, die an seinen Namen glauben,
¹³ die nicht aus dem Blut,
   nicht aus dem Willen des Fleisches,
   nicht aus dem Willen des Mannes,
   sondern aus Gott geboren sind.
¹⁴ Und das Wort ist Fleisch geworden
   und hat unter uns gewohnt
und wir haben seine Herrlichkeit geschaut,
die Herrlichkeit des einzigen Sohnes vom Vater,
   voll Gnade und Wahrheit.

Glaubensbekenntnis, S. 230 ff.
Fürbitten vgl. S. 269 f.

ZUR EUCHARISTIEFEIER *Das fleischgewordene Wort, der Sohn Gottes, wohnt auch jetzt unter uns. In der Gemeinschaft der Glaubenden, die seinen Tod und seine Auferstehung feiern, dürfen wir seine lebendige Gegenwart erfahren.*

GABENGEBET

Herr, unser Gott,
heilige unsere Gaben
durch die Menschwerdung deines Sohnes.
Durch seine Geburt hast du allen Menschen
den Weg der Wahrheit gewiesen
und ihnen dein Reich verheißen.
Lass uns in dieser Feier verkosten,
was du denen bereitet hast, die dich lieben.
Darum bitten wir durch Christus, unseren Herrn.

Weihnachtspräfation, S. 264 f.

KOMMUNIONVERS
Joh 1, 12

Allen, die ihn aufnahmen,
gab er Macht, Kinder Gottes zu werden.

SCHLUSSGEBET

Herr, unser Gott,
befreie uns durch die Wirkung dieses Sakramentes
von unseren Fehlern und Sünden.
Erfülle unser Verlangen und schenke uns alles,
was wir zum Heil nötig haben.
Darum bitten wir durch Christus, unseren Herrn.

FÜR DEN TAG UND DIE WOCHE

Als aber Gott den Menschen anblickte, gefiel er Ihm sehr, weil Er ihn nach dem Gewand Seines Abbildes und nach Seinem Gleichnis geschaffen hatte, damit er mit dem vollen Ton seiner vernünftigen Stimme alle Wunderwerke Gottes verkünde. Der Mensch ist nämlich das vollkommenste Wunderwerk Gottes, weil Gott durch ihn erkannt wird und weil Gott alle Geschöpfe seinetwillen erschaffen hat. Ihm hat Er mit dem Kuss der wahren Liebe gestattet, durch seine Vernunft Ihn zu preisen und zu loben. (Hildegard von Bingen)

6. Januar

ERSCHEINUNG DES HERRN

Hochfest

Epiphanie, Erscheinung des Herrn: göttliche Wahrheit und Herrlichkeit leuchten, wenn auch noch verborgen, in dem Kind von Betlehem. Suchende Menschen finden den Weg (Magier, Könige, Sterndeuter). Sie kommen mit Gaben und gehen als Beschenkte. Weil dieses Kind geboren wurde, gibt es für alle Menschen Hoffnung, auch für die in der Ferne.

ERÖFFNUNGSVERS   Vgl. Mal 3, 1; 1 Chr 19, 12

Seht, gekommen ist der Herrscher, der Herr.
In seiner Hand ist die Macht und das Reich.
Ehre sei Gott, S. 227 f.

TAGESGEBET

Allherrschender Gott,
durch den Stern, dem die Weisen gefolgt sind,
hast du am heutigen Tag
den Heidenvölkern deinen Sohn geoffenbart.
Auch wir haben dich schon im Glauben erkannt.
Führe uns vom Glauben
zur unverhüllten Anschauung deiner Herrlichkeit.
Darum bitten wir durch Jesus Christus.

ZUR 1. LESUNG   *Licht bedeutet in der Bibel Offenbarung der Macht und Herrlichkeit Gottes, auch sein rettendes Eingreifen in die Geschichte der Menschen. Nach dunklen Jahren (538 v.Chr., Ende des babylonischen Exils) kann der Rest des Volkes Israel wieder Hoffnung haben. Gott ist da, er holt sein Volk heim. Die Völker der Erde staunen und kommen herbei, um mit ihren Gaben dem Gott Israels zu huldigen.*

Erscheinung des Herrn

ERSTE LESUNG
Jes 60, 1–6

Die Herrlichkeit des HERRN geht strahlend auf über dir

Lesung
aus dem Buch Jesája.

Steh auf, werde licht, Jerusalem,
denn es kommt dein Licht
und die Herrlichkeit des HERRN geht strahlend auf über dir.

Denn siehe, Finsternis bedeckt die Erde
  und Dunkel die Völker,
doch über dir geht strahlend der HERR auf,
seine Herrlichkeit erscheint über dir.
Nationen wandern zu deinem Licht
  und Könige zu deinem strahlenden Glanz.

Erhebe deine Augen ringsum und sieh:
Sie alle versammeln sich, kommen zu dir.
Deine Söhne kommen von fern,
  deine Töchter werden auf der Hüfte sicher getragen.
Da wirst du schauen und strahlen,
dein Herz wird erbeben und sich weiten.

Denn die Fülle des Meeres wendet sich dir zu,
  der Reichtum der Nationen kommt zu dir.
Eine Menge von Kamelen bedeckt dich,
  Hengste aus Mídian und Efa.
Aus Saba kommen sie alle,
  Gold und Weihrauch bringen sie
und verkünden die Ruhmestaten des HERRN.

ANTWORTPSALM
Ps 72 (71), 1–2.7–8.10–11.12–13 (Kv: 11)

Kv Alle Könige werfen sich vor ihm nieder,   GL 260, VI. Ton
es dienen ihm alle Völker. – Kv

Verleih dein Richteramt, o Gott, <u>dem</u> König, *
dem Königssohn gib dein ge<u>rech</u>tes Walten.
Er regiere dein Volk in Ge<u>rech</u>tigkeit *
und deine Elenden <u>durch</u> rechtes Urteil. – (Kv)

⁷ In seinen Tagen sprosse der Gerechte *
   und Fülle des Friedens, bis der Mond nicht mehr da ist.
⁸ Er herrsche von Meer zu Meer, *
   vom Strom bis an die Enden der Erde. – (Kv)
¹⁰ Die Könige von Tarschisch und von den Inseln bringen Gaben, *
   mit Tribut nahen die Könige von Scheba und Saba.
¹¹ Alle Könige werfen sich vor ihm nieder, *
   es dienen ihm alle Völker. – (Kv)
¹² Ja, er befreie den Armen, der um Hilfe schreit, *
   den Elenden und den, der keinen Helfer hat.
¹³ Er habe Mitleid mit dem Geringen und Armen, *
   er rette das Leben der Armen. – Kv

ZUR 2. LESUNG   *Schon im Alten Testament war zu lesen, dass Gott Rettung und Heil nicht nur dem Volk Israel zugedacht hat. Aber solche Aussagen waren im Judentum weithin überhört, jedenfalls nicht in ihrer ganzen Tragweite verstanden worden. Selbst für Paulus, den Schriftkundigen, war es eine große Offenbarung, dass Gott ohne Unterschied alle Völker zum messianischen Heil beruft.*

ZWEITE LESUNG   Eph 3, 2–3a.5–6

Jetzt ist offenbart worden: Auch die Heiden haben an der Verheißung in Christus Jesus teil

Lesung
   aus dem Brief des Apostels Paulus
   an die Gemeinde in Éphesus.

Schwestern und Brüder!
² Ihr habt gehört,
   welches Amt die Gnade Gottes mir für euch verliehen hat.
³ᵃ Durch eine Offenbarung
   wurde mir das Geheimnis kundgetan.
⁵ Den Menschen früherer Generationen wurde es nicht kundgetan,
   jetzt aber ist es seinen heiligen Aposteln und Propheten
      durch den Geist offenbart worden:
⁶ dass nämlich die Heiden Miterben sind,
   zu demselben Leib gehören

Erscheinung des Herrn

und mit teilhaben an der Verheißung in Christus Jesus
   durch das Evangelium.

RUF VOR DEM EVANGELIUM
Vers: vgl. Mt 2, 2

Halleluja. Halleluja.

Wir haben seinen Stern gesehen
und sind gekommen, dem Herrn zu huldigen.

Halleluja.

ZUM EVANGELIUM *Fremden Menschen, Ausländern, Heiden leuchtet der Stern. Sie suchen und fragen, bis sie den neugeborenen König finden. Die Gelehrten in Jerusalem wissen aus der Schrift, wo der Messias geboren werden soll, aber keiner von ihnen geht nach Betlehem. So wird schon am Anfang des Matthäusevangeliums sichtbar, was am Schluss klar ausgesprochen wird: Alle Völker der Erde sind zum Heil berufen, das Jesus Christus gebracht hat (Mt 28,18–20).*

EVANGELIUM
Mt 2, 1–12

Wir haben seinen Stern aufgehen sehen und sind gekommen, um ihm zu huldigen

+ Aus dem heiligen Evangelium nach Matthäus.

Als Jesus zur Zeit des Königs Herodes
   in Betlehem in Judäa geboren worden war,
   siehe, da kamen Sterndeuter aus dem Osten nach Jerusalem
und fragten: Wo ist der neugeborene König der Juden?
Wir haben seinen Stern aufgehen sehen
   und sind gekommen, um ihm zu huldigen.
Als König Herodes das hörte, erschrak er
   und mit ihm ganz Jerusalem.
Er ließ alle Hohepriester
   und Schriftgelehrten des Volkes
   zusammenkommen
und erkundigte sich bei ihnen,
   wo der Christus geboren werden solle.

⁵ Sie antworteten ihm: in Betlehem in Judäa;
denn so steht es geschrieben bei dem Propheten:
⁶ Du, Betlehem im Gebiet von Juda,
bist keineswegs die unbedeutendste
unter den führenden Städten von Juda;
denn aus dir wird ein Fürst hervorgehen,
der Hirt meines Volkes Israel.
⁷ Danach rief Herodes die Sterndeuter heimlich zu sich
und ließ sich von ihnen genau sagen,
wann der Stern erschienen war.
⁸ Dann schickte er sie nach Betlehem
und sagte: Geht und forscht sorgfältig nach dem Kind;
und wenn ihr es gefunden habt, berichtet mir,
damit auch ich hingehe und ihm huldige!
⁹ Nach diesen Worten des Königs machten sie sich auf den Weg.
Und siehe, der Stern, den sie hatten aufgehen sehen,
zog vor ihnen her
bis zu dem Ort, wo das Kind war;
dort blieb er stehen.
¹⁰ Als sie den Stern sahen,
wurden sie von sehr großer Freude erfüllt.
¹¹ Sie gingen in das Haus
und sahen das Kind und Maria, seine Mutter;
da fielen sie nieder und huldigten ihm.
Dann holten sie ihre Schätze hervor
und brachten ihm Gold, Weihrauch und Myrrhe als Gaben dar.
¹² Weil ihnen aber im Traum geboten wurde,
nicht zu Herodes zurückzukehren,
zogen sie auf einem anderen Weg heim in ihr Land.

Glaubensbekenntnis, S. 230 ff.
Fürbitten vgl. S. 269 f.

Erscheinung des Herrn

ZUR EUCHARISTIEFEIER *In jeder Eucharistiefeier geschieht „Epiphanie", Erscheinung des Herrn in der Gestalt von Brot und Wein. Was wir ihm zum Geschenk machen, ist unser Leben: Gold, Weihrauch und Myrrhe sind die sprechenden Sinnbilder unseres Glaubens, unserer Liebe und der durchgehaltenen Treue.*

GABENGEBET

Allmächtiger Gott,
nimm die Gaben deiner Kirche an.
Sie bringt nicht mehr Gold,
Weihrauch und Myrrhe dar,
sondern er, den diese Gaben bezeichnen,
wird für uns geopfert und uns zur Speise gegeben,
unser Herr Jesus Christus,
der mit dir lebt und herrscht in alle Ewigkeit.

Präfation von Erscheinung des Herrn, S. 265 f.
In den Hochgebeten I–III eigener Einschub

KOMMUNIONVERS Vgl. Mt 2, 2

Wir haben seinen Stern aufgehen sehen
und sind gekommen, dem Herrn mit Geschenken zu huldigen.

SCHLUSSGEBET

Wir danken dir, allmächtiger Gott,
für die heiligen Gaben
und bitten dich:
Erhelle unsere Wege mit dem Licht deiner Gnade,
damit wir in Glauben und Liebe erfassen,
was du uns im Geheimnis der Eucharistie geschenkt hast.
Darum bitten wir durch Christus, unseren Herrn.

BEGEGNUNG

Niemand hat Gott je geschaut, aber wenn wir einander lieben, bleibt Gott in uns, und seine Liebe ist in uns vollendet (1 Joh 4,12). – In der liebenden Begegnung mit dem Bruder leuchtet uns das Bild Christi auf, geschieht Epiphanie: im Lächeln des Kindes, im Blick des geliebten Menschen, im dankbaren Auge des Beschenkten, im sorgendurchfurchten Gesicht des Kranken – in jeder liebenden Bewegung des Herzens, in jedem Dank, jedem Du. (Rudolf Pesch)

HAUSGEBET ZU ERSCHEINUNG DES HERRN

Ähnlich wie bei der häuslichen Krippenfeier am Heiligen Abend kann man die Verehrung des Kindes durch die Sterndeuter – unter Verwendung der vorgeschlagenen Texte und Lieder – im persönlichen Mitvollzug lebendig werden lassen, z. B. durch besonders ausgestaltete Hinzufügung der Königsfiguren zur Krippe und/oder eine Haussegnung in Verbindung mit dem Besuch der Sternsinger.

GL 261 Stern über Betlehem (beim Singen des Liedes können die Königsfiguren zur Krippe gestellt werden)

V: Im Namen des Vaters und des Sohnes und des Heiligen Geistes. – A: Amen.

GEBET

Gott, Herr über alle Welt, du hast die Sterndeuter erleuchtet und auf den Weg zur Krippe geleitet. Lass uns wie sie aufbrechen aus unseren alten Gewohnheiten und mache uns bereit, deinen Zeichen zu folgen. Lasse unser Leben zu einer lebendigen Gabe werden, die dich verherrlicht und Zeugnis gibt von der Kraft der Frohen Botschaft. So bitten wir im Namen deines Sohnes, unserem Heiland und Erlöser. – Amen.

PSALM

Psalm 67 (66): Gottes Segen über alle Welt

2 Gott sei uns gnädig und segne uns. *
  Er lasse sein Angesicht über uns leuchten,
3 damit man auf Erden deinen Weg erkenne, *
  deine Rettung unter allen Völkern.
4 Die Völker sollen dir danken, Gott, *
  danken sollen dir die Völker alle.
5 Die Nationen sollen sich freuen und jubeln, /
  denn du richtest die Völker nach Recht *
  und leitest die Nationen auf Erden.
6 Die Völker sollen dir danken, Gott, *
  danken sollen dir die Völker alle.
7 Die Erde gab ihren Ertrag. *
  Gott, unser Gott, er segne uns!

Hausgebet zu Erscheinung des Herrn

Es segne uns Gott! *
Fürchten sollen ihn alle Enden der Erde.

Oder: Psalm 96 (95): Ein neues Lied auf den König und Richter aller Welt

Oder:

1 Chr 16,23–31: Davids Loblied

Singt dem HERRN, alle Lande! *
Verkündet sein Heil von Tag zu Tag!
Erzählt bei den Nationen von seiner Herrlichkeit, *
bei allen Völkern von seinen Wundern!
Denn groß ist der HERR und hoch zu loben, *
mehr zu fürchten als alle Götter.
Denn alle Götter der Völker sind Nichtse, *
aber der HERR ist es, der den Himmel gemacht hat.
Hoheit und Pracht sind vor seinem Angesicht, *
Macht und Glanz in seinem Heiligtum.
Bringt dar dem HERRN, ihr Stämme der Völker, *
bringt dar dem HERRN Ehre und Macht!
Bringt dar dem HERRN die Ehre seines Namens, /
bringt Gaben und tretet vor ihn hin! *
Werft euch nieder vor dem HERRN in heiligem Schmuck,
erbebt vor ihm, alle Lande! /
Fest ist der Erdkreis gegründet, *
er wird nicht wanken.
Der Himmel freue sich, die Erde frohlocke. *
Verkündet bei den Nationen: Der HERR ist König!

GL 262 Seht ihr unsern Stern dort stehen

ZUR MEDITATION

Spirituell *stehen die Sterndeuter für Verhaltensweisen, die weit über die Weihnachtserzählung hinaus ihre vorbildhafte Bedeutung behalten. Am Anfang steht die wachsame Wahrnehmung der mit Neugier und Unvoreingenommenheit betrachteten Welt. Nur dank ihres Forschens werden sie auf jene Veränderung aufmerksam, die ihr Leben und das Schicksal der Welt verändern wird. Diese Chance haben nur sie: Sie sehen den Stern, nur sie. Aber mehr noch: Was wäre die Wahrnehmung ohne die Bereitschaft zum Aufbruch? Sie machen sich auf den ihnen, nur ihnen zugedachten Weg, lassen Sicherheiten hinter sich, sind bereit, sich dem Neuen und Unbekannten zu stellen. Vertrauensvoll lassen sie sich darauf ein: Der Weg öffnet sich beim Gehen ... Dann müssen sie lernen, dass ihre eigene Vermutung über den Weg falsch war. Manchmal geht man Umwege, die es anzunehmen gilt. Sie bleiben aufmerksam, wachsam für Zeichen der Veränderung. Und sind bereit, ihre Entscheidungen zu revidieren. Nicht Jerusalem, Betlehem ist das Ziel. Am Ziel angelangt, gilt es, das Erwartete zu erkennen, aber auch zu korrigieren. So hatten sie sich das Geburtsszenario kaum vorgestellt. Nicht unsere Erwartungen prägen die Realität, vielmehr zeigt sie sich in ihrer eigenen Weise. Genau hier braucht es die Bereitschaft und Fähigkeit, sich von eigenen Lieblingsvorstellungen zu lösen. Schließlich verlangt ein jeglicher Erkenntnisweg nach Demut. Sie, die Weisen und Kundigen, knien nieder vor dem Kleinen und Unbedeutenden. Dankbar zeigen sie ihr Wissen um ihren eigenen Platz in der Geschichte, reihen sich ein in die Rangfolge, werden still. Schließlich, ganz realistisch, führt der Weg zurück in die Welt, aus der sie kamen. Was sie dort vorfanden, was sich für sie verändert hat, wie sie über das Erlebte dachten, bleibt offen. Sie sind Zeugen des weihnachtlichen Wärmestroms. Welche Konsequenzen diese Kraftwelle nach sich zieht, kann nur jeder Einzelne für sich wahrnehmen und gestalten. (Georg Langenhorst)*

magier aus dem osten

heiden *waren es wohl*
bei denen die sehnsucht brannte
und die unruhe noch tobte

sterndeuter *könnten es gewesen sein*
welche nächtelang ausschau hielten
und kleinste zeichen noch bedeutung hatten

magier *vielleicht auch*
die an verwandlung glaubten
und an den zauber tiefer wörter

königen *glichen sie*
weil sie der würde gestalt gaben
und großzügig veschenkten

weise waren sie gewiss
da sie die wahrheit suchten
und im kleinen das große entdeckten
(Thomas Schlager-Weidinger)

Fürbitten vgl. S. 269 f. oder selbst formuliert

VATERUNSER

GL 481 Sonne der Gerechtigkeit

HAUSSEGEN

Durch das Aussprengen von Weihwasser und/oder das Entzünden von Weihrauch kann das Segensgebet feierlich gestaltet werden.

Barmherziger und guter Gott, segne das Haus, in dem wir wohnen. Vertreibe aus diesem Haus alle Zwietracht und allen Streit. Segne alle Räume dieses Hauses. Und wenn manche Räume noch voll sind von ungelösten Konflikten, von negativen Emotionen, die wir unter den Teppich gekehrt haben, dann reinige durch Deinen Segen unser Haus, damit wir in gesegneten Räumen wohnen. Lass Deinen Segen in das Wohnzimmer strömen, damit unser Miteinander gesegnet ist, unsere Gespräche, unsere Mahlzeiten. Segne die Küche und alles, was darin bereitet wird, dass die Speisen uns zum Segen werden, unsere Gesundheit stärken und uns Freude schenken beim Genießen. Segne das Schlafzimmer, damit unser Schlaf gesegnet ist. Segne das Arbeitszimmer, damit unsere Arbeit Segen bringt. Und segne alle Räume unseres Hauses, damit wir das ganze Jahr hindurch das Gefühl haben: Wir leben in einem gesegneten Haus, von Deiner Liebe erfüllt, von Deinem Schutz behütet und von Deiner heilenden Gegenwart durchdrungen. Amen. (Anselm Grün)

GL 451 Komm, Herr, segne uns

Oder: GL 453 Bewahre uns, Gott, behüte uns, Gott

Sonntag nach dem 6. Januar
TAUFE DES HERRN

Fest

Auch die Taufe Jesu ist ein Epiphaniegeschehen: Aufleuchten des sich offenbarenden Gottes. Der Vater nennt Jesus, der sich in die Reihe der Sünder gestellt hat, seinen geliebten Sohn. Der Geist Gottes ruht auf ihm, er wird ihn in die Wüste hinausführen, dann nach Galiläa, Jerusalem, Golgota. In der Kraft dieses Geistes wird Jesus sich als Opfer darbringen für die Sünde der Welt.

ERÖFFNUNGSVERS   Vgl. Mt 3, 16–17
Als Jesus getauft war, öffnete sich der Himmel,
und er sah den Geist Gottes wie eine Taube auf sich herabkommen.
Und die Stimme des Vaters aus dem Himmel sprach:
Das ist mein geliebter Sohn, an dem ich Gefallen habe.
Ehre sei Gott, S. 227 f.

TAGESGEBET
Allmächtiger, ewiger Gott,
bei der Taufe im Jordan
kam der Heilige Geist auf unseren Herrn Jesus Christus herab
und du hast ihn als deinen geliebten Sohn geoffenbart.
Gib, dass auch wir,
die aus dem Wasser und dem Heiligen Geist wieder geboren sind,
in deinem Wohlgefallen stehen
und als deine Kinder aus der Fülle dieses Geistes leben.
Darum bitten wir durch Jesus Christus.

Oder:

Allmächtiger Gott,
dein einziger Sohn,
vor aller Zeit aus dir geboren,
ist in unserem Fleisch sichtbar erschienen.
Wie er uns gleichgeworden ist in der menschlichen Gestalt,
so werde unser Inneres neu geschaffen nach seinem Bild.

Darum bitten wir durch ihn,
der in der Einheit des Heiligen Geistes
mit dir lebt und herrscht in alle Ewigkeit.

LESEJAHR A

ZUR 1. LESUNG   *In der Form einer Gottesrede beschreibt der Prophet die Berufung des „Knechtes". Der Gottesknecht, eine geheimnisvolle prophetisch-königliche Gestalt im zweiten Teil des Jesaja-Buches, soll allen Völkern Gottes Treue und Erbarmen verkünden: Für diese Aufgabe wird er mit dem Geist Gottes ausgerüstet. Das Neue Testament sieht diese Aussage in Jesus Christus erfüllt (vgl. Jes 42,1 und das Gotteswort bei der Taufe Jesu: Mt 3,17).*

ERSTE LESUNG   Jes 42,5a.1–4.6–7

Siehe, das ist mein Knecht, an ihm finde ich Gefallen

Lesung
  aus dem Buch Jesája.

So spricht Gott, der HERR:
Siehe, das ist mein Knecht, den ich stütze;
das ist mein Erwählter, an ihm finde ich Gefallen.
Ich habe meinen Geist auf ihn gelegt,
er bringt den Nationen das Recht.
Er schreit nicht und lärmt nicht
  und lässt seine Stimme nicht auf der Gasse erschallen.
Das geknickte Rohr zerbricht er nicht
  und den glimmenden Docht löscht er nicht aus;
ja, er bringt wirklich das Recht.
Er verglimmt nicht und wird nicht geknickt,
  bis er auf der Erde das Recht begründet hat.
Auf seine Weisung warten die Inseln.

Ich, der HERR, habe dich aus Gerechtigkeit gerufen,
ich fasse dich an der Hand.
Ich schaffe und mache dich
  zum Bund mit dem Volk,

zum Licht der Nationen,
7 um blinde Augen zu öffnen,
  Gefangene aus dem Kerker zu holen
  und die im Dunkel sitzen, aus der Haft.

ANTWORTPSALM   Ps 29 (28), 1–2.3ac–4.3b u. 9b–10 (Kv: vgl. 11b)

Kv Der HERR schenkt seinem Volk den Frieden. – Kv GL 263, VI. Ton

1 Bringt dar dem HERRN, ihr Himmlischen, *
  bringt dar dem HERRN Ehre und Macht!
2 Bringt dar dem HERRN die Ehre seines Namens, *
  werft euch nieder vor dem HERRN in heiliger Majestät! – (Kv)
3ac Die Stimme des HERRN über den Wassern: *
  der HERR über gewaltigen Wassern.
4 Die Stimme des HERRN voller Kraft, *
  die Stimme des HERRN voll Majestät. – (Kv)
3b Der Gott der Ehre hat gedonnert. *
9b In seinem Palast ruft alles: Ehre!
10 Der HERR thront über der Flut, *
  der HERR thront als König in Ewigkeit. – Kv

ZUR 2. LESUNG   *Gott hat auf Jesus, als er getauft wurde, den Heiligen Geist herabgesandt; er hat Jesus als seinen Sohn bezeugt und zum Messias gesalbt. Durch ihn hat er allen Menschen, Juden und Heiden, Versöhnung und Frieden verkündet. Das ist die Predigt der apostolischen Zeit, die gute Nachricht auch für die heutige Welt.*

ZWEITE LESUNG   Apg 10, 34–38

Gott hat Jesus gesalbt mit dem Heiligen Geist

Lesung
  aus der Apostelgeschichte.

In jenen Tagen
34 begann Petrus zu reden
und sagte:
  Wahrhaftig, jetzt begreife ich,
  dass Gott nicht auf die Person sieht,

sondern dass ihm in jedem Volk willkommen ist,
 wer ihn fürchtet
 und tut, was recht ist.

Er hat das Wort den Israeliten gesandt,
 indem er den Frieden verkündete durch Jesus Christus:
Dieser ist der Herr aller.

Ihr wisst, was im ganzen Land der Juden geschehen ist,
angefangen in Galiläa,
nach der Taufe, die Johannes verkündet hat:

wie Gott Jesus von Nazaret gesalbt hat
 mit dem Heiligen Geist und mit Kraft,
wie dieser umherzog,
Gutes tat
und alle heilte, die in der Gewalt des Teufels waren;
denn Gott war mit ihm.

RUF VOR DEM EVANGELIUM
Vers: vgl. Mt 3, 16.17; Mk 9, 7

Halleluja. Halleluja.

Der Himmel tat sich auf und eine Stimme sprach:
Das ist mein geliebter Sohn; auf ihn sollt ihr hören.

Halleluja.

ZUM EVANGELIUM *Wer sich von Johannes dem Täufer taufen ließ, bekundete damit seinen Willen zur Umkehr, seine Bereitschaft für das Kommen der Gottesherrschaft. Für Jesus bedeutet diese Taufe eine Art Berufsweihe. Der Geist, der auf ihn herabkommt, und die Stimme aus dem Himmel bezeugen Jesus als den Gesalbten, den Messias, und als den geliebten einzigen Sohn.*

EVANGELIUM
Mt 3, 13–17

Als Jesus getauft war, sah er den Geist Gottes wie eine Taube auf sich herabkommen

✚ Aus dem heiligen Evangelium nach Matthäus.

In jener Zeit
 kam Jesus von Galiläa an den Jordan zu Johannes,

um sich von ihm taufen zu lassen.
¹⁴ Johannes aber wollte es nicht zulassen
und sagte zu ihm: Ich müsste von dir getauft werden
und du kommst zu mir?
¹⁵ Jesus antwortete ihm: Lass es nur zu!
Denn so können wir die Gerechtigkeit ganz erfüllen.
Da gab Johannes nach.
¹⁶ Als Jesus getauft war, stieg er sogleich aus dem Wasser herauf.
Und siehe, da öffnete sich der Himmel
und er sah den Geist Gottes wie eine Taube auf sich
herabkommen.
¹⁷ Und siehe, eine Stimme aus dem Himmel sprach:
   Dieser ist mein geliebter Sohn,
   an dem ich Wohlgefallen gefunden habe.
Fortsetzung s. S. 214

LESEJAHR B

1 ERSTE LESUNG Jes 42, 5a.1–4.6–7

siehe S. 201 f.

1 ANTWORTSPSALM Ps 29 (28), 1–2.3ac-4.3b u. 9b–10 (Kv: vgl. 11b)

siehe S. 202

Oder:

ZUR 1. LESUNG   *An alle, die Durst haben nach dem lebendigen Wasser, ergeht die Einladung: Kommt, trinkt, esst! Aber auch: Hört und seht! Das Wort Gottes ist wahr und verlässlich. Der neue Bund, der angekündigt wird, ist die Erfüllung der alten Verheißung. Das wird einem mutlosen Volk gesagt, das Mühe hat, an die Zukunft zu glauben, die Gott ihm schenken will.*

ERSTE LESUNG

Jes 55, 1–11 [2]

Kommt zum Wasser; hört und ihr werdet aufleben!

Lesung
  aus dem Buch Jesája.

So spricht der Herr:
Auf, alle Durstigen, kommt zum Wasser!
Die ihr kein Geld habt, kommt,
kauft Getreide und esst, kommt und kauft ohne Geld
und ohne Bezahlung Wein und Milch!
Warum bezahlt ihr mit Geld, was euch nicht nährt,
und mit dem Lohn eurer Mühen, was euch nicht satt macht?
Hört auf mich,
  dann bekommt ihr das Beste zu essen
und könnt euch laben an fetten Speisen!
Neigt euer Ohr und kommt zu mir,
hört und ihr werdet aufleben!
Ich schließe mit euch einen ewigen Bund:
Die Erweise der Huld für David sind beständig.

Siehe, ich habe ihn zum Zeugen für die Völker gemacht,
zum Fürsten und Gebieter der Nationen.
Siehe, eine Nation, die du nicht kennst, wirst du rufen
und eine Nation, die dich nicht kannte, eilt zu dir,
um des HERRN, deines Gottes, des Heiligen Israels willen,
weil er dich herrlich gemacht hat.

Sucht den HERRN, er lässt sich finden,
ruft ihn an, er ist nah!
Der Frevler soll seinen Weg verlassen,
  der Übeltäter seine Pläne.
Er kehre um zum HERRN,
  damit er Erbarmen hat mit ihm,
und zu unserem Gott;
  denn er ist groß im Verzeihen.
Meine Gedanken sind nicht eure Gedanken
  und eure Wege sind nicht meine Wege – Spruch des HERRN.

⁹ So hoch der Himmel über der Erde ist,
  so hoch erhaben sind meine Wege über eure Wege
  und meine Gedanken über eure Gedanken.
¹⁰ Denn wie der Regen und der Schnee vom Himmel fällt
  und nicht dorthin zurückkehrt,
  ohne die Erde zu tränken
  und sie zum Keimen und Sprossen zu bringen,
  dass sie dem Sämann Samen gibt und Brot zum Essen,
¹¹ so ist es auch mit dem Wort, das meinen Mund verlässt:
  Es kehrt nicht leer zu mir zurück,
  ohne zu bewirken, was ich will,
  und das zu erreichen, wozu ich es ausgesandt habe.

2 ANTWORTPSALM   Jes 12, 2.3 u. 4bcd.5–6 (Kv: 3)

Kv Ihr werdet Wasser freudig schöpfen   GL 312, 6, V. Ton
aus den Quellen des Heils. – Kv

² Siehe, Gott ist mein Heil; *
ich vertraue und erschrecke nicht.
Denn meine Stärke und mein Lied ist Gott, der HERR. *
Er wurde mir zum Heil. – (Kv)

³ Ihr werdet Wasser freudig schöpfen *
aus den Quellen des Heiles.

⁴bcd Dankt dem HERRN! Ruft seinen Namen an! /
Macht unter den Völkern seine Taten bekannt, *
verkündet: Sein Name ist erhaben! – (Kv)

⁵ Singet dem HERRN, denn Überragendes hat er vollbracht; *
bekannt gemacht sei dies auf der ganzen Erde.

⁶ Jauchzt und jubelt, ihr Bewohner Zions; *
denn groß ist in eurer Mitte der Heilige Israels. – Kv

ZWEITE LESUNG   Apg 10, 34–38

1 siehe S. 202 f.

Lesejahr B — **Taufe des Herrn** — **207**

RUF VOR DEM EVANGELIUM
Vers: vgl. Mt 3, 16.17; Mk 9, 7

siehe S. 203

Oder:

ZUR 2. LESUNG   *Was von Gott kommt, ist stärker als diese Welt. Von Gott kommen der Glaube und die Liebe: Glaube an Jesus, den Christus und Gottessohn; Liebe zu den Menschen, die unsere Brüder und Schwestern geworden sind. Durch Wasser und Blut ist der Sohn Gottes zu uns gekommen: im Wasser des Jordan wollte er getauft werden; am Kreuz hat er sein Blut vergossen. Der Geist, der sich im Leben Jesu wie in seinem Sterben als mächtig erwiesen hat, ist die Kraft Gottes auch im Leben des Christen.*

ZWEITE LESUNG
1 Joh 5, 1–9

Drei sind es, die Zeugnis geben: der Geist, das Wasser und das Blut

**Lesung
aus dem ersten Johannesbrief.**

**Schwestern und Brüder!
Jeder, der glaubt, dass Jesus der Christus ist,
   ist aus Gott gezeugt
und jeder, der den Vater liebt,
   liebt auch den, der aus ihm gezeugt ist.
Daran erkennen wir, dass wir die Kinder Gottes lieben:
   wenn wir Gott lieben und seine Gebote erfüllen.**

**Denn darin besteht die Liebe zu Gott,
   dass wir seine Gebote halten;
und seine Gebote sind nicht schwer.
Denn alles, was aus Gott gezeugt ist, besiegt die Welt.
Und das ist der Sieg, der die Welt besiegt hat:
   unser Glaube.
Wer sonst besiegt die Welt,
   außer dem, der glaubt, dass Jesus der Sohn Gottes ist?
Dieser ist es, der durch Wasser und Blut gekommen ist:
   Jesus Christus.**

Er ist nicht nur im Wasser gekommen,
sondern im Wasser und im Blut.
Und der Geist ist es, der Zeugnis ablegt;
denn der Geist ist die Wahrheit.
⁷ Denn drei sind es, die Zeugnis ablegen:
⁸ der Geist,
das Wasser
und das Blut;
und diese drei sind eins.
⁹ Wenn wir von Menschen ein Zeugnis annehmen,
so ist das Zeugnis Gottes größer;
denn das ist das Zeugnis Gottes:
Er hat Zeugnis abgelegt von seinem Sohn.

2 RUF VOR DEM EVANGELIUM   Vers: vgl. Joh 1, 29

Halleluja. Halleluja.
Johannes sah Jesus auf sich zukommen und sagte:
Seht, das Lamm Gottes, das die Sünde der Welt hinwegnimmt.
Halleluja.

ZUM EVANGELIUM   *Johannes der Täufer weist auf Jesus hin als den Größeren, der nach ihm kommt. Ihm will er durch seine Predigt und Bußtaufe den Weg bereiten. Auch Jesus hat sich von Johannes taufen lassen. Er hat sich in die Reihe der Sünder gestellt; er hat die Sünde der Welt auf sich genommen.*

EVANGELIUM   Mk 1, 7–11

Du bist mein geliebter Sohn, an dir habe ich Wohlgefallen gefunden

✛ Aus dem heiligen Evangelium nach Markus.

In jener Zeit
trat Johannes in der Wüste auf
⁷ und verkündete:
Nach mir kommt einer,
der ist stärker als ich;

ich bin es nicht wert,
   mich zu bücken und ihm die Riemen der Sandalen zu lösen.
Ich habe euch mit Wasser getauft,
   er aber wird euch mit dem Heiligen Geist taufen.
In jenen Tagen kam Jesus aus Nazaret in Galiläa
   und ließ sich von Johannes im Jordan taufen.
Und sogleich, als er aus dem Wasser stieg,
   sah er, dass der Himmel aufriss
   und der Geist wie eine Taube auf ihn herabkam.
Und eine Stimme aus dem Himmel sprach:
   Du bist mein geliebter Sohn,
an dir habe ich Wohlgefallen gefunden.

Fortsetzung s. S. 214

LESEJAHR C

ERSTE LESUNG Jes 42, 5a.1–4.6–7 [1]

siehe S. 201 f.

ANTWORTSPSALM Ps 29 (28), 1–2.3ac-4.3b u. 9b–10 (Kv: vgl. 11b) [1]

siehe S. 202

Oder:

ZUR 1. LESUNG   *Jahwe, der Gott Israels, denkt an sein Volk; er tröstet es in der Not des babylonischen Exils nicht nur mit Worten; er wird es wieder heimführen, wie er es einst aus Ägypten herausgeführt hat. Er selbst wird mit seinem Volk ziehen, daher die Aufforderung, dem Herrn den Weg zu bahnen (Jes 40,3-4). Die Aufforderung ergeht an die himmlischen Mächte; das Volk selbst ist dazu nicht imstande. Gott offenbart seine Liebe, indem er dem Volk alle Schuld vergibt (40,1); er zeigt seine Macht, indem er es in die Heimat zurückführt. Zion (= Jerusalem) soll nicht mutlos werden; es soll die frohe Botschaft glauben und sie weitersagen.*

[2] ERSTE LESUNG

Jes 40, 1–5.9–11

Dann offenbart sich die Herrlichkeit des Herrn, alles Fleisch wird sie sehen

**Lesung
aus dem Buch Jesája.**

¹ Tröstet, tröstet mein Volk,
 spricht euer Gott.
² Redet Jerusalem zu Herzen
und ruft ihr zu,
 dass sie vollendet hat ihren Frondienst,
 dass gesühnt ist ihre Schuld,
dass sie empfangen hat aus der Hand des Herrn Doppeltes
 für all ihre Sünden!
³ Eine Stimme ruft:
 In der Wüste bahnt den Weg des Herrn,
ebnet in der Steppe eine Straße für unseren Gott!
⁴ Jedes Tal soll sich heben,
 jeder Berg und Hügel sich senken.
Was krumm ist, soll gerade werden,
 und was hüglig ist, werde eben.
⁵ Dann offenbart sich die Herrlichkeit des Herrn,
alles Fleisch wird sie sehen.
Ja, der Mund des Herrn hat gesprochen.
⁹ Steig auf einen hohen Berg,
 Zion, du Botin der Freude!
Erheb deine Stimme mit Macht,
 Jerusalem, du Botin der Freude!
Erheb deine Stimme, fürchte dich nicht!
Sag den Städten in Juda:
 Siehe, da ist euer Gott.
¹⁰ Siehe, Gott, der Herr, kommt mit Macht,
er herrscht mit starkem Arm.
Siehe, sein Lohn ist mit ihm
und sein Ertrag geht vor ihm her.
¹¹ Wie ein Hirt weidet er seine Herde,

auf seinem Arm sammelt er die Lämmer,
  an seiner Brust trägt er sie,
die Mutterschafe führt er behutsam.

ANTWORTPSALM   Ps 104 (103), 1–2.3–4.24–25.27–28.29–30 (Kv: 1ab) 2

Kv Preise den HERRN, meine Seele!   GL 58,1, VIII. Ton
HERR, mein Gott, überaus groß bist du! – Kv

Preise den HERRN, meine Seele! /
HERR, mein Gott, überaus groß bist du! *
Du bist mit Hoheit und Pracht bekleidet.
Du hüllst dich in Licht wie in einen Mantel, *
du spannst den Himmel aus gleich einem Zelt. – (Kv)

Du verankerst die Balken deiner Wohnung im Wasser. /
Du nimmst dir die Wolken zum Wagen, *
du fährst einher auf den Flügeln des Windes.
Du machst die Winde zu deinen Boten, *
zu deinen Dienern Feuer und Flamme. – (Kv)

Wie zahlreich sind deine Werke, HERR, /
sie alle hast du mit Weisheit gemacht, *
die Erde ist voll von deinen Geschöpfen.
Da ist das Meer, so groß und weit, *
darin ein Gewimmel, nicht zu zählen: kleine und große Tiere. – (Kv)

Auf dich warten sie alle, *
dass du ihnen ihre Speise gibst zur rechten Zeit.
Gibst du ihnen, dann sammeln sie ein, *
öffnest du deine Hand, werden sie gesättigt mit Gutem. – (Kv)

Verbirgst du dein Angesicht, sind sie verstört, /
nimmst du ihnen den Atem, so schwinden sie hin *
und kehren zurück zum Staub.
Du sendest deinen Geist aus: Sie werden erschaffen *
und du erneuerst das Angesicht der Erde. – Kv

ZWEITE LESUNG   Apg 10, 34–38

siehe S. 202 f.

1 RUF VOR DEM EVANGELIUM Vers: vgl. Mt 3, 16.17; Mk 9, 7

siehe S. 203

Oder:

ZUR 2. LESUNG   *Zwischen dem ersten Erscheinen Gottes, dem Erscheinen seiner Gnade in der Menschwerdung des Sohnes, und dem Offenbarwerden seiner Herrlichkeit verläuft die Zeit der Kirche und unser eigenes Leben. Gottes Gnade will uns erziehen. Und durch uns soll der Welt etwas von der Güte Gottes erfahrbar werden. – In Jesus Christus ist die Güte Gottes sichtbar geworden. Zugleich ist klar geworden, dass vor Gott kein Mensch gut ist. Gedanken solcher Art wären Selbstgerechtigkeit und damit ein Selbstbetrug. Davon befreit uns Gottes Wort und Gottes Tat.*

2 ZWEITE LESUNG Tit 2, 11–14; 3, 4–7

Er hat uns gerettet durch das Bad der Wiedergeburt und der Erneuerung im Heiligen Geist

**Lesung
aus dem Brief des Apostels Paulus an Titus.**

2,11 **Die Gnade Gottes ist erschienen,
um alle Menschen zu retten.**

12 **Sie erzieht uns dazu,
uns von der Gottlosigkeit
und den irdischen Begierden loszusagen
und besonnen, gerecht und fromm in dieser Welt zu leben,**

13 **während wir auf die selige Erfüllung unserer Hoffnung warten:
auf das Erscheinen der Herrlichkeit
unseres großen Gottes und Retters Christus Jesus.**

14 **Er hat sich für uns hingegeben,
damit er uns von aller Ungerechtigkeit erlöse
und für sich ein auserlesenes Volk schaffe,
das voll Eifer danach strebt, das Gute zu tun.**

3,4 **Als die Güte
und Menschenfreundlichkeit Gottes, unseres Retters, erschien,**

5 **hat er uns gerettet**

– nicht aufgrund von Werken der Gerechtigkeit,
die wir vollbracht haben,
sondern nach seinem Erbarmen –
durch das Bad der Wiedergeburt
und die Erneuerung im Heiligen Geist.

Ihn hat er in reichem Maß über uns ausgegossen
durch Jesus Christus, unseren Retter,
damit wir durch seine Gnade gerecht gemacht werden
und das ewige Leben erben, das wir erhoffen.

RUF VOR DEM EVANGELIUM   Vers: vgl. Lk 3, 16   2

Halleluja. Halleluja.

Johannes sagte:
Es kommt einer, der stärker ist als ich.
Mit dem Heiligen Geist und mit dem Feuer wird er euch taufen.

Halleluja.

ZUM EVANGELIUM *Jesus stellt sich mitten unter die Menschen und lässt sich taufen. Er steht in der Mitte der Zeit: Der Geist Gottes, der bisher durch die Propheten gesprochen hat, spricht von jetzt an durch Jesus, den Christus, den Messias. Der Geist ist die Kraft Gottes und die verheißene Gabe für das Volk Gottes, die Zuwendung Gottes zu den Menschen. Er macht „heute" die Glaubenden zu Söhnen und Töchtern Gottes.*

EVANGELIUM   Lk 3, 15–16.21–22

Jesus ließ sich taufen; und während er betete, öffnete sich der Himmel

✙ Aus dem heiligen Evangelium nach Lukas.

In jener Zeit
    war das Volk voll Erwartung
und alle überlegten im Herzen,
    ob Johannes nicht vielleicht selbst der Christus sei.

Doch Johannes gab ihnen allen zur Antwort:
    Ich taufe euch mit Wasser.
Es kommt aber einer, der stärker ist als ich,

und ich bin es nicht wert, ihm die Riemen der Sandalen zu lösen.
Er wird euch mit dem Heiligen Geist und mit Feuer taufen.
²¹ Es geschah aber,
   dass sich zusammen mit dem ganzen Volk
   auch Jesus taufen ließ.
Und während er betete,
   öffnete sich der Himmel
²² und der Heilige Geist
   kam sichtbar in Gestalt einer Taube auf ihn herab
und eine Stimme aus dem Himmel sprach:
   Du bist mein geliebter Sohn,
an dir habe ich Wohlgefallen gefunden.

Glaubensbekenntnis, S. 230 ff.
Fürbitten vgl. S. 269 f.

ZUR EUCHARISTIEFEIER *In der Taufe Jesu hat sich der Vater zu ihm und seinem Weg bekannt. In unserer Taufe haben auch wir die Zusage erhalten: „Du bist mein geliebter Sohn/meine geliebte Tochter". In jedem Gottesdienst dürfen wir diese göttliche Verheißung neu an uns erfahren.*

GABENGEBET

Gott, unser Vater,
wir feiern den Tag,
an dem du Jesus
als deinen geliebten Sohn geoffenbart hast.
Nimm unsere Gaben an
und mache sie zum Opfer Christi,
der die Sünden der ganzen Welt abgewaschen hat.
Er, der mit dir lebt und herrscht in alle Ewigkeit.

Präfation von der Taufe des Herrn, S. 266

KOMMUNIONVERS
Joh 1, 30.34

Dieser ist es, über den Johannes gesagt hat:
Ich habe es gesehen und lege Zeugnis ab:
Dieser ist der Sohn Gottes.

SCHLUSSGEBET

Gütiger Gott,
du hast uns mit deinem Wort
und dem Brot des Lebens genährt.
Gib, dass wir gläubig auf deinen Sohn hören,
damit wir deine Kinder heißen
und es in Wahrheit sind.
Darum bitten wir durch Christus, unseren Herrn.

Taufen kommt von „tief", tief eintauchen (ins Wasser), in die Tiefe gehen. Das ist der Weg Jesu. Die Taufe verbindet uns mit ihm. Sein Weg ist mit allen Konsequenzen in unsere Lebensgeschichte eingezeichnet, mit Tod, Grab und Auferstehung. Taufe heißt: in die Tiefe gehen. Wo das Wasser flach ist, ist es warm. Wo es tief ist, ist es kalt. Wer sich freischwimmen will, muss den Sprung ins tiefe Wasser wagen. Taufe heißt: mit Jesus in die Tiefe gehen. Doch nicht, um sich darin zu verlieren und sich vom Sog in den Abgrund reißen zu lassen. Nein, wir sind „aus der Taufe gehoben". Da geht die Bewegung nach oben. Das ist, wie wenn man wieder auftaucht, den Kopf über Wasser bekommt. Eine Auferstehung! Da sind wir wie neu geboren, ein anderer Mensch. (Franz Kamphaus)

TAUFGEDENKEN

Im Wasser der Taufe wurden wir neu geboren als Kinder Gottes. Das heutige Fest der Taufe des Herrn lädt uns dazu ein, uns der eigenen Taufe bewusst zu werden und unser Taufversprechen zu erneuern. Die folgenden Impulse können dabei helfen, diese Erneuerung persönlich zu vollziehen und unsere Berufung und Sendung als Christen neu in den Blick zu nehmen.

GL 428 Herr, dir ist nichts verborgen

V: Im Namen des Vaters und des Sohnes und des Heiligen Geistes. – A: Amen.

PSALM
Psalm 139 (138): Leben in Gottes Allgegenwart

1 HERR, du hast mich erforscht und kennst mich. /
2 Ob ich sitze oder stehe, du kennst es. *
   Du durchschaust meine Gedanken von fern.
3 Ob ich gehe oder ruhe, du hast es gemessen. *
   Du bist vertraut mit all meinen Wegen.
4 Ja, noch nicht ist das Wort auf meiner Zunge, *
   siehe, HERR, da hast du es schon völlig erkannt.
5 Von hinten und von vorn hast du mich umschlossen, *
   hast auf mich deine Hand gelegt.
6 Zu wunderbar ist für mich dieses Wissen, *
   zu hoch, ich kann es nicht begreifen.
7 Wohin kann ich gehen vor deinem Geist, *
   wohin vor deinem Angesicht fliehen?
8 Wenn ich hinaufstiege zum Himmel – dort bist du; *
   wenn ich mich lagerte in der Unterwelt – siehe, da bist du.
9 Nähme ich die Flügel des Morgenrots, *
   ließe ich mich nieder am Ende des Meeres,
10 auch dort würde deine Hand mich leiten *
    und deine Rechte mich ergreifen.
11 Würde ich sagen: Finsternis soll mich verschlingen *
    und das Licht um mich soll Nacht sein!
12 Auch die Finsternis ist nicht finster vor dir, /
    die Nacht leuchtet wie der Tag, *

wie das Licht wird die Finsternis.
Du selbst hast mein Innerstes geschaffen, *
hast mich gewoben im Schoß meiner Mutter.
Ich danke dir, dass ich so staunenswert und wunderbar gestaltet bin. *
Ich weiß es genau: Wunderbar sind deine Werke.
Dir waren meine Glieder nicht verborgen, /
als ich gemacht wurde im Verborgenen, *
gewirkt in den Tiefen der Erde.
Als ich noch gestaltlos war, *
sahen mich bereits deine Augen.
In deinem Buch sind sie alle verzeichnet: die Tage, *
die schon geformt waren, als noch keiner von ihnen da war.
Wie kostbar sind mir deine Gedanken, Gott! *
Wie gewaltig ist ihre Summe!
Wollte ich sie zählen, sie sind zahlreicher als der Sand. *
Ich erwache und noch immer bin ich bei dir.

SCHRIFTLESUNG   Joh 3,1–6

Das Gespräch mit Nikodemus in Jerusalem

¹ Es war da einer von den Pharisäern namens Nikodemus, ein führender Mann unter den Juden. ² Der suchte Jesus bei Nacht auf und sagte zu ihm: Rabbi, wir wissen, du bist ein Lehrer, von Gott gekommen; denn niemand kann die Zeichen tun, die du tust, wenn nicht Gott mit ihm ist. ³ Jesus antwortete ihm: Amen, amen, ich sage dir: Wenn jemand nicht von oben geboren wird, kann er das Reich Gottes nicht sehen. ⁴ Nikodemus entgegnete ihm: Wie kann ein Mensch, der schon alt ist, geboren werden? Kann er etwa in den Schoß seiner Mutter zurückkehren und noch einmal geboren werden? ⁵ Jesus antwortete: Amen, amen, ich sage dir: Wenn jemand nicht aus dem Wasser und dem Geist geboren wird, kann er nicht in das Reich Gottes kommen. ⁶ Was aus dem Fleisch geboren ist, das ist Fleisch; was aber aus dem Geist geboren ist, das ist Geist.

ZUR MEDITATION

Lied zur Taufe

Wir taufen mit Wasser.
Einen aber gibt es, der ist größer,
der tauft mit Geist und mit Feuer.

Wir sind geboren, wir nennen es Leben,
haben empfangen und müssen geben.
Menschsein heißt teilen die Freuden und Sorgen,
glauben und lieben, hoffen auf morgen.

Wir taufen mit Wasser.
Einen aber gibt es, der ist größer,
der tauft mit Geist und mit Feuer.

Glauben und lieben und hoffen auf morgen,
noch ist das Heil den Augen verborgen.
Christus hat uns seinen Namen gegeben,
in diesem Namen werden wir leben.

Wir taufen mit Wasser.
Einen aber gibt es, der ist größer,
der tauft mit Geist und mit Feuer.
(Lothar Zenetti)

Symbol Wasser

Wasser ist ein uraltes Symbol der Erneuerung, Reinigung und Lebenskraft. Das geweihte Wasser steht im Zentrum eines jeden Taufgeschehens und bringt den Anfang eines neuen Lebens als Kind Gottes zum Ausdruck. Das Betrachten einer mit (geweihtem) Wasser gefüllten Schale und/oder das bewusst vollzogene Kreuzzeichen mit Weihwasser kann uns diesen Lebensanfang im Glauben vergegenwärtigen.

Gebet

Im Wasser ist Leben
Ohne Wasser verwelken die Blumen
Ohne Wasser sterben die Keime
Ohne Wasser verschmachten die Menschen und Tiere
Im Wasser ist Leben

Wasser ist wie Du, Gott
köstlich und lebendig
Durch das Wasser rettest Du den Menschen
Durch das große Wasser hindurch hast Du Noah
und seine Familie gerettet
Durch das große Wasser hindurch hast Du Moses
und sein Volk gerettet

Dein Sohn Jesus Christus ist köstliches Wasser
Es macht unser Herz jung und frisch
rein und sauber
In ihm leben wir auf
In ihm entfalten sich alle Keime in uns
Durch ihn sind wir gerettet. – Amen.
(Anton Rotzetter)

Symbol Licht

Die an der Osterkerze entzündete Taufkerze ist Symbol für das „Licht Christi", das wir in der Taufe empfangen haben. Dieses Licht soll in uns aufstrahlen, damit wir als Kinder des Lichtes leben und so zu Zeugen der Frohen Botschaft werden. Das bewusste Entzünden der Taufkerze oder einer Osterkerze kann uns helfen, unsere Entscheidung für ein Leben in der Nachfolge Jesu zu erneuern.

Gebet

Mein Herr, gib mir Augen, um zu sehen, und Ohren, um zu hören. Ich weiß, dass in der Finsternis ein Licht ist, das alles neu werden lässt. Ich weiß, dass du da bist; dass du handelst, dass du liebst, dass du wirklich das Licht, das Leben und die Wahrheit bist. Lass mich von dem, was du mir zeigst und was du mir sagst, so ergriffen sein, dass dein Sehen und Hören mir im Leben Führung gibt. – Amen.
(Henri Nouwen)

Erneuerung des Taufbekenntnisses

Die brennende Kerze als Symbol für Christus, das Licht der Welt, lädt uns ein, uns ihm wieder neu zuzuwenden, der das Licht unseres Lebens sein will. Die Entscheidung für ein Leben in der Nachfolge Jesu ist zugleich auch eine Absage an alle Kräfte, die dem Kommen des Reiches Gottes zuwiderlaufen.

Gebet zur Tauferneuerung

Allmächtiger, ewiger Gott – Vater, Sohn und Heiliger Geist,
vor deinem Angesicht will ich nein sagen
- zu allem, was mich von dir und den Menschen trennt,
- zu allen Verlockungen des Bösen, damit die Sünde keine Macht über mich gewinnt,
- zu allen dunklen Mächten, die mich abbringen wollen vom Weg der Nachfolge Jesu;

vor deinem Angesicht will ich ja sagen
- zum Glauben an deine Schöpferkraft, die mich ins Dasein gerufen hat,
- zum Glauben an die Botschaft, dass in deiner Menschwerdung das Reich Gottes angebrochen ist,
- zum Glauben an das Geschenk des Heiligen Geistes, das mich die Freiheit der Kinder Gottes erfahren lässt,
- zum Glauben an die Gemeinschaft aller Getauften, die durch dich geheiligt ist.

(Kreuzzeichen mit Weihwasser)

Denn im Wasser der Taufe wurde ich neu geboren und habe den Geist empfangen, der mich zu deinem Kind gemacht hat. Lass mir wieder neu bewusst werden, wie groß die Gnade ist, die du mir im Wasser der Taufe geschenkt hast. Hilf mir, diesem Geschenk mit meinem Leben zu entsprechen. – Amen.

GL 491 Ich bin getauft und Gott geweiht

Weitere Liedvorschläge

GL 419 Tief im Schoß meiner Mutter gewoben
GL 440 Hilf, Herr meines Lebens
GL 565 Heilig-Geist-Litanei

DIE FEIER
DER
GEMEINDEMESSE

ERÖFFNUNG

Eröffnungsvers (oder ein entsprechendes Lied)	223
Begrüßung (und kurze Einführung)	223
Allgemeines Schuldbekenntnis und Bitte um Vergebung	224
Kyrie (entfällt, wenn Kyrie-Litanei vorausgegangen)	227
Ehre sei Gott (Gloria)	227
Tagesgebet	229

WORTGOTTESDIENST

1. Lesung und Antwortpsalm	229
2. Lesung und Ruf vor dem Evangelium	229
Evangelium	229
Homilie	230
Das Große od. Apostolische Glaubensbekenntnis (Credo)	230
Fürbitten (Allgemeines Gebet), nach freier Wahl	236

EUCHARISTIEFEIER

Gabenbereitung — 236
  Abschließendes Gabengebet — 237

Das Eucharistische Hochgebet — 238
  Präfationen — 272
  Erstes Hochgebet (Dich, gütiger Vater) — 239
  Zweites Hochgebet (Ja, du bist heilig, großer Gott, du bist der Quell aller Heiligkeit) — 244
  Drittes Hochgebet (Ja, du bist heilig, großer Gott, und alle deine Werke verkünden dein Lob) — 248
  Viertes Hochgebet (Wir preisen dich, heiliger Vater) — 252

Kommunion — 256
  Gebet des Herrn (Vater unser) — 256
  Friedensgebet — 258
  Brechung des Brotes – Agnus Dei — 259
  Gebete vor der Kommunion – Kommunionempfang — 260
  Schlussgebet — 261

ENTLASSUNG — 262

ERÖFFNUNG
EINZUG – GESANG ZUR ERÖFFNUNG

Während der Priester einzieht, kann der Gesang zur Eröffnung gesungen werden.*

VEREHRUNG DES ALTARES

BEGRÜSSUNG DER GEMEINDE

Nachdem der Priester den Altar begrüßt hat und an seinen Platz gegangen ist, spricht er (während alle stehen):

P: ✛ Im Namen des Vaters und des Sohnes und des Heiligen Geistes. Amen.

Der Herr sei mit euch.
A: Und mit deinem Geiste.

Oder:
Die Gnade unseres Herrn Jesus Christus,
die Liebe Gottes des Vaters
und die Gemeinschaft des Heiligen Geistes
sei mit euch.

Oder:
Gnade und Friede von Gott, unserem Vater,
und dem Herrn Jesus Christus
sei mit euch.

Oder:
Gnade und Friede von dem,
der ist und der war und der kommen wird,
sei mit euch.

---

* Die hier und im Folgenden abgedruckten Rubriken sind ein Auszug aus der authentischen Ausgabe des Messbuchs für den liturgischen Gebrauch, in der weitere Gestaltungsmöglichkeiten der Messfeier näher beschrieben sind.

Oder:
**Gnade und Friede
in der heiligen Versammlung der Kirche Gottes
sei mit euch.**

Oder:
**Der Herr der Herrlichkeit
und Spender jeder Gnade
sei mit euch.**

Oder:
**Die Gnade des Herrn Jesus,
der für uns Mensch geworden ist
(gelitten hat, gestorben ist ...),
sei mit euch.**

Oder:
**Die Gnade unseres Herrn Jesus Christus
sei mit euch.**

A: Und mit deinem Geiste.

Darauf kann der Priester, der Diakon oder ein anderer dazu Beauftragter eine knappe Einführung in die Feier geben.
Wenn zur Eröffnung nicht gesungen wurde, empfiehlt es sich, in die Einführung den Eröffnungsvers einzubeziehen, da dieser häufig einen Leitgedanken der Messfeier angibt.

ALLGEMEINES SCHULDBEKENNTNIS

An Sonntagen kann an die Stelle des Allgemeinen Schuldbekenntnisses das sonntägliche Taufgedächtnis (Besprengung mit Weihwasser) treten.

Einladung (Form A und B)
**Brüder und Schwestern,
damit wir die heiligen Geheimnisse in rechter Weise feiern
können, wollen wir bekennen, dass wir gesündigt haben.**

Die Feier der Gemeindemesse – Eröffnung

Oder:
Bevor wir das Gedächtnis des Herrn begehen, wollen wir uns besinnen und bekennen, dass wir sündige Menschen sind.

Oder:
Brüder und Schwestern, bevor wir das Wort Gottes hören und das Opfer Christi feiern, wollen wir uns bereiten und Gott um Vergebung unserer Sünden bitten.

Oder:
Damit wir das Gedächtnis des Herrn recht begehen, prüfen wir uns selbst und bekennen unsere Schuld vor Gott und der Kirche.

Einladung (Form B und C)
Zu Beginn dieser Messfeier wollen wir uns besinnen und das Erbarmen des Herrn auf uns herabrufen.

Oder ein ähnlicher passender Text.
Es folgt eine kurze Stille für die Besinnung; danach das

Bekenntnis

Form A
P: Wir sprechen das Schuldbekenntnis:
A: Ich bekenne Gott, dem Allmächtigen,
und allen Brüdern und Schwestern,
dass ich Gutes unterlassen und Böses getan habe –
ich habe gesündigt
in Gedanken, Worten und Werken –
durch meine Schuld, durch meine Schuld,
durch meine große Schuld.
Darum bitte ich die selige Jungfrau Maria,
alle Engel und Heiligen
und euch, Brüder und Schwestern,
für mich zu beten bei Gott, unserem Herrn.

Oder: Form B
P: Erbarme dich, Herr, unser Gott, erbarme dich.
A: Denn wir haben vor dir gesündigt.
P: Erweise, Herr, uns deine Huld.
A: Und schenke uns dein Heil.

Die Formen A und B können durch ein Bußlied ersetzt werden.

Oder: Form C
mit den hier folgenden oder anderen Anrufungen.

Kyrie-Litanei
V: Herr Jesus Christus,
du bist vom Vater gesandt,
zu heilen, was verwundet ist:
V: Kýrie, eléison.   Oder: Herr, erbarme dich (unser).
A: Kýrie, eléison.   Oder: Herr, erbarme dich (unser).
V: Du bist gekommen, die Sünder zu berufen:
V: Christe, eléison.   Oder: Christus, erbarme dich (unser).
A: Christe, eléison.   Oder: Christus, erbarme dich (unser).
V: Du bist zum Vater heimgekehrt, um für uns einzutreten:
V: Kýrie, eléison.   Oder: Herr, erbarme dich (unser).
A: Kýrie, eléison.   Oder: Herr, erbarme dich (unser).

Jede dieser drei Formen wird abgeschlossen durch die

Vergebungsbitte
P: Der allmächtige Gott erbarme sich unser. Er lasse uns die Sünden nach und führe uns zum ewigen Leben.
A: Amen.

Oder:
P: Nachlass, Vergebung und Verzeihung unserer Sünden gewähre uns der allmächtige und barmherzige Herr.
A: Amen.

Oder (besonders bei Form C):
P: Der Herr erbarme sich unser. Er nehme von uns Sünde und Schuld, damit wir mit reinem Herzen diese Feier begehen.
A: Amen.

KYRIE

Es folgen die Kyrie-Rufe (falls sie nicht schon vorausgegangen sind).

V: Herr, erbarme dich (unser).
A: Herr, erbarme dich (unser).
V: Christus, erbarme dich (unser).
A: Christus, erbarme dich (unser).
V: Herr, erbarme dich (unser).
A: Herr, erbarme dich (unser).

Oder:

V: Kýrie, eléison.
A: Kýrie, eléison.
V: Christe, eléison.
A: Christe, eléison.
V: Kýrie, eléison.
A: Kýrie, eléison.

GLORIA

An den Sonntagen außerhalb der Advents- und Fastenzeit, an Hochfesten, Festen und bei anderen festlichen Gottesdiensten folgt das Gloria:

Ehre sei Gott in der Höhe
und Friede auf Erden den Menschen seiner Gnade.
Wir loben dich,
wir preisen dich,
wir beten dich an,
wir rühmen dich und danken dir,
denn groß ist deine Herrlichkeit:
Herr und Gott, König des Himmels,
Gott und Vater, Herrscher über das All,
Herr, eingeborener Sohn, Jesus Christus.
Herr und Gott, Lamm Gottes, Sohn des Vaters,
du nimmst hinweg die Sünde der Welt:
erbarme dich unser;
du nimmst hinweg die Sünde der Welt:
nimm an unser Gebet;

du sitzest zur Rechten des Vaters:
erbarme dich unser.
Denn du allein bist der Heilige, du allein der Herr,
du allein der Höchste:
Jesus Christus,
mit dem Heiligen Geist,
zur Ehre Gottes des Vaters. Amen.

Oder:
Glória in excélsis Deo
et in terra pax homínibus bonæ voluntátis.
Laudámus te,
benedícimus te,
adorámus te,
glorificámus te, grátias ágimus tibi
propter magnam glóriam tuam,
Dómine Deus, Rex cæléstis,
Deus Pater omnípotens.
Dómine Fili unigénite, Iesu Christe,
Dómine Deus, Agnus Dei, Fílius Patris,
qui tollis peccáta mundi,
miserére nobis;
qui tollis peccáta mundi,
súscipe deprecatiónem nostram.
Qui sedes ad déxteram Patris,
miserére nobis;
Quóniam tu solus Sanctus,
tu solus Dóminus,
tu solus Altíssimus,
Iesu Christe,
cum Sancto Spíritu:
in glória Dei Patris. Amen.

Das Gloria darf durch ein Gloria-Lied ersetzt werden.

TAGESGEBET

Der Priester lädt zum Gebet ein. Er singt oder spricht:
Lasset uns beten.

Nach einer kurzen Stille spricht der Priester das Tagesgebet.
Die Gemeinde beschließt das Gebet mit dem Ruf:
Amen.

WORTGOTTESDIENST

1. LESUNG UND ANTWORTPSALM

Der Lektor geht zum Ambo und trägt die erste Lesung vor. Alle hören sitzend zu. Wo nach der Lesung ein Zuruf der Gemeinde üblich ist, fügt der Lektor an:

Wort des lebendigen Gottes.
A: **Dank sei Gott.**

Danach kann eine kurze Stille folgen.
Dann trägt der Kantor (Psalmist) als ersten Zwischengesang den Antwortpsalm vor. Die Gemeinde übernimmt den Kehrvers.

2. LESUNG UND RUF VOR DEM EVANGELIUM

Auf die zweite Lesung folgt als zweiter Zwischengesang das Halleluja bzw. der an dessen Stelle vorgesehene Ruf vor dem Evangelium.

EVANGELIUM

D (P): **Der Herr sei mit euch.**
A: **Und mit deinem Geiste.**

D (P): **+ Aus dem heiligen Evangelium nach N.**

Oder: **Aus dem Evangelium Jesu Christi nach N.**
Oder: **Aus dem Evangelium nach N.**

Dabei bezeichnet er das Buch und sich selbst (auf Stirn, Mund und Brust) mit dem Kreuzzeichen.
A: **Ehre sei dir, o Herr.**

Wo nach dem Evangelium ein Zuruf der Gemeinde üblich ist, fügt der Diakon (Priester) an:

Evangelium unseres Herrn Jesus Christus.
A: **Lob sei dir, Christus.**

Danach küsst der Diakon (Priester) das Buch und spricht leise:
**Herr, durch dein Evangelium
nimm hinweg unsere Sünden.**

HOMILIE

Die Homilie ist ein Teil der Liturgie. Sie ist an allen Sonntagen und gebotenen Feiertagen vorgeschrieben, sonst empfohlen.

CREDO

An Sonntagen, an Hochfesten und bei anderen festlichen Gottesdiensten folgt das Credo:

(P: **Wir sprechen das Große Glaubensbekenntnis.**)

A: **Wir glauben an den einen Gott,
den Vater, den Allmächtigen,
der alles geschaffen hat, Himmel und Erde,
die sichtbare und die unsichtbare Welt.**

**Und an den einen Herrn Jesus Christus,
Gottes eingeborenen Sohn,
aus dem Vater geboren vor aller Zeit:
Gott von Gott, Licht vom Licht,
wahrer Gott vom wahren Gott,
gezeugt, nicht geschaffen,
eines Wesens mit dem Vater;
durch ihn ist alles geschaffen.**

**Für uns Menschen und zu unserem Heil
ist er vom Himmel gekommen,**

Zu den folgenden Worten (bis zu **Mensch geworden**) verbeugen sich alle (an Weihnachten und am Hochfest der Verkündigung des Herrn kniet man nieder).

Oder:
Credo in unum Deum,
Patrem omnipoténtem,
factórem cæli et terræ,
visibílium ómnium et invisibílium.

Et in unum Dóminum Iesum Christum,
Fílium Dei unigénitum,
et ex Patre natum ante ómnia sǽcula.
Deum de Deo, lumen de lúmine,
Deum verum de Deo vero,
génitum, non factum,
consubstantiálem Patri:
per quem ómnia facta sunt.

Qui propter nos hómines et propter nostram salútem
descéndit de cælis.
Ad verba quae sequuntur, usque ad factus est, omnes se inclinant.

hat Fleisch angenommen
durch den Heiligen Geist
von der Jungfrau Maria
und ist Mensch geworden.
Er wurde für uns gekreuzigt
unter Pontius Pilatus,
hat gelitten und ist begraben worden,
ist am dritten Tage auferstanden
nach der Schrift
und aufgefahren in den Himmel.

Er sitzt zur Rechten des Vaters
und wird wiederkommen in Herrlichkeit,
zu richten die Lebenden und die Toten;
seiner Herrschaft wird kein Ende sein.

Wir glauben an den Heiligen Geist,
der Herr ist und lebendig macht,
der aus dem Vater und dem Sohn hervorgeht
der mit dem Vater und dem Sohn
angebetet und verherrlicht wird,
der gesprochen hat durch die Propheten;
und die eine, heilige, katholische
und apostolische Kirche.

Wir bekennen die eine Taufe
zur Vergebung der Sünden.
Wir erwarten die Auferstehung der Toten
und das Leben der kommenden Welt.
Amen.

Et incarnátus est
de Spíritu Sancto
ex María Vírgine,
et homo factus est.
Crucifíxus étiam pro nobis
sub Póntio Piláto;
passus et sepúltus est,
et resurréxit tértia die,
secúndum Scriptúras,
et ascéndit in cælum,
sedet ad déxteram Patris.

Et íterum ventúrus est cum glória,
iudicáre vivos et mórtuos,
cuius regni non erit finis.

Et in Spíritum Sanctum,
Dóminum et vivificántem:
qui ex Patre Filióque procédit.
Qui cum Patre et Fílio
simul adorátur et conglorificátur:
qui locútus est per prophétas.
Et unam, sanctam, cathólicam
et apostólicam Ecclésiam.

Confíteor unum baptísma
in remissiónem peccatórum.
Et exspécto resurrectiónem mortuórum,
et vitam ventúri sǽculi.
Amen.

Anstelle des Großen Glaubensbekenntnisses kann das Apostolische Glaubensbekenntnis gebetet werden.
(P: Wir sprechen das Apostolische Glaubensbekenntnis.)

A: Ich glaube an Gott,
den Vater, den Allmächtigen,
den Schöpfer des Himmels und der Erde,
und an Jesus Christus,
seinen eingeborenen Sohn, unsern Herrn,

Zu den folgenden Worten (bis zu Jungfrau Maria) verbeugen sich alle (an Weihnachten und zum Hochfest der Verkündigung des Herrn kniet man nieder).

empfangen durch den Heiligen Geist,
geboren von der Jungfrau Maria,
gelitten unter Pontius Pilatus,
gekreuzigt, gestorben und begraben,
hinabgestiegen in das Reich des Todes,
am dritten Tage auferstanden von den Toten,
aufgefahren in den Himmel;
er sitzt zur Rechten Gottes, des allmächtigen Vaters;
von dort wird er kommen,
zu richten die Lebenden und die Toten.
Ich glaube an den Heiligen Geist,
die heilige katholische Kirche,
Gemeinschaft der Heiligen,
Vergebung der Sünden,
Auferstehung der Toten
und das ewige Leben.
Amen.

Oder:

Credo in Deum,
Patrem omnipoténtem,
Creatórem cæli et terræ.
Et in Iesum Christum,
Fílium eius únicum, Dóminum nostrum:

qui concéptus est de Spíritu Sancto,
natus ex María Virgine,
passus sub Póntio Piláto,
crucifíxus, mórtuus, et sepúltus:
descéndit ad ínferos:
tértia die resurréxit a mórtuis;
ascéndit ad cælos;
sedet ad déxteram Dei Patris omnipoténtis:
inde ventúrus est
iudicáre vivos et mórtuos.
Credo in Spíritum Sanctum,
sanctam Ecclésiam cathólicam,
Sanctórum communiónem,
remissiónem peccatórum,
carnis resurrectiónem,
vitam ætérnam.
Amen.

FÜRBITTEN (ALLGEMEINES GEBET)

Die Fürbitten werden vom Priester eingeleitet und abgeschlossen. Die einzelnen Anliegen können vom Diakon, Lektor, Kantor oder anderen vorgetragen werden. Beispiele S. 267–272.

EUCHARISTIEFEIER

Gabenbereitung

GESANG ZUR GABENBEREITUNG

Das Herbeibringen und die Bereitung der Gaben können von einem geeigneten Gesang oder von Orgelspiel begleitet werden oder auch in der Stille geschehen.
Es empfiehlt sich, dass die Gläubigen ihre Teilnahme durch eine Gabe bekunden. Sie können durch Vertreter Brot und Wein für die Eucharistie oder selber andere Gaben herbeibringen, die für die Bedürfnisse der Kirche und der Armen bestimmt sind. Auch die Geldkollekte ist eine solche Gabe.

BEGLEITGEBETE ZUR GABENBEREITUNG

Über das Brot:
Gepriesen bist du, Herr, unser Gott, Schöpfer der Welt.
Du schenkst uns das Brot,
die Frucht der Erde und der menschlichen Arbeit.
Wir bringen dieses Brot vor dein Angesicht,
damit es uns das Brot des Lebens werde.
(Gepriesen bist du in Ewigkeit, Herr, unser Gott.)

Der Priester gießt Wein und ein wenig Wasser in den Kelch und spricht leise:
Wie das Wasser sich mit dem Wein verbindet zum heiligen Zeichen, so lasse uns dieser Kelch teilhaben an der Gottheit Christi, der unsere Menschennatur angenommen hat.

Über den Kelch:
Gepriesen bist du, Herr, unser Gott, Schöpfer der Welt.
Du schenkst uns den Wein,
die Frucht des Weinstocks und der menschlichen Arbeit.
Wir bringen diesen Kelch vor dein Angesicht,

damit er uns der Kelch des Heiles werde.
(Gepriesen bist du in Ewigkeit, Herr, unser Gott.)

Der Priester verneigt sich und spricht leise:

Herr, wir kommen zu dir mit reumütigem Herzen und mit demütigem Sinn. Nimm uns an und gib, dass unser Opfer dir gefalle.

Der Priester kann die Gaben und den Altar inzensieren: anschließend können der Priester und die Gemeinde inzensiert werden.

ZUR HÄNDEWASCHUNG

Herr, wasche ab meine Schuld,
von meinen Sünden mach mich rein.

EINLADUNG ZUM GABENGEBET

Form A

P: Lasset uns beten zu Gott, dem allmächtigen Vater,
dass er die Gaben der Kirche annehme
zu seinem Lob und zum Heil der ganzen Welt.

Oder: Form B

P: Lasset uns beten.

Oder eine andere geeignete Gebetseinladung.
Alle verharren eine kurze Zeit in stillem Gebet.

Oder: Form C

P: Betet, Brüder und Schwestern,
dass mein und euer Opfer
Gott, dem allmächtigen Vater, gefalle.

A: Der Herr nehme das Opfer an aus deinen Händen
zum Lob und Ruhm seines Namens,
zum Segen für uns und seine ganze heilige Kirche.

GABENGEBET

Durch das Gabengebet wird die Bereitung der Opfergaben abgeschlossen.
Die Gemeinde beschließt das Gebet mit dem Ruf:

Amen.

Das Eucharistische Hochgebet

Das Eucharistische Hochgebet beginnt mit der Präfation und wird von der Gemeinde mit dem Zuruf Amen (vor dem Vaterunser) abgeschlossen.

P: Der Herr sei mit euch.
A: Und mit deinem Geiste.
P: Erhebet die Herzen.
A: Wir haben sie beim Herrn.
P: Lasset uns danken dem Herrn, unserm Gott.
A: Das ist würdig und recht.

Oder:
P: Dóminus vobíscum.
A: Et cum spíritu tuo.
P: Sursum corda.
A: Habémus ad Dóminum.
P: Grátias agámus Dómino Deo nostro.
A: Dignum et iustum est.

Präfationen, S. 263–266
Zum Schluss der Präfation singt oder spricht der Priester zusammen mit der Gemeinde:

Heilig, heilig, heilig
Gott, Herr aller Mächte und Gewalten.
Erfüllt sind Himmel und Erde
von deiner Herrlichkeit.
Hosanna in der Höhe.
Hochgelobt sei,
der da kommt im Namen des Herrn.
Hosanna in der Höhe.

Oder:
Sanctus, Sanctus, Sanctus
Dóminus Deus Sábaoth.
Pleni sunt cæli et terra
glória tua.
Hosánna in excélsis.

Benedíctus
qui venit in nómine Dómini.
Hosánna in excélsis.

Das Sanctus darf nur durch ein Lied ersetzt werden, das mit dem dreimaligen Heilig-Ruf beginnt und dem Inhalt des Sanctus entspricht.

ERSTES HOCHGEBET
DER RÖMISCHE MESSKANON

Dich, gütiger Vater, bitten wir durch deinen Sohn, unseren Herrn Jesus Christus: Nimm diese heiligen, makellosen Opfergaben an und segne + sie.

Für die Kirche und ihre Hirten

Wir bringen sie dar vor allem für deine heilige katholische Kirche in Gemeinschaft mit deinem Diener, unserem Papst N., mit unserem Bischof N. und mit allen, die Sorge tragen für den rechten, katholischen und apostolischen Glauben. Schenke deiner Kirche Frieden und Einheit, behüte und leite sie auf der ganzen Erde.

Für anwesende und abwesende Gläubige

Gedenke deiner Diener und Dienerinnen N.N. (für die wir heute besonders beten) und aller, die hier versammelt sind.

Stilles Gedenken

Herr, du kennst ihren Glauben und ihre Hingabe; für sie bringen wir dieses Opfer des Lobes dar, und sie selber weihen es dir für sich und für alle, die ihnen verbunden sind, für ihre Erlösung und für ihre Hoffnung auf das unverlierbare Heil. Vor dich, den ewigen, lebendigen und wahren Gott, bringen sie ihre Gebete und Gaben.

Gedächtnis der Heiligen

In Gemeinschaft mit der ganzen Kirche gedenken wir deiner Heiligen. Wir ehren vor allem Maria, die glorreiche, allzeit jungfräuliche Mutter unseres Herrn und Gottes Jesus Christus.
* Wir ehren ihren Bräutigam, den heiligen Josef, deine heiligen Apostel und Märtyrer: Petrus und Paulus, Andreas (Jakobus,

Johannes, Thomas, Jakobus, Philippus, Bartholomäus,
Matthäus, Simon und Thaddäus, Linus, Kletus, Klemens, Xystus,
Kornelius, Cyprianus, Laurentius, Chrysogonus, Johannes und
Paulus, Kosmas und Damianus) und alle deine Heiligen; blicke
auf ihr heiliges Leben und Sterben und gewähre uns auf ihre
Fürsprache in allem deine Hilfe und deinen Schutz.

Das Gedächtnis der Heiligen kann auch beginnen:

An Sonntagen:

In Gemeinschaft mit der ganzen Kirche feiern wir den ersten Tag
der Woche als den Tag, an dem Christus von den Toten erstanden ist, und gedenken deiner Heiligen: Wir ehren vor allem
Maria, die glorreiche, allzeit jungfräuliche Mutter unseres Herrn
und Gottes Jesus Christus.*

Von Weihnachten bis Neujahr:

In Gemeinschaft mit der ganzen Kirche feiern wir (die hochheilige Nacht) den hochheiligen Tag, (in der) an dem Maria in
unversehrter Jungfräulichkeit der Welt den Erlöser geboren hat.
Wir ehren vor allen Heiligen sie, die glorreiche, allzeit jungfräuliche Mutter unseres Herrn und Gottes Jesus Christus.*

An Erscheinung des Herrn:

In Gemeinschaft mit der ganzen Kirche feiern wir den hochheiligen Tag, an dem dein eingeborener Sohn, dir gleich in
ewiger Herrlichkeit, als wahrer Mensch leibhaft und sichtbar
erschienen ist. Wir gedenken deiner Heiligen und ehren vor
allem Maria, die glorreiche, allzeit jungfräuliche Mutter unseres
Herrn und Gottes Jesus Christus.*

Die Feier der Gemeindemesse – Erstes Hochgebet

An Mariä Empfängnis (8. Dezember):

In Gemeinschaft mit der ganzen Kirche feiern wir den Tag, an dem Maria ohne Erbschuld empfangen wurde, da sie auserwählt war, die Mutter des Erlösers zu werden. Wir ehren vor allen Heiligen sie, die glorreiche, allzeit jungfräuliche Mutter unseres Herrn und Gottes Jesus Christus.*

Für die Ortsgemeinde

Nimm gnädig an, o Gott, diese Gaben deiner Diener und deiner ganzen Gemeinde; ordne unsere Tage in deinem Frieden, rette uns vor dem ewigen Verderben und nimm uns auf in die Schar deiner Erwählten.

Bitte um Heiligung der Gaben

Schenke, o Gott, diesen Gaben Segen in Fülle und nimm sie zu eigen an. Mache sie uns zum wahren Opfer im Geiste, das dir wohlgefällt: zum Leib und Blut deines geliebten Sohnes, unseres Herrn Jesus Christus.

Einsetzungsbericht – Wandlung

Am Abend vor seinem Leiden nahm er das Brot in seine heiligen und ehrwürdigen Hände, erhob die Augen zum Himmel, zu dir, seinem Vater, dem allmächtigen Gott, sagte dir Lob und Dank, brach das Brot, reichte es seinen Jüngern und sprach:
Nehmet und esset alle davon:
Das ist mein Leib,
der für euch hingegeben wird.
Ebenso nahm er nach dem Mahl diesen erhabenen Kelch in seine heiligen und ehrwürdigen Hände, sagte dir Lob und Dank, reichte den Kelch seinen Jüngern und sprach:
Nehmet und trinket alle daraus:

Das ist der Kelch
des neuen und ewigen Bundes,
mein Blut, das für euch
und für alle vergossen wird
zur Vergebung der Sünden.
Tut dies zu meinem Gedächtnis.

Priester:
Geheimnis des Glaubens.

Zuruf der Gemeinde
Deinen Tod, o Herr, verkünden wir,
und deine Auferstehung preisen wir,
bis du kommst in Herrlichkeit.

Oder:
Mystérium fídei.
Mortem tuam annuntiámus, Dómine,
et tuam resurrectiónem confitémur,
donec vénias.

Darum, gütiger Vater, feiern wir, deine Diener und dein heiliges Volk, das Gedächtnis deines Sohnes, unseres Herrn Jesus Christus. Wir verkünden sein heilbringendes Leiden, seine Auferstehung von den Toten und seine glorreiche Himmelfahrt. So bringen wir aus den Gaben, die du uns geschenkt hast, dir, dem erhabenen Gott, die reine, heilige und makellose Opfergabe dar: das Brot des Lebens und den Kelch des ewigen Heiles.

Blicke versöhnt und gütig darauf nieder und nimm sie an wie einst die Gaben deines gerechten Dieners Abel, wie das Opfer unseres Vaters Abraham, wie die heilige Gabe, das reine Opfer deines Hohenpriesters Melchisedek.

Wir bitten dich, allmächtiger Gott: Dein heiliger Engel trage diese Opfergabe auf deinen himmlischen Altar vor deine göttliche Herrlichkeit; und wenn wir durch unsere Teilnahme am Altar den heiligen Leib und das Blut deines Sohnes empfangen, erfülle uns mit aller Gnade und allem Segen des Himmels.

Für die Verstorbenen

Gedenke auch deiner Diener und Dienerinnen (N. und N.), die uns vorangegangen sind, bezeichnet mit dem Siegel des Glaubens, und die nun ruhen in Frieden

(Stilles Gedenken)

Wir bitten dich: Führe sie und alle, die in Christus entschlafen sind, in das Land der Verheißung, des Lichtes und des Friedens.

Weitere Bitten

Auch uns, deinen sündigen Dienern, die auf deine reiche Barmherzigkeit hoffen, gib Anteil und Gemeinschaft mit deinen heiligen Aposteln und Märtyrern: Johannes, Stephanus, Matthias, Barnabas (Ignatius, Alexander, Marzellinus, Petrus, Felizitas, Perpetua, Agatha, Luzia, Agnes, Cäcilia, Anastasia) und mit allen deinen Heiligen; wäge nicht unser Verdienst, sondern schenke gnädig Verzeihung und gib uns mit ihnen das Erbe des Himmels.

Darum bitten wir durch unseren Herrn Jesus Christus. Denn durch ihn erschaffst du immerfort all diese guten Gaben, gibst ihnen Leben und Weihe und spendest sie uns.

Abschließender Lobpreis

Durch ihn und mit ihm und in ihm ist dir, Gott, allmächtiger Vater, in der Einheit des Heiligen Geistes alle Herrlichkeit und Ehre jetzt und in Ewigkeit.

Alle: **Amen.**

Fortsetzung S. 256

ZWEITES HOCHGEBET

P: Der Herr sei mit euch.
A: Und mit deinem Geiste.
P: Erhebet die Herzen.
A: Wir haben sie beim Herrn.
P: Lasset uns danken dem Herrn, unserm Gott.
A: Das ist würdig und recht.

Oder:
P: Dóminus vobíscum.
A: Et cum spíritu tuo.
P: Sursum corda.
A: Habémus ad Dóminum.
P: Grátias agámus Dómino Deo nostro.
A: Dignum et iustum est.

In Wahrheit ist es würdig und recht, dir, Herr, heiliger Vater, immer und überall zu danken durch deinen geliebten Sohn Jesus Christus. Er ist dein Wort, durch ihn hast du alles erschaffen. Ihn hast du gesandt als unseren Erlöser und Heiland: Er ist Mensch geworden durch den Heiligen Geist, geboren von der Jungfrau Maria. Um deinen Ratschluss zu erfüllen und dir ein heiliges Volk zu erwerben, hat er sterbend die Arme ausgebreitet am Holze des Kreuzes. Er hat die Macht des Todes gebrochen und die Auferstehung kundgetan. Darum preisen wir dich mit allen Engeln und Heiligen und singen vereint mit ihnen das Lob deiner Herrlichkeit:

Heilig, heilig, heilig
Gott, Herr aller Mächte und Gewalten.
Erfüllt sind Himmel und Erde
von deiner Herrlichkeit.
Hosanna in der Höhe.

Hochgelobt sei,
der da kommt im Namen des Herrn.
Hosanna in der Höhe.

Oder:
Sanctus, Sanctus, Sanctus
Dóminus Deus Sábaoth.
Pleni sunt cæli et terra
glória tua.
Hosánna in excélsis.
Benedíctus
qui venit in nómine Dómini.
Hosánna in excélsis.

Bitte um Heiligung der Gaben

Ja, du bist heilig, großer Gott, du bist der Quell aller Heiligkeit. Darum bitten wir dich:*

(Fortsetzung S. 246)

Hier kann an bestimmten Tagen das Festgeheimnis erwähnt werden.

An Sonntagen:
Darum kommen wir vor dein Angesicht und feiern in Gemeinschaft mit der ganzen Kirche den ersten Tag der Woche als den Tag, an dem Christus von den Toten erstanden ist. Durch ihn, den du zu deiner Rechten erhöht hast, bitten wir dich:*

Von Weihnachten bis Neujahr:
Darum kommen wir vor dein Angesicht und feiern in Gemeinschaft mit der ganzen Kirche (die hochheilige Nacht) den hochheiligen Tag, (in der) an dem Maria in unversehrter Jungfräulichkeit der Welt den Erlöser geboren hat. Durch ihn, unseren Retter und Herrn, bitten wir dich:*

An Erscheinung des Herrn:
Darum kommen wir vor dein Angesicht und feiern in Gemeinschaft mit der ganzen Kirche den hochheiligen Tag, an dem dein eingeborener Sohn, dir gleich in ewiger Herrlichkeit, als wahrer Mensch leibhaft und sichtbar erschienen ist. Durch ihn, unseren Erlöser und Heiland, bitten wir dich:*

An Mariä Empfängnis (8. Dezember):

Darum kommen wir vor dein Angesicht und feiern in Gemeinschaft mit der ganzen Kirche den Tag, an dem Maria ohne Erbschuld empfangen wurde, da sie auserwählt war, die Mutter des Erlösers zu werden. Durch ihn, der unsere Sünden hinwegnimmt, bitten wir dich:*

*Sende deinen Geist auf diese Gaben herab und heilige sie, damit sie uns werden Leib ✛ und Blut deines Sohnes, unseres Herrn Jesus Christus.

Einsetzungsbericht – Wandlung

Denn am Abend, an dem er ausgeliefert wurde und sich aus freiem Willen dem Leiden unterwarf, nahm er das Brot und sagte Dank, brach es, reichte es seinen Jüngern und sprach:
Nehmet und esset alle davon:
Das ist mein Leib,
der für euch hingegeben wird.

Ebenso nahm er nach dem Mahl den Kelch, dankte wiederum, reichte ihn seinen Jüngern und sprach:
Nehmet und trinket alle daraus:
Das ist der Kelch
des neuen und ewigen Bundes
mein Blut, das für euch
und für alle vergossen wird
zur Vergebung der Sünden.
Tut dies zu meinem Gedächtnis.

Die Feier der Gemeindemesse – Zweites Hochgebet

Priester:
Geheimnis des Glaubens.

Zuruf der Gemeinde
Deinen Tod, o Herr, verkünden wir,
und deine Auferstehung preisen wir,
bis du kommst in Herrlichkeit.

Oder:
Mystérium fídei.
Mortem tuam annuntiámus, Dómine,
et tuam resurrectiónem confitémur,
donec vénias.

Gedächtnis – Darbringung – Dank und Bitte

Darum, gütiger Vater, feiern wir das Gedächtnis des Todes und der Auferstehung deines Sohnes und bringen dir so das Brot des Lebens und den Kelch des Heiles dar. Wir danken dir, dass du uns berufen hast, vor dir zu stehen und dir zu dienen.

Wir bitten dich: Schenke uns Anteil an Christi Leib und Blut und lass uns eins werden durch den Heiligen Geist.

Fürbitten für die Kirche und ihre Hirten

Gedenke deiner Kirche auf der ganzen Erde und vollende dein Volk in der Liebe, vereint mit unserem Papst N., unserem Bischof N. und allen Bischöfen, unseren Priestern und Diakonen und mit allen die zum Dienst in der Kirche bestellt sind.

Für die Verstorbenen

Gedenke (aller) unserer Brüder und Schwestern, die entschlafen sind in der Hoffnung, dass sie auferstehen. Nimm sie und alle, die in deiner Gnade aus dieser Welt geschieden sind, in dein Reich auf, wo sie dich schauen von Angesicht zu Angesicht.

Für alle

Vater, erbarme dich über uns alle, damit uns das ewige Leben zuteil wird in der Gemeinschaft mit der seligen Jungfrau und Gottesmutter Maria, mit deinen Aposteln und mit allen, die bei dir Gnade gefunden haben von Anbeginn der Welt, dass wir dich loben und preisen durch deinen Sohn Jesus Christus.

Abschließender Lobpreis

Durch ihn und mit ihm und in ihm
ist dir, Gott, allmächtiger Vater,
in der Einheit des Heiligen Geistes
alle Herrlichkeit und Ehre
jetzt und in Ewigkeit.
Alle: **Amen.**

Fortsetzung S. 256

DRITTES HOCHGEBET

Lobpreis

Ja, du bist heilig, großer Gott, und alle deine Werke verkünden dein Lob. Denn durch deinen Sohn, unseren Herrn Jesus Christus, und in der Kraft des Heiligen Geistes erfüllst du die ganze Schöpfung mit Leben und Gnade. Bis ans Ende der Zeiten versammelst du dir ein Volk, damit deinem Namen das reine Opfer dargebracht werde vom Aufgang der Sonne bis zum Untergang.

Bitte um Heiligung der Gaben
Darum bitten wir dich, allmächtiger Gott:*

Hier kann an bestimmten Tagen das Festgeheimnis erwähnt werden.

An Sonntagen:
Darum kommen wir vor dein Angesicht und feiern in Gemeinschaft mit der ganzen Kirche den ersten Tag der Woche als den Tag, an dem Christus von den Toten erstanden ist. Durch ihn, den du zu deiner Rechten erhöht hast, bitten wir dich, allmächtiger Gott:*

Von Weihnachten bis Neujahr:
Darum kommen wir vor dein Angesicht und feiern in Gemeinschaft mit der ganzen Kirche (die hochheilige Nacht) den hochheiligen Tag, (in der) an dem Maria in unversehrter Jungfräulichkeit der Welt den Erlöser geboren hat. Durch ihn, unseren Retter und Herrn, bitten wir dich, allmächtiger Gott:*

An Erscheinung des Herrn:
Darum kommen wir vor dein Angesicht und feiern in Gemeinschaft mit der ganzen Kirche den hochheiligen Tag, an dem dein eingeborener Sohn, dir gleich in ewiger Herrlichkeit, als wahrer Mensch leibhaft und sichtbar erschienen ist. Durch ihn, unseren Erlöser und Heiland, bitten wir dich, allmächtiger Gott:*

An Mariä Empfängnis (8. Dezember):
Darum kommen wir vor dein Angesicht und feiern in Gemeinschaft mit der ganzen Kirche den Tag, an dem Maria ohne Erbschuld empfangen wurde, da sie auserwählt war, die Mutter des Erlösers zu werden. Durch ihn, der unsere Sünden hinwegnimmt, bitten wir dich, allmächtiger Gott:*

***H**eilige unsere Gaben durch deinen Geist, damit sie uns werden Leib + und Blut deines Sohnes, unseres Herrn Jesus Christus, der uns aufgetragen hat, dieses Geheimnis zu feiern.

Einsetzungsbericht – Wandlung
Denn in der Nacht, da er verraten wurde, nahm er das Brot und sagte Dank, brach es, reichte es seinen Jüngern und sprach:
Nehmet und esset alle davon:
Das ist mein Leib,
der für euch hingegeben wird.
Ebenso nahm er nach dem Mahl den Kelch, dankte wiederum, reichte ihn seinen Jüngern und sprach:
Nehmet und trinket alle daraus:

Das ist der Kelch
des neuen und ewigen Bundes,
mein Blut, das für euch
und für alle vergossen wird
zur Vergebung der Sünden.
Tut dies zu meinem Gedächtnis.

Priester:
Geheimnis des Glaubens.

Zuruf der Gemeinde
**Deinen Tod, o Herr, verkünden wir,
und deine Auferstehung preisen wir,
bis du kommst in Herrlichkeit.**

Oder:
**Mystérium fídei.
Mortem tuam annuntiámus, Dómine,
et tuam resurrectiónem confitémur,
donec vénias.**

Gedächtnis – Darbringung – Bitte

Darum, gütiger Vater, feiern wir das Gedächtnis deines Sohnes. Wir verkünden sein heilbringendes Leiden, seine glorreiche Auferstehung und Himmelfahrt und erwarten seine Wiederkunft. So bringen wir dir mit Lob und Dank dieses heilige und lebendige Opfer dar.

Schau gütig auf die Gabe deiner Kirche. Denn sie stellt dir das Lamm vor Augen, das geopfert wurde und uns nach deinem Willen mit dir versöhnt hat. Stärke uns durch den Leib und das Blut deines Sohnes und erfülle uns mit seinem Heiligen Geist, damit wir ein Leib und ein Geist werden in Christus.

Er mache uns auf immer zu einer Gabe, die dir wohlgefällt, damit wir das verheißene Erbe erlangen mit deinen Auserwählten, mit der seligen Jungfrau und Gottesmutter Maria,

Die Feier der Gemeindemesse – Drittes Hochgebet

mit deinen Aposteln und Märtyrern (mit dem – der – heiligen N.: Tagesheiliger oder Patron) und mit allen Heiligen, auf deren Fürsprache wir vertrauen.

Fürbitten für die Welt, die Kirche und ihre Hirten

Barmherziger Gott, wir bitten dich: Dieses Opfer unserer Versöhnung bringe der ganzen Welt Frieden und Heil. Beschütze deine Kirche auf ihrem Weg durch die Zeit und stärke sie im Glauben und in der Liebe: deinen Diener, unseren Papst N., unseren Bischof N. und die Gemeinschaft der Bischöfe, unsere Priester und Diakone, alle, die zum Dienst in der Kirche bestellt sind, und das ganze Volk deiner Erlösten.

Für die anwesende Gemeinde und für alle

Erhöre, gütiger Vater, die Gebete der hier versammelten Gemeinde und führe zu dir auch alle deine Söhne und Töchter, die noch fern sind von dir.

Für die Verstorbenen

Erbarme dich (aller) unserer verstorbenen Brüder und Schwestern und aller, die in deiner Gnade aus dieser Welt geschieden sind. Nimm sie auf in deine Herrlichkeit. Und mit ihnen lass auch uns, wie du verheißen hast, zu Tische sitzen in deinem Reich.

Darum bitten wir dich durch unseren Herrn Jesus Christus. Denn durch ihn schenkst du der Welt alle guten Gaben.

Abschließender Lobpreis

Durch ihn und mit ihm und in ihm
ist dir, Gott, allmächtiger Vater,
in der Einheit des Heiligen Geistes
alle Herrlichkeit und Ehre
jetzt und in Ewigkeit.
Alle: **Amen.**

Fortsetzung S. 256

VIERTES HOCHGEBET

P: Der Herr sei mit euch.
A: Und mit deinem Geiste.
P: Erhebet die Herzen.
A: Wir haben sie beim Herrn.
P: Lasset uns danken dem Herrn, unserm Gott.
A: Das ist würdig und recht.

Oder:
P: Dóminus vobíscum.
A: Et cum spíritu tuo.
P: Sursum corda.
A: Habémus ad Dóminum.
P: Grátias agámus Dómino Deo nostro.
A: Dignum et iustum est.

In Wahrheit ist es würdig, dir zu danken, heiliger Vater. Es ist recht, dich zu preisen. Denn du allein bist der lebendige und wahre Gott. Du bist vor den Zeiten und lebst in Ewigkeit. Du wohnst in unzugänglichem Lichte. Alles hast du erschaffen, denn du bist die Liebe und der Ursprung des Lebens. Du erfüllst deine Geschöpfe mit Segen und erfreust sie alle mit dem Glanz deines Lichtes. Vor dir stehen die Scharen der Engel und schauen dein Angesicht. Sie dienen dir Tag und Nacht, nie endet ihr Lobgesang. Mit ihnen preisen auch wir deinen Namen, durch unseren Mund rühmen dich alle Geschöpfe und künden voll Freude das Lob deiner Herrlichkeit:

Heilig, heilig, heilig
Gott, Herr aller Mächte und Gewalten.
Erfüllt sind Himmel und Erde
von deiner Herrlichkeit.
Hosanna in der Höhe.
Hochgelobt sei,
der da kommt im Namen des Herrn.
Hosanna in der Höhe.

Oder:

Sanctus, Sanctus, Sanctus
Dóminus Deus Sábaoth.
Pleni sunt cæli et terra
glória tua.
Hosánna in excélsis.
Benedíctus
qui venit in nómine Dómini.
Hosánna in excélsis.

Dank für das Werk der Schöpfung und der Erlösung

Wir preisen dich, heiliger Vater, denn groß bist du, und alle deine Werke künden deine Weisheit und Liebe.

Den Menschen hast du nach deinem Bild geschaffen und ihm die Sorge für die ganze Welt anvertraut. Über alle Geschöpfe sollte er herrschen und allein dir, seinem Schöpfer, dienen.

Als er im Ungehorsam deine Freundschaft verlor und der Macht des Todes verfiel, hast du ihn dennoch nicht verlassen, sondern voll Erbarmen allen geholfen, dich zu suchen und zu finden.

Immer wieder hast du den Menschen deinen Bund angeboten und sie durch die Propheten gelehrt, das Heil zu erwarten.

So sehr hast du die Welt geliebt, heiliger Vater, dass du deinen eingeborenen Sohn als Retter gesandt hast, nachdem die Fülle der Zeiten gekommen war. Er ist Mensch geworden durch den Heiligen Geist, geboren von der Jungfrau Maria. Er hat wie wir als Mensch gelebt, in allem uns gleich außer der Sünde.

Den Armen verkündete er die Botschaft vom Heil, den Gefangenen Freiheit, den Trauernden Freude.

Um deinen Ratschluss zu erfüllen, hat er sich dem Tod überliefert, durch seine Auferstehung den Tod bezwungen und das Leben neu geschaffen.

Damit wir nicht mehr uns selber leben, sondern ihm, der für uns gestorben und auferstanden ist, hat er von dir, Vater, als erste Gabe für alle, die glauben, den Heiligen Geist gesandt, der das Werk deines Sohnes auf Erden weiterführt und alle Heiligung vollendet.

Bitte um Heiligung der Gaben

So bitten wir dich, Vater: der Geist heilige diese Gaben, damit sie uns werden Leib + und Blut unseres Herrn Jesus Christus, der uns die Feier dieses Geheimnisses aufgetragen hat als Zeichen des ewigen Bundes.

Einsetzungsbericht – Wandlung

Da er die Seinen liebte, die in der Welt waren, liebte er sie bis zur Vollendung. Und als die Stunde kam, da er von dir verherrlicht werden sollte, nahm er beim Mahl das Brot und sagte Dank, brach das Brot, reichte es seinen Jüngern und sprach:
Nehmet und esset alle davon:
Das ist mein Leib,
der für euch hingegeben wird.
Ebenso nahm er den Kelch mit Wein, dankte wiederum, reichte den Kelch seinen Jüngern und sprach:
Nehmet und trinket alle daraus:
Das ist der Kelch
des neuen und ewigen Bundes,
mein Blut, das für euch
und für alle vergossen wird
zur Vergebung der Sünden.
Tut dies zu meinem Gedächtnis.

Die Feier der Gemeindemesse – Viertes Hochgebet

Priester:
Geheimnis des Glaubens.

Zuruf der Gemeinde
**Deinen Tod, o Herr, verkünden wir,
und deine Auferstehung preisen wir,
bis du kommst in Herrlichkeit.**

Oder:
**Mystérium fídei.
Mortem tuam annuntiámus, Dómine,
et tuam resurrectiónem confitémur,
donec vénias.**

Gedächtnis – Darbringung – Bitte

Darum, gütiger Vater, feiern wir das Gedächtnis unserer Erlösung. Wir verkünden den Tod deines Sohnes und sein Hinabsteigen zu den Vätern, bekennen seine Auferstehung und Himmelfahrt und erwarten sein Kommen in Herrlichkeit. So bringen wir dir seinen Leib und sein Blut dar, das Opfer, das dir wohlgefällt und der ganzen Welt Heil bringt.

Sieh her auf die Opfergabe, die du selber deiner Kirche bereitet hast, und gib, dass alle, die Anteil erhalten an dem einen Brot und dem einen Kelch, ein Leib werden im Heiligen Geist, eine lebendige Opfergabe in Christus zum Lob deiner Herrlichkeit.

Fürbitten für die Kirche und ihre Hirten,
für die anwesende Gemeinde und für alle

Herr, gedenke aller, für deren Heil wir das Opfer darbringen. Wir bitten dich für unseren Papst N., unseren Bischof N. und die Gemeinschaft der Bischöfe, für unsere Priester und Diakone und für alle, die zum Dienst in der Kirche bestellt sind, für alle, die ihre Gaben spenden, für die hier versammelte Gemeinde, für dein ganzes Volk und für alle Menschen, die mit lauterem Herzen dich suchen.

Für die Verstorbenen

Wir empfehlen dir auch jene, die im Frieden Christi heimgegangen sind, und alle Verstorbenen, um deren Glauben niemand weiß als du. Gütiger Vater, gedenke, dass wir deine Kinder sind, und schenke uns allen das Erbe des Himmels in Gemeinschaft mit der seligen Jungfrau und Gottesmutter Maria, mit deinen Aposteln und mit allen Heiligen. Und wenn die ganze Schöpfung von der Verderbnis der Sünde und des Todes befreit ist, lass uns zusammen mit ihr dich verherrlichen in deinem Reich durch unseren Herrn Jesus Christus. Denn durch ihn schenkst du der Welt alle guten Gaben.

Abschließender Lobpreis

Durch ihn und mit ihm und in ihm
ist dir, Gott, allmächtiger Vater,
in der Einheit des Heiligen Geistes
alle Herrlichkeit und Ehre
jetzt und in Ewigkeit.
Alle: Amen.

Kommunion

GEBET DES HERRN

Dem Wort unseres Herrn und Erlösers gehorsam und getreu seiner göttlichen Weisung wagen wir zu sprechen:

Oder:
Lasset uns beten, wie der Herr uns zu beten gelehrt hat:

Oder:
Wir heißen Kinder Gottes und sind es. Darum beten wir voll Vertrauen:

Oder:
Wir haben den Geist empfangen, der uns zu Kindern Gottes macht. Darum wagen wir zu sprechen:

Die Feier der Gemeindemesse – Kommunion

Oder eine andere geeignete Einladung. Diese kann auch der Zeit des Kirchenjahres angepasst werden.

A: Vater unser im Himmel,
Geheiligt werde dein Name.
Dein Reich komme.
Dein Wille geschehe, wie im Himmel so auf Erden.
Unser tägliches Brot gib uns heute.
Und vergib uns unsere Schuld,
wie auch wir vergeben unsern Schuldigern.
Und führe uns nicht in Versuchung,
sondern erlöse uns von dem Bösen.

Oder:
Pater noster, qui es in cælis:
sanctificétur nomen tuum;
advéniat regnum tuum;
fiat volúntas tua, sicut in cælo, et in terra.
Panem nostrum cotidiánum da nobis hódie;
et dimítte nobis débita nostra,
sicut et nos dimíttimus debitóribus nostris;
et ne nos indúcas in tentatiónem;
sed líbera nos a malo.

P: Erlöse uns, Herr, allmächtiger Vater, von allem Bösen und gib Frieden in unseren Tagen. Komm uns zu Hilfe mit deinem Erbarmen und bewahre uns vor Verwirrung und Sünde, damit wir voll Zuversicht das Kommen unseres Erlösers Jesus Christus erwarten.

A: Denn dein ist das Reich und die Kraft
und die Herrlichkeit in Ewigkeit. Amen.

Oder:
Quia tuum est regnum, et potéstas,
et glória in sǽcula.

FRIEDENSGEBET

Der Priester lädt nun mit folgenden oder ähnlichen Worten zum Friedensgebet ein:

**Der Herr hat zu seinen Aposteln gesagt:
Frieden hinterlasse ich euch,
meinen Frieden gebe ich euch.
Deshalb bitten wir:
Herr Jesus Christus, schau nicht auf unsere Sünden,
sondern auf den Glauben deiner Kirche
und schenke ihr nach deinem Willen
Einheit und Frieden.**

Gebetseinladung und Christusanrede können der Zeit des Kirchenjahres oder dem Anlass angepasst werden. Etwa:

In der Weihnachtszeit:

**Als Christus geboren wurde,
verkündeten Engel den Frieden auf Erden.
Deshalb bitten wir:
Herr Jesus Christus, starker Gott, Friedensfürst,
schau nicht auf unsere Sünden,
sondern auf den Glauben deiner Kirche
und schenke ihr nach deinem Willen
Einheit und Frieden.**

Der Gemeinde zugewandt breitet der Priester die Hände aus und singt oder spricht:

Der Friede des Herrn sei allezeit mit euch.

Die Gemeinde antwortet:

Und mit deinem Geiste.

(Priester oder Diakon:

Gebt einander ein Zeichen des Friedens und der Versöhnung.)

BRECHUNG DES BROTES

Der Priester bricht die Hostie in mehrere Teile zum Zeichen, dass alle an dem einen Leib Christi teilhaben. Ein kleines Fragment der Hostie senkt er in den Kelch. Dabei spricht er leise:

**Das Sakrament des Leibes und Blutes Christi
schenke uns ewiges Leben.**

Inzwischen wird der Gesang zur Brotbrechung (Agnus Dei) gesungen bzw. gesprochen:

**Lamm Gottes,
du nimmst hinweg die Sünde der Welt:
erbarme dich unser.**

**Lamm Gottes,
du nimmst hinweg die Sünde der Welt:
erbarme dich unser.**

**Lamm Gottes,
du nimmst hinweg die Sünde der Welt:
gib uns deinen Frieden.**

Oder:

**Agnus Dei,
qui tollis peccáta mundi:
miserére nobis.**

**Agnus Dei,
qui tollis peccáta mundi:
miserére nobis.**

**Agnus Dei,
qui tollis peccáta mundi:
dona nobis pacem.**

Es kann auch ein Agnus-Dei-Lied gesungen werden.

STILLES GEBET VOR DER KOMMUNION

Der Priester spricht leise:
Herr Jesus Christus, Sohn des lebendigen Gottes,
dem Willen des Vaters gehorsam,
hast du im Heiligen Geist durch deinen Tod
der Welt das Leben geschenkt.
Erlöse mich durch deinen Leib und dein Blut
von allen Sünden und allem Bösen.
Hilf mir, dass ich deine Gebote treu erfülle,
und lass nicht zu,
dass ich jemals von dir getrennt werde.

Oder:
Herr Jesus Christus,
der Empfang deines Leibes und Blutes
bringe mir nicht Gericht und Verdammnis,
sondern Segen und Heil.

EINLADUNG ZUR KOMMUNION

Der Priester hält ein Stück der Hostie über der Schale und spricht, zur Gemeinde gewandt, laut:
Seht das Lamm Gottes, das hinwegnimmt die Sünde der Welt.

Gemeinsam mit der Gemeinde spricht er einmal:
Herr, ich bin nicht würdig, dass du eingehst unter mein Dach,
aber sprich nur ein Wort, so wird meine Seele gesund.

Der Priester kann hinzufügen:
Selig, die zum Hochzeitsmahl des Lammes geladen sind.

Oder:
Kostet und seht, wie gut der Herr ist.

Oder:
Wer von diesem Brot isst, wird in Ewigkeit leben.

Oder einen Kommunionvers aus dem Messbuch.

Die Feier der Gemeindemesse – Kommunion

KOMMUNIONSPENDUNG

Kommunion des Priesters:
Der Leib Christi schenke mir das ewige Leben.
Das Blut Christi schenke mir das ewige Leben.

Kommunion der Gläubigen
Der Priester zeigt dem, der die Kommunion empfängt, die Hostie, indem er sagt:
Der Leib Christi.

Der Kommunikant antwortet:
Amen.

Wird die Kommunion unter beiden Gestalten gereicht, so sagt der Kommunionspender beim Reichen des Kelches:
Das Blut Christi.

Der Kommunikant antwortet:
Amen.

KOMMUNIONVERS

Während oder nach der Kommunion: Kommunionvers oder ein entsprechendes Lied.

Nach der Kommunionausteilung betet der Priester still:
Was wir mit dem Munde empfangen haben, Herr, das lass uns mit reinem Herzen aufnehmen, und diese zeitliche Speise werde uns zur Arznei der Unsterblichkeit.

BESINNUNG UND DANK

Nach der Kommunionausteilung kann der Priester an seinen Sitz zurückkehren. Auch kann man einige Zeit in stillem Gebet verweilen. Es empfiehlt sich, einen Dankpsalm oder ein Loblied zu singen.

SCHLUSSGEBET

Der Priester singt oder spricht das Schlussgebet.
Die Gemeinde beschließt das Gebet mit dem Ruf:
Amen.

ENTLASSUNG

Wenn noch kurze Verlautbarungen für die Gemeinde zu machen sind, werden sie hier eingefügt. Darauf folgt die Entlassung:

P: **Der Herr sei mit euch.**
A: **Und mit deinem Geiste.**
P: **Es segne euch der allmächtige Gott,**
der Vater und der Sohn + und der Heilige Geist.
A: **Amen.**

Oder:
P: **Dóminus vobíscum.**
A: **Et cum spíritu tuo.**
P: **Benedícat vos omnípotens Deus,**
Pater, et Fílius, + et Spíritus Sanctus.
A: **Amen.**

Statt des einfachen Segens kann der Priester eine feierliche Segensformel oder das Gebet über die Gläubigen sprechen.

Dann singt oder spricht der Diakon (oder der Priester selbst):
Gehet hin in Frieden.

Die Gemeinde:
Dank sei Gott, dem Herrn.

Folgt unmittelbar auf die Messfeier eine andere liturgische Feier, so endet die Messfeier mit dem Schlussgebet, ohne den Schlusssegen und die Entlassung.

PRÄFATIONEN

Präfation vom Advent I
Das zweimalige Kommen Christi

In Wahrheit ist es würdig und recht, dir, allmächtiger Vater, zu danken durch unseren Herrn Jesus Christus. Denn in seinem ersten Kommen hat er sich entäußert und ist Mensch geworden. So hat er die alte Verheißung erfüllt und den Weg des Heiles erschlossen. Wenn er wiederkommt im Glanz seiner Herrlichkeit, werden wir sichtbar empfangen, was wir jetzt mit wachem Herzen gläubig erwarten. Darum preisen wir dich mit allen Engeln und Heiligen und singen vereint mit ihnen das Lob deiner Herrlichkeit: Heilig …

Präfation vom Advent II
Das Warten auf den Herrn einst und heute

In Wahrheit ist es würdig und recht, dir, Herr, heiliger Vater, allmächtiger, ewiger Gott, immer und überall zu danken durch unseren Herrn Jesus Christus. Von ihm redet die Botschaft aller Propheten, die jungfräuliche Mutter trug ihn voll Liebe in ihrem Schoß, seine Ankunft verkündete Johannes der Täufer und zeigte auf ihn, der unerkannt mitten unter den Menschen war. Er schenkt uns in diesen Tagen die Freude, uns für das Fest seiner Geburt zu bereiten, damit wir ihn wachend und betend erwarten und bei seinem Kommen mit Liedern des Lobes empfangen. Darum singen wir mit den Engeln und Erzengeln, den Thronen und Mächten und mit all den Scharen des himmlischen Heeres den Hochgesang von deiner göttlichen Herrlichkeit: Heilig …

Weitere Präfationen für die Adventszeit
(für den deutschen Sprachraum)

Präfation vom Advent III
Die Geschenke des kommenden Herrn

Wir danken dir, Vater im Himmel, und rühmen dich durch unseren Herrn Jesus Christus. Ihn hast du der verlorenen Menschheit als

Erlöser verheißen. Seine Wahrheit leuchtet den Suchenden, seine Kraft stärkt die Schwachen, seine Heiligkeit bringt den Sündern Vergebung. Denn er ist der Heiland der Welt, den du gesandt hast, weil du getreu bist. Darum preisen wir dich mit den Kerubim und Serafim und singen mit allen Chören der Engel das Lob deiner Herrlichkeit: Heilig ...

Präfation vom Advent IV
Adams Sünde und Christi Gnade

In Wahrheit ist es würdig und recht, dir, Herr, heiliger Vater, allmächtiger, ewiger Gott, immer und überall zu danken und dein Erbarmen zu preisen. Denn was durch Adams Sünde verlorenging, bringt uns Christus zurück, unser Retter und Heiland. Was du durch sein erstes Kommen begonnen hast, wirst du bei seiner Wiederkunft an uns vollenden. Darum dienen dir alle Geschöpfe, ehren dich die Erlösten, rühmt dich die Schar deiner Heiligen. Auch wir preisen dich mit den Chören der Engel und singen vereint mit ihnen das Lob deiner Herrlichkeit: Heilig ...

Präfation vom Advent V
Der Herr ist nahe

In Wahrheit ist es würdig und recht, dir, Vater im Himmel, zu danken und dein Erbarmen zu preisen. Denn schon leuchtet auf der Tag der Erlösung, und nahe ist die Zeit unsres Heiles, da der Retter kommt, unser Herr Jesus Christus. Durch ihn rühmen wir das Werk deiner Liebe und vereinen uns mit den Chören der Engel zum Hochgesang von deiner göttlichen Herrlichkeit: Heilig ...

Präfation von Weihnachten I
Christus, das Licht

In Wahrheit ist es würdig und recht, dir, Herr, heiliger Vater, allmächtiger, ewiger Gott, immer und überall zu danken. Denn Fleisch geworden ist das Wort, und in diesem Geheimnis erstrahlt dem Auge unseres Geistes das neue Licht deiner Herrlichkeit. In der sichtbaren Gestalt des Erlösers lässt du uns den unsichtbaren Gott erkennen, um in uns die Liebe zu entflammen zu dem, was kein Auge geschaut hat. Darum singen wir mit den Engeln und Erzengeln, den Thronen und Mächten und mit all den Scharen des himmlischen Heeres den Hochgesang von deiner göttlichen Herrlichkeit: Heilig …

Präfation von Weihnachten II
Die Erneuerung der Welt durch den menschgewordenen Sohn Gottes

In Wahrheit ist es würdig und recht, dir, Vater im Himmel, zu danken durch unseren Herrn Jesus Christus. Denn groß ist das Geheimnis seiner Geburt: Er, der unsichtbare Gott, ist (heute) sichtbar als Mensch erschienen. Vor aller Zeit aus dir geboren, hat er sich den Gesetzen der Zeit unterworfen. In ihm ist alles neu geschaffen. Er heilt die Wunden der ganzen Schöpfung, richtet auf, was darniederliegt, und ruft den verlorenen Menschen ins Reich deines Friedens. Darum rühmen dich Himmel und Erde, Engel und Menschen und singen das Lob deiner Herrlichkeit: Heilig …

Präfation von Weihnachten III
Der wunderbare Tausch

In Wahrheit ist es würdig und recht, dir, allmächtiger Vater, zu danken und dein Erbarmen zu rühmen durch unseren Herrn Jesus Christus. Durch ihn schaffst du den Menschen neu und schenkst ihm ewige Ehre. Denn einen wunderbaren Tausch hast du vollzogen: dein göttliches Wort wurde ein sterblicher Mensch, und wir sterbliche Menschen empfangen in Christus dein göttliches Leben. Darum preisen wir dich mit allen Chören der Engel und singen vereint mit ihnen das Lob deiner Herrlichkeit: Heilig …

Präfation von Erscheinung des Herrn
Christus als Licht der Völker

In Wahrheit ist es würdig und recht, dir, Herr, heiliger Vater, allmächtiger, ewiger Gott, immer und überall zu danken. Denn heute enthüllst du das Geheimnis unseres Heiles, heute offenbarst du das Licht der Völker, deinen Sohn Jesus Christus. Er ist als sterblicher Mensch auf Erden erschienen und hat uns neu geschaffen im Glanz seines göttlichen Lebens. Darum singen wir mit den Engeln und Erzengeln, den Thronen und Mächten und mit all den Scharen des himmlischen Heeres den Hochgesang von deiner göttlichen Herrlichkeit: Heilig ...

Präfation am Fest der Taufe des Herrn
Die Offenbarung des Geheimnisses Jesu am Jordan

In Wahrheit ist es würdig und recht, dir, Herr, allmächtiger Vater, zu danken und deine Größe zu preisen. Denn bei der Taufe im Jordan offenbarst du das Geheimnis deines Sohnes durch wunderbare Zeichen: Die Stimme vom Himmel verkündet ihn als deinen geliebten Sohn, der auf Erden erschienen ist, als dein ewiges Wort, das unter uns Menschen wohnt. Der Geist schwebt über ihm in Gestalt einer Taube und bezeugt ihn als deinen Knecht, den du gesalbt hast, den Armen die Botschaft der Freude zu bringen. Darum singen wir mit den Engeln und Erzengeln, den Thronen und Mächten und mit all den Scharen des himmlischen Heeres den Hochgesang von deiner göttlichen Herrlichkeit: Heilig ...

Präfation am Hochfest
der ohne Erbsünde empfangenen Jungfrau Maria
Maria, das Urbild der Kirche

In Wahrheit ist es würdig und recht, dir, Vater im Himmel, zu danken und das Werk deiner Liebe zu rühmen. Denn du hast Maria vor der Erbschuld bewahrt, du hast sie mit der Fülle der Gnade beschenkt, da sie erwählt war, die Mutter deines Sohnes zu werden. In unversehrter Jungfräulichkeit hat sie Christus geboren, der als schuldloses Lamm die Sünde der Welt hinwegnimmt. Sie ist Urbild und Anfang der Kirche, der makellosen Braut deines Sohnes. Vor allen Heiligen ist sie ein Vorbild der Heiligkeit, ihre Fürsprache erfleht uns deine Gnade durch unseren Herrn Jesus Christus. Durch ihn preisen dich Himmel und Erde, Engel und Menschen und singen wie aus einem Munde das Lob deiner Herrlichkeit: Heilig ...

FÜRBITTEN

ADVENT

I.

Lasst uns zu Christus beten, der uns nahe ist in allen Sorgen und Ängsten unseres Lebens:

V: Komm, Herr Jesus. – A: Komm, Herr Jesus.

Oder Liedruf: Herr, erhebe dich, hilf uns und mach uns frei (GL 229)

Für das Volk Gottes auf der ganzen Erde:
Wecke es auf aus aller Trägheit und mache es bereit für den Tag deines Kommens.

Für die Menschen, die in vielen Ländern von Terror und Gewalt unterdrückt werden:
Lass sie Freiheit erlangen und im Frieden leben.

Für die Einsamen und Kranken:
Erhelle ihre Tage und schlaflosen Nächte und schenke ihnen neue Hoffnung.

Für unsere Familien:
Führe sie in den Tagen des Advents näher zusammen und hilf uns, Weihnachten in Frieden zu feiern.

Denn mit dir gehen wir voll Vertrauen in die Zukunft und preisen den Vater in Ewigkeit. – A: Amen.

II.

Im Gebet vereinen wir uns mit allen, die auf das Kommen Christi und die Vollendung der Erlösung warten, und rufen:

V: Christus, höre uns. – A: Christus, erhöre uns.

Oder Liedruf: Ostende nobis Domine (GL 634,2)

Du Reis aus dem Baumstumpf Isais,
führe dein Volk Israel zum Frieden, schenke ihm die Fülle der Erlösung.

Du Zeichen Gottes für die Völker,
rette die Menschen auf der ganzen Erde aus Not und Gefahr,
bewahre sie vor Katastrophen.

Du kommender Richter der Erde,
befreie deine Kirche von Sünde, lass uns Weihnachten mit aufrichtigem Herzen feiern.

Du Spross aus dem Friedenshaus Davids,
entreiß unsere Verstorbenen dem Dunkel des Todes, führe sie in dein Land des Lichtes.

Denn du bist das Zeichen des Lebens, das Gott unter den Nationen aufgerichtet hat. Durch dich preisen wir den Vater in Ewigkeit. – A: Amen.

III.

Christus ist unter uns, er, der Immanuel, das Zeichen der Nähe Gottes mitten in einer Welt der Unsicherheiten und Ängste. Zu ihm lasst uns rufen:

V: Immanuel, du Gott mit uns. – A: Wir bitten dich, erhöre uns.
Oder Liedruf: Dein Reich komme, ja dein Reich komme! Maranatha! (GL 232)

Für unsere Gemeinde / Gemeinschaft:
Dass sie im Glauben wachse und in Liebe zusammenfinde.

Für die Männer und Frauen, die Verantwortung tragen für den Frieden in der Welt:
Dass sie sich um Gerechtigkeit sorgen und um Versöhnung mühen.

Für die Eltern, die sich Sorgen machen um die Zukunft ihrer Kinder:
Dass sie Geduld aufbringen in der Erziehung und ihnen das Vertrauen auf dich vorleben.

Für die Notleidenden auf der ganzen Erde:
Dass die Kranken aufgerichtet und die Hungernden gesättigt werden und den Gefangenen Befreiung geschenkt werde.

Für die Trauernden und Sterbenden:
Dass sie Trost finden und Kraft schöpfen im Vertrauen auf deine Nähe.

Herr und Gott, Vater der Menschen, du bist treu und stehst zu deinem Wort. Dir vertrauen wir und dich preisen wir durch Christus, unsern Herrn. – A: Amen.

IV. (mit Kindern)

Guter Gott, der Prophet Johannes hat den Menschen das Kommen Jesu verkündet und sie aufgerufen, ihm den Weg zu bereiten. Wir kommen zu dir mit allem, was uns am Herzen liegt:

V: Komm und sei uns nahe. – A: Komm und begleite uns!

Lass die Zeit des Advent eine Zeit der Vorfreude auf das große Fest der Geburt Jesu werden.

Sei allen Menschen nahe, die krank sind und denen es schwerfällt, sich auf Weihnachten zu freuen.

Hilf allen Kindern auf der ganzen Welt, die das Weihnachtsfest in Armut und Hunger verbringen müssen.

Segne unsere Eltern und Angehörigen und lass das Weihnachtsfest für alle zu einem Fest der Liebe und des Friedens werden.

Guter Gott, du sorgst für uns und bist immer für uns da. Wir danken dir für deine Liebe, die niemals aufhört. – A: Amen.

WEIHNACHTEN

I.

In der Freude dieser hochheiligen Nacht (dieser festlichen Tage) kommen wir voll Vertrauen und Zuversicht mit unseren Bitten und Anliegen zu Christus, unserem Retter und Heiland:

Für die Kirche in Lateinamerika (die wir mit unserer Adveniat-Kollekte unterstützen):
Dass sie den Suchenden Antwort und den Unterdrückten Befreiung bringe.

V: Wahrer Gott und wahrer Mensch. – A: Wir bitten dich, erhöre uns.

Für die Regierenden der Völker:
Dass sie Wege finden zu einem dauerhaften Frieden in der Welt.

In den Sorgen der Menschheit um die Zukunft:
Dass wir vor Terror und Katastrophen verschont bleiben, dass alle

ohne Angst in Sicherheit leben können und die Gaben der Erde gerecht untereinander teilen.

Für die Einsamen und Verlassenen und für alle, die um einen Angehörigen trauern:
Dass sie in ihrer Not nicht allein bleiben.

Um den Segen und den Frieden der Weihnacht für alle Menschen.

Herr Jesus Christus, du hast Gottes Frieden auf die Erde gebracht. Durch dich preisen wir den Vater in der Einheit des Heiligen Geistes in alle Ewigkeit. – A: Amen.

II.
Lasst uns rufen zu unserem Herrn Jesus Christus, der Mensch gewordenen Liebe Gottes:

V: Du menschenfreundlicher Gott. – A: Wir bitten dich, erhöre uns.
Oder Liedruf: Licht, das uns erschien (GL 159,1)

Du bist das Haupt der Kirche:
Erfülle die Glieder deines Leibes mit deinem Geist und deiner Liebe. Mache uns zu Botinnen und Boten deiner Menschenfreundlichkeit.

Du bist Gott und Mensch zugleich:
Schenke uns Menschen Anteil an deinem göttlichen, unvergänglichen Leben. Mache uns zu Botinnen und Boten der Hoffnung.

Du bist der Mittler zwischen Gott und den Menschen:
Ermutige uns, dass wir dir in unserem Leben nachfolgen. Mache uns zu Botinnen und Boten deiner Barmherzigkeit.

Du bist der Anfang einer neuen Welt:
Lass alle Menschen in ihrem Leben die Nähe deines Friedensreiches erfahren. Mache uns zu Botinnen und Boten des Friedens.

Denn in dir ist Gottes Liebe unter den Menschen aufgestrahlt. Durch dich preisen wir den Vater in alle Ewigkeit. – A: Amen.

MARIENFESTE

Gott hat Maria auserwählt, der Welt den Erlöser zu schenken, unseren Herrn und Heiland Jesus Christus. Auf ihre Fürsprache rufen wir zu ihm:

V: Kýrie eléison. – A: Christe eléison, Kýrie eléison.
Oder Liedruf: Du bist Licht und du bist Leben, Christus, unsere Zuversicht (GL 373)

Ermutige uns, im Vertrauen auf deine Verheißung wie Maria unseren Weg des Glaubens zu gehen.

Stärke deine Kirche in ihrem Dienst der Verkündigung deiner befreienden Botschaft.

Segne die Bemühungen der Verantwortlichen in Politik und Gesellschaft für eine friedlichere und gerechtere Welt.

Begleite unsere Beziehungen in Partnerschaft und Familie und schenke uns ein offenes Herz füreinander.

Tröste die Einsamen, Trauernden und Leidenden, und lass sie wirksame Hilfe erfahren.

Nimm unsere verstorbenen Angehörigen und Freunde auf in dein ewiges Reich des Lichtes und des Friedens.

Denn du bist Mensch geworden, damit wir das Leben haben, und es in Fülle haben. Dir sei Lob und Dank in Ewigkeit. – A: Amen.

HEILIGENFESTE

Gott hat uns erwählt, als seine Kinder zu leben und in unserem Leben seinem Wort zu folgen. Zu ihm wollen wir beten:

V: Gott, Vater aller Menschen. – A: Wir bitten dich, erhöre uns.
Oder Liedruf: Du sei bei uns in unsrer Mitte (GL 182)

Für alle Verantwortlichen in der Kirche, die im Dienst an der Verkündigung deiner Frohen Botschaft stehen. (Stille)

Für alle Menschen, die mit ihrer ganzen Existenz für Liebe, Frieden und Gerechtigkeit einstehen. (Stille)

Für alle, die in Ländern leben, die zerrissen sind von (Bürger-)Kriegen und sozialer Ungerechtigkeit. (Stille)

Für alle, die nach Orientierung für ihr Leben suchen und vor wichtigen Entscheidungen stehen. (Stille)

Für alle, die einen lieben Menschen verloren haben. (Stille)

Gott, deine Heiligen sind uns Vorbilder im Glauben, in der Hoffnung und in der Liebe. Hilf uns, ihrem Beispiel zu folgen und einst zu dir zu gelangen. So bitten wir durch Christus, unseren Herrn. – A: Amen.

VERZEICHNIS DER SCHRIFTLESUNGEN

Genesis
3, 9–15.20 — 79
15, 1–6; 21, 1–3 — 159

Exodus
6, 2–8 — 91

Numeri
6, 22–27 — 180

1 Samuel
1, 20–22.24–28 — 166

2 Samuel
7, 1–5.8b–12.14a.16 — 65

Kohelet
3, 1–8 — 172
5, 17–19 — 174

Weisheit
7, 21–28 — 90

Jesus Sirach
3, 2–6.12–14 (3–7.14–17a) — 155
24, 1–2.8–12 (1–4.12–16) — 184

Jesaja
2, 1–5 — 3
7, 10–14 — 61
9, 1–6 — 98, 117
11, 1–10 — 26
11, 10–16 — 94
25, 6–10a — 57
35, 1–6b.10 — 43
40, 1–5.9–11 — 30, 210
42, 5a.1–4.6–7 — 201
52, 7–10 — 127
55, 1–11 — 205
60, 1–6 — 191
61, 1–2a.10–11 — 47
62, 1–5 — 106
62, 11–12 — 123
63, 16b–17.19b; 64, 3–7 — 8

Jeremia
33, 14–16 — 14

Baruch
5, 1–9 — 35

Micha
5, 1–4a — 69

Zefanja
3, 14–17 (14–18a) — 51

Sacharja
9, 9–10 — 97

Matthäus
1, 1–25 — 108
1, 18–25 — 111
1, 18–24 — 63
2, 1–12 — 193
2, 13–15.19–23 — 158
2, 13–18 — 152
3, 1–12 — 29
3, 13–17 — 203
10, 17–22 — 143
11, 2–11 — 46
13, 31 f. — 173
24, 29–44 — 6
24, 37–44 — 6
25, 1–13 — 23

Markus
1, 1–8 — 33
1, 7–11 — 208
13, 24–37 — 12
13, 33–37 — 12

Lukas
1, 26–38 — 68, 82
1, 39–45 — 72
1, 46–55 — 74
1, 57–80 — 40
1, 68–79 — 95
2, 1–16 — 101

2, 1–14	120
2, 15–20	125
2, 16–21	182
2, 22–40	163
2, 22.39–40	165
2, 41–52	169
3, 1–6	38
3, 10–18	54
3, 15–16.21–22	213
12, 15–21	176
21, 25–28.34–36	17

Johannes
1, 1–18	130, 187
1, 1–5.9–14	131, 187
1, 6–8.19–28	50
3, 1–6	217
20, 2–8	148

Apostelgeschichte
6, 8–10; 7, 54–60	141
10, 34–38	202
13, 16–17.22–25	107

Römer
1, 1–7	62
13, 11–14a	5
15, 4–9	28
16, 25–27	67

1 Korinther
1, 3–9	10

Galater
4, 4–7	181

Epheser
1, 3–14	115
1, 3–6.11–12	81
1, 3–6.15–18	186
3, 2–3a.5–6	192

Philipper
1, 4–6.8–11	36
4, 4–7	53

Kolosser
3, 12–21	156

1 Thessalonicher
3, 12 – 4, 2	16
5, 16–24	49

Titus
2, 11–14	119
2, 11–14; 3, 4–7	212
3, 4–7	124

Hebräer
1, 1–6	129
10, 5–10	71
11, 8.11–12.17–19	161

Jakobus
5, 7–10	45

2 Petrus
3, 8–14	32

1 Johannes
1, 1–4	146
1, 1–3	137
1, 5 – 2, 2	150
3, 1–2.21–24	168
5, 1–9	207

Offenbarung
3, 7b–8.10–13	94

VERZEICHNIS DER PSALMEN UND CANTICA

Psalmen

1, 1–6	40
23 (22), 1–6	74
24 (23), 1–2.3–4.5–6	61
25 (24), 4–5.8–9.10 u. 14	15
29 (28), 1–2.3ac–4.3b u. 9b–10	202
31 (30), 3b–4.6 u. 8.16–17	142
42 (41), 1–12	22
67 (66), 2–7	196
67 (66), 2–3.5–6.7–8	180
72 (71), 1–2.7–8.10–11.12–13	191
72 (71), 1–2.7–8.12–13.17	27
80 (79), 2ac u. 3bc.15–16.18–19	10, 70
84 (83), 2–3.5–6.9–10	167
85 (84), 9–10.11–12.13–14	31
89 (88), 2–3.20a u. 4–5.27 u. 29	66
89 (88), 20a u. 4–5.16–17.27 u. 29	106
96 (95), 1–2.3 u. 11.12–13a	118
97 (96), 1 u. 6.11–12	123
97 (96), 1–2.5–6.11–12	147
98 (97), 1.2–3b.3c–4	80
98 (97), 1.2–3b.3c–4.5–6	128
104 (103), 1–2.3–4.24–25.27–28.29–30	211
104 (103), 1–2.10–15.33	175
105 (104), 1–2.3–4.5–6.8–9	160
110 (109), 1–5.7	135
122 (121), 1–3.4–5.6–7.8–9	4
124 (123), 2–3.4–5.7–8	151
126 (125), 1–2b.2c–3.4–5.6	36
126 (125), 1–6	57
128 (127), 1–2.3.4–5	156
130 (129), 1–8	136
139 (138), 1–18	216
146 (145), 6–7.8–9a.9b–10	44
147 (146), 12–13.14–15.19–20	185

Cantica

1 Chr 16, 23–31	197
Jes 12, 2.3 u. 4bcd.5–6	52, 206
Lk 1, 46–55	138
Lk 1, 46b–48.49–50.53–54	48
Kol 1, 12–20	136

QUELLENNACHWEIS

S. 19: Alfred Kardinal Bengsch, In der Schule des Glaubens. Ansprachen und Betrachtungen, S. 174 ff. © Verlag Neue Stadt GmbH, München 1980; S. 24: Andrea Schwarz, Du Gott des Weges segne uns. Gebete und Meditationen © Verlag Herder GmbH, Freiburg i. Br., Neuausgabe 2020; S. 39/219: Anton Rotzetter, Gott, der mich atmen lässt © Verlag Herder GmbH, Freiburg i. Br. 2016; S. 42/56/215: Franz Kamphaus, Lichtblicke. Jahreslesebuch © Verlag Herder GmbH, Freiburg i. Br. 2014; S. 58: Maite Kelly/Anselm Grün, Weihnachten für alle © Verlag Herder GmbH, Freiburg i. Br. 2020; S. 75: Urban Federer, Quellen der Gottesfreundschaft © Paulusverlag, Einsiedeln/Schweiz 2018; S. 88 f.: Fabian Brand, Advent und Weihnachten feiern. Gottesdienste, Ideen und Impulse © Verlag Herder GmbH, Freiburg i. Br. 2016; S. 89: Andrea

Schwarz, Eigentlich ist Weihnachten ganz anders © Verlag Herder GmbH, Freiburg i. Br., Neuausgabe 2021; S. 101 f.: Lutherbibel, revidiert 2017 © Deutsche Bibelgesellschaft, Stuttgart 2016; S. 102: Das Papst Franziskus Gottesdienstbuch, Verlag Herder GmbH, Freiburg i. Br. 2019, Generalaudienz am 18.12.2013 © Libreria Editrice Vaticana; S. 102 f.: Margot Käßmann, Wenn die Dunkelheit leuchtet. Auf Weihnachten zugehen © Kreuz Verlag in der Verlag Herder GmbH, Freiburg i. Br. 2018; S. 103: Pierre Stutz, Unserer Sehnsucht folgen. Ein Begleiter für die weihnachtliche Zeit, Verlag Herder GmbH, Freiburg i. Br., Neuausgabe 2014 © Pierre Stutz, www.pierrestutz.ch; S. 114 f.: Stephan Wahle, Das Weihnachtsmartyrologium. Ein bedeutendes Element liturgischer Erinnerungskultur. Mit einer musikalischen Einrichtung von Markus Uhl, in: Jan-Heiner Tück/Magnus Striet (Hg.), Jesus Christus – Alpha und Omega. Festschrift für Helmut Hoping, Freiburg i. Br. 2021; S. 116: Henri Nouwen, Leben hier und jetzt © Verlag Herder, Freiburg i. Br. Neuausgabe 2012; S. 122: Christa Spilling-Nöker, Ein Bibelwort für jeden Tag © Verlag Herder GmbH, Freiburg i. Br. 2013; S. 135/136: Psalm-Orationen: Odo Haggenmüller, Gebet zu den Psalmen, EOS-Verlag, St. Ottilien 1995; S. 171: Papst Franziskus, Lasst euch die Hoffnung nicht nehmen, Verlag Herder GmbH, Freiburg i. Br. 2017 © Libreria Editrice Vaticana; S. 177: Phil Bosmans, Ein Bibelwort für jeden Tag © Verlag Herder GmbH, Freiburg i. Br. 2013; S. 195: Rudolf Pesch, Epiphanie im Fleisch, in: Am Tisch des Wortes, Heft 7; S. 197 f.: Georg Langenhorst, Als ein Kind bist du gekommen. Die Weihnachtsbotschaft neu entdeckt © Verlag Herder GmbH, Freiburg i. Br. 2016; S. 198 f.: Thomas Schlager-Weidinger, verwand[el]te seelen. theopoetische annäherungen an 55 biblische gestalten, S. 81 © Echter Verlag, Würzburg 2015; S. 199: Anselm Grün, Das Buch der Segenswünsche © Verlag Herder GmbH, Freiburg i. Br. 2016; S. 218: Lothar Zenetti, Auf Seiner Spur. Texte gläubiger Zuversicht © Matthias Grünewald Verlag. Verlagsgruppe Patmos in der Schwabenverlag AG, Ostfildern 2011. www.verlagsgruppe-patmos.de; S. 219: Henri Nouwen, Ein Bibelwort für jeden Tag © Verlag Herder GmbH, Freiburg i. Br. 2013.

Einführung von Stephan Wahle, Professor für Liturgiewissenschaft an der Albert-Ludwigs-Universität, Freiburg.

Hausgebete, Rorate, Kurzandachten zu den O-Antiphonen, Häusliche Krippenfeier, Spirituelle Impulse zum Jahreswechsel, Taufgedenken und Fürbitten von Wolfgang Herkel, Freiburg.

PSALLIERWEISEN[•]

[•] Die Antwortpsalmen sind nach eigener Singweise vorzutragen. Hilfen bieten verschiedene Kantorenbücher oder die hier vorliegende viergliedrigen Psalliermodelle von Heinrich Rohr (vgl. Heinrich Rohr, Deutsches Messantiphonale, Freiburg i. Br. 1997).

278 Psallierweisen